中等职业教育汽车专业理实一体化系列教材

汽车车身修复技术
（彩色版配视频）

主　编　徐　诞　刘　军
副主编　吴　祺　房前程
参　编　施锌涛　汪　斌　张永艳　吴　军
　　　　强春华　丁　琳　鲁　庆　沐金龙
　　　　庄　静　王竹韵　恽　凯　高　唯
主　审　张学海

二维码
总目录

机械工业出版社

本书主要内容包括车间布置与劳动安全、汽车车身基础、钣金常用工具与设备、典型车身板件的更换、车身塑料与修复、车身板件连接技术、车身外覆盖件修复、车身尺寸测量与修复，在对实际工作岗位调研的基础上，对实际工作任务进行分析，结合近年各项技能大赛考核要点，由行业专家、多位专业教师共同编写完成。本书采用了符合课程内容特点和满足中高职学生知识与技能养成规律的教学模式和方法，更便于学生学习与掌握。所选内容具有很强的针对性、实用性，充分考虑了汽车车身修复工作岗位所需要的知识、能力和素养，为学生走上工作岗位奠定良好的基础。

本书配有钣金实操视频，读者通过扫描书中的二维码即可学习，在配套教学课件中融入素养教育内容，并配套相应操作考核表、理论知识题库及相关特色情景视频，完善的教学配套资源能更好地辅助教师实际教学，提高学生学习质量。

本书不仅可供职业院校和技工院校学生使用，还可作为该行业从业人员岗位技能培训用书。

图书在版编目（CIP）数据

汽车车身修复技术：彩色版配视频 / 徐诞，刘军主编. — 北京：机械工业出版社，2023.4

中等职业教育汽车专业理实一体化系列教材

ISBN 978-7-111-72772-9

Ⅰ．①汽… Ⅱ．①徐… ②刘… Ⅲ．①汽车-车体-车辆修理-中等专业学校-教材 Ⅳ．①U472.4

中国国家版本馆CIP数据核字（2023）第045101号

机械工业出版社（北京市百万庄大街22号 邮政编码100037）
策划编辑：齐福江　　　　　责任编辑：齐福江　丁　锋
责任校对：贾海霞　王明欣　封面设计：陈　沛
责任印制：刘　媛
北京中科印刷有限公司印刷
2023年6月第1版第1次印刷
184mm×260mm·13.25印张·213千字
标准书号：ISBN 978-7-111-72772-9
定价：59.00元

电话服务　　　　　　　　　　网络服务
客服电话：010-88361066　　　机　工　官　网：www.cmpbook.com
　　　　　010-88379833　　　机　工　官　博：weibo.com/cmp1952
　　　　　010-68326294　　　金　书　网：www.golden-book.com
封底无防伪标均为盗版　　　　机工教育服务网：www.cmpedu.com

FOREWORD 前言

随着我国汽车工业的高速发展、汽车保有量大幅度增加，汽车维修业务量也随之快速增加。汽车车身修复是车辆维修的主要工种，是汽车维修中利润最高的项目之一，所以汽车维修企业对车身修复技术人员的需求量极大。这种需求给职业院校汽车维修、汽车车身修复专业学生的培养带来了新的机遇，同时也提出了新的要求。

党的二十大报告强调，"教育、科技、人才是全面建设社会主义现代化国家的基础性、战略性支撑""培养造就大批德才兼备的高素质人才，是国家和民族长远发展大计"，表明了人才在国家和民族发展中的基础性、战略性地位。汽车产业的发展，核心是技术，关键是人才，尤其是在当下，人才引领、驱动作用愈加明显。因此，我们编写了这本本丰富且实用的关于汽车车身修复方向的教材，以期为人才培养提供有力支撑。

本书在对实际工作岗位调研的基础上，对实际工作任务进行分析，由行业专家、教师共同编写而成，采用了符合课程内容特点和中、高职学生知识与技能养成规律的教学模式和方法，所选内容具有很强的针对性和实用性，充分考虑了汽车车身修复工作岗位所需要的知识、能力和素养，为学生走上工作岗位奠定良好的基础。

本书由常州交通技师学院徐诞和北京市房山区第二职业高中刘军担任主编，常州交通技师学院吴祺和烟台汽车工程职业学院房前程担任副主编，烟台奔腾汽车钣金学院院长张学海担任主审。其中多位老师共同参与编写此书，常州交通技师学院施锌涛参与编写第二章，汪斌参与编写第三章，张永艳参与编写第四章，吴军和强春华参与编写第一章，日照市技师学院丁琳参与编写第二章，常州市高级职业技术学校鲁庆和南京市公用事业技工学校沐金龙参与编写第七章，常州交通技师学院庄静参与全书文字审核，常州市开放大学王竹韵参与全书图片处理，常州交通技师学院恽凯和高唯参与实训工作页、项目考核表、课件与学习题库的制作。

本书可供职业院校和技工院校汽车车身修复专业、汽车整形技术专业、汽车运用与维修专业教学使用，也可作为企业汽车车身修复人员的岗位技能培训教材或自学用书。

由于编者精力和水平有限，书中难免存在疏漏和不妥之处，敬请业内同行和广大读者提出宝贵的意见和建议，以便修订时不断完善和提高。

编　者

CONTENTS 目 录

前 言

模块一　车间布置与劳动安全 1
学习任务一　车身维修车间的布置与安全 1
学习任务二　个人安全防护知识 10
学习任务三　劳动保护法 16

模块二　汽车车身认知 21
学习任务一　汽车的发展与分类 21
学习任务二　汽车车身的组成与性能 30
学习任务三　整体式车身的布置 44

模块三　常用钣金工具与设备 56
学习任务一　常用手工修复工具的种类与操作 56
学习任务二　常用电动工具的种类与操作 65
学习任务三　常用气动工具的种类与使用 68

模块四　典型车身板件的更换 74
学习任务一　车身前后舱盖 74
学习任务二　车身前后翼子板与后围 85
学习任务三　汽车车门 87

模块五　车身塑料与修复 ······ 105

学习任务一　车身塑料的应用 ······ 105

学习任务二　车身塑料保险杠的更换 ······ 109

学习任务三　车身塑料件的修复 ······ 114

模块六　车身板件连接技术 ······ 119

学习任务一　车身传统焊接技术 ······ 119

学习任务二　CO_2 气体保护焊 ······ 132

学习任务三　车身板件其他连接方式 ······ 142

模块七　车身外覆盖件修复 ······ 150

学习任务一　车身钢板的结构与损伤 ······ 150

学习任务二　车身板件变形的维修方法 ······ 158

模块八　车身尺寸测量与修复 ······ 177

学习任务一　车身测量基准与数据图的识读 ······ 177

学习任务二　车身测量技术 ······ 186

学习任务三　车身校正技术 ······ 196

模块一 车间布置与劳动安全

学习目标

1）理解车身维修车间的合理布置与规划。
2）掌握车间安全电器布置。
3）熟悉车间防火与其他安全事项、安全措施。
4）了解劳动安全的重要性。
5）熟悉钣金维修过程中的可能危害。
6）掌握钣金维修工的基本安全防护设施。
7）熟悉劳动安全保护法。

车间布置与劳动安全

学习任务一 车身维修车间的布置与安全

车身维修车间（body service shop）主要用于完成车身修复与涂装两项工作，工作区域分为车身修复工作区域（钣金工作区 sheet-metal workspace）和涂装工作区域（喷涂工作区 painting workspace）。由于钣金操作经常会产生火花和明火，而喷涂工位严禁明火。因此，两个区域之间一定要有安全防火的隔离带。同时，操作人员必须时刻保持强烈的安全防火意识，准确掌握防火知识。

一、车身维修车间布置

1. 车间安全

车间安全（workshop security）与车身维修技师（Autobody Repair Technician）执行维修操作的方法息息相关。作为一名专业技师，应当了解维修中可能存在的危险，并且必须避免危险操作与错误行为的发生。

正常维修过程中，经常会用到气动工具、电动工具、焊接设备、切割设备、液压校正设备和化学化工材料，如果不了解或不遵守正确的处理方法，则有可能使自己或他人受到严重的伤害，引发严重的车间安全事故。

事故的影响是深远的，不仅会给受害者本人带来伤害，而且会给受害人的家庭和朋友带来影响。维修厂的雇主和所有雇员都有义务与责任遵守安全规范。（安全规范指车间内用来保护员工和客户身体和健康的书面政策，包括从设备使用到有害化学品处置的所有规定。）

2. 车间布局

（1）工作区布置　车间布局（workshop layout）是指工位的总体组织和安排，如图 1-1-1 所示。全面了解所在车间的布局，可以帮助了解紧急出口（emergency exit）的路线、灭火器（fire extinguisher）的位置、仓库的位置，以及其他有用信息。

车身修复工作区一般分为钣金加工检查工位（预检工位）、钣金加工校正工位、车身校正工位和材料存放工位等。

在车身修复工作区要完成事故车辆的检查、车辆零部件拆卸、板件修理、车上测量与校正、车身钣金更换和车身装配调整等工作。

车身测量与校正、车身焊接、车身装配调整工作一般在一个固定的工位进

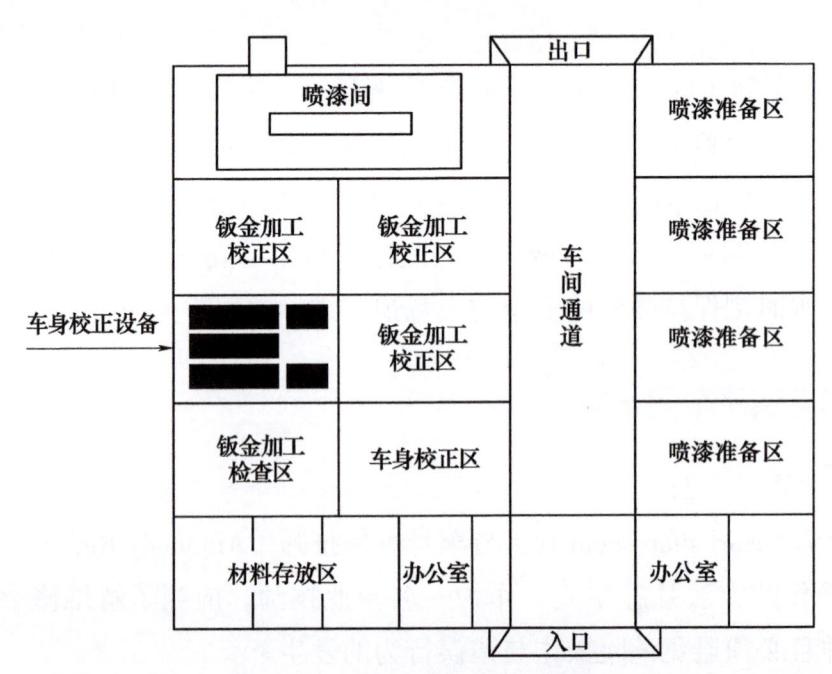

图 1-1-1　车身维修车间布置图

行，即在车身校正工位上完成这些工作。车身校正工位是车身修复工作区最重要的工位，同时也是完成工作最多的工位。此工位应放置一台车身校正仪，车身校正仪的长度一般为 6~7m，宽度一般为 2~2.5m。为了保证有足够的安全操作空间，在车身校正平台外围至少要有距离为 1.5~2m 的操作空间。车身校正工位的长度一般为 9~11m，宽度一般为 5~7.5m。

（2）气路、电路布置　车身修复工作区的工作要使用压缩空气和电，所以气路和电路的合理布置非常重要。修理车间内压缩空气的压强一般为 0.5~0.8MPa。一般车间使用一个压缩空气站，各个工位都有压缩空气接口。压缩空气接口布置高度应离地不超过 1m。在每个工位至少要留出两个接口，从主气管路分流到各工位的分管路的连接要通过一个三通阀完成。三通阀分流出的气路要朝上布置，防止主管路内冷凝的油、水流入分管路。

车身修复工作中使用的压缩空气要求干燥、洁净，在各个出气口要安装油水分离器，分离压缩空气中的水、油及其他杂质。油水分离器在使用前要进行排水，滤芯要定期更换。使用不清洁的空气不仅会导致气动工具和设备过快磨损、老化，而且会使其故障率升高、使用寿命缩短。

车身修复的焊接工作用电量很大，特别是气体保护焊和电阻点焊焊接用电。气体保护焊在焊接时的电流不能小于 15A，而大功率的电阻点焊机在焊接时的电流为 30~40A。在车身校正工位附件应设置一个专用的配电箱，以供车身修复焊接用电，配电箱位置距离车身校正仪不能超过 10m，否则焊机使用时间过长会引起线路过热。

在每个车身修复工位要留出至少 2 个三孔的插座（不小于 15A），每个插座要保证搭铁良好。

二、车间电气安全

"安全促进生产，生产必须安全"，安全用电是企业经营管理的基本原则之一。认识和掌握了电的性能及安全用电的知识，便可利用电能来为人们造福。相反，如果没有掌握安全用电的知识，违反用电的操作规程，不仅会造成停电、停产、损坏设备甚至引起火灾，而且容易发生触电事故，危及员工生命。因此，了解触电事故的原因，掌握预防措施，提高安全用电的技术理论水平，可以有效地避免各种用电事故的发生。

1. 触电对人体的伤害

触电是指电流以人体为通路，使身体的一部分或全身受到电的刺激或伤害。触电可分为电击和电伤两种。电击是指电流通过人体，造成人体内部器官伤害，这是十分危险的；电伤是指电流对人体外部造成的局部伤害，如电弧烧伤、电灼伤等。

触电的伤害程度与通过人体电流的大小、频率、时间长短和人体电阻，以及电流通过人体的途径等因素有关。其中电流是触电伤害的直接因素，通过人体的电流越大，致命的危险也就越大。当人体流过工频 1mA 或直流 5mA 电流时，人体就会有麻、刺、痛的感觉，就会使人不舒服；当人体流过工频 20~50mA 或直流 80mA 电流时，人就会麻痹、痉挛、刺痛，血压升高，呼吸困难，自己不能摆脱电源，就有生命危险；当人体流过 100mA 的工频电流时，人就会呼吸困难，心跳骤停。

引起触电危害程度大小变化的因素有以下几种：

1）人体电阻：人体电阻主要是皮肤电阻。人体表皮 0.05~0.2mm 厚的角质层的电阻很大，皮肤干燥时，人体电阻为 6~10kΩ，甚至高达 100kΩ；但角质层容易被破坏，去掉角质层的人体皮肤电阻为 800~1200Ω；人体内部组织的电阻为 500~800Ω。

2）触电电压：电压越高，危险性就越大，人体通过 10mA 以上的电流就会有危险。假设流过人体的电流小于 10mA，人体电阻按照 1200Ω 计算，根据欧姆定律：$U=IR=0.01A \times 1200Ω=12V$。因此，如果电压小于 12V，则触电电流小于 10mA，人体是安全的。我国规定：特别潮湿，容易导电的地方，12V 为安全电压。如果空气干燥，条件较好，可用 24V 或 36V 电压。一般情况下，12V、24V、36V 是我国安全电压的 3 个级别。

3）触电时间：触电时间越长，后果就越严重。触电电流与时间的关系为：电流的毫安乘以持续时间，用 mA·s 表示。我国规定 50mA·s 为安全值。超过这个数值，就会对人体造成伤害。

4）触电部位及健康状况：触电电流流过呼吸器官和神经中枢时，危害程度较大；流过心脏时，危害程度更大；流过大脑时，会使人立即昏迷。心脏病、内分泌失调、肺病、精神病患者，在同等情况下，触电危险程度会更大。

2. 触电的原因和方式

1）造成触电事故的原因，常见的有以下 3 种：

①忽视安全操作，冒险违章。

②缺乏安全用电的基本常识。

③输电线或电气设备的绝缘保护损坏，当人体触及带电的裸露线或金属外壳时，就会触电。

2）触电方式分为单相触电和两相触电。

①单相触电是指人体站在地面上，人体某一部位触及一相带电体。大部分的触电事故都是单相触电。此时人体承受 220V 的电压作用，电流通过人体进入大地，再经过其他两相电容或绝缘电阻流回电源，当绝缘不良或电容很大时也有危险。

②两相触电是指人体同时触及两根火线，此时加在人体的电压为 380V 电压，其触电后果最为严重。

3. 安全防范措施

为了防止触电事故的发生，可采用以下安全措施：

1）电气设备的保护接地。保护接地就是电气设备的金属外壳与接地体之间可靠连接。如图 1-1-2 所示，当电动机采用保护接地后，某相电线因绝缘损坏而碰及外壳时，这时若有人触及带电的外壳，人体就相当于接地电阻的一条并联电路。由于人体电阻远远大于接地电阻，所以通过人体的电流很小，从而保证了人体安全。反之，若外壳不接地，当人体触及带电的外壳时，就会有电流通过人体，造成触电事故。

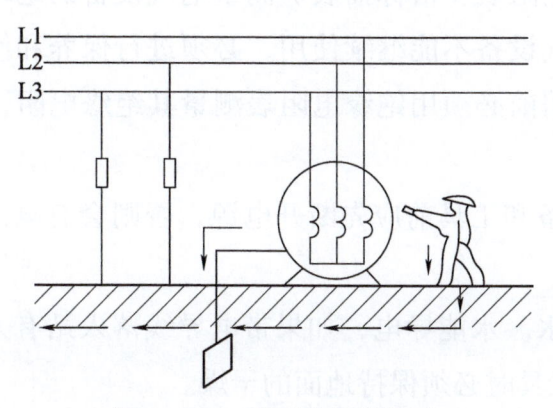

图 1-1-2 电动机保护接地

2）电气设备的保护接零。保护接零就是将电气设备的金属外壳与零线可靠连接。如图 1-1-3 所示，采用保护接零后，若电动机内部一相绝缘损坏而碰及外壳时，则该相短路，此时短路电流很大，将使电路中的保护电器动作或使熔丝烧断而切断电源，从而消除触电危险。由此可见，保护接零的防护比保护接地更为完善。

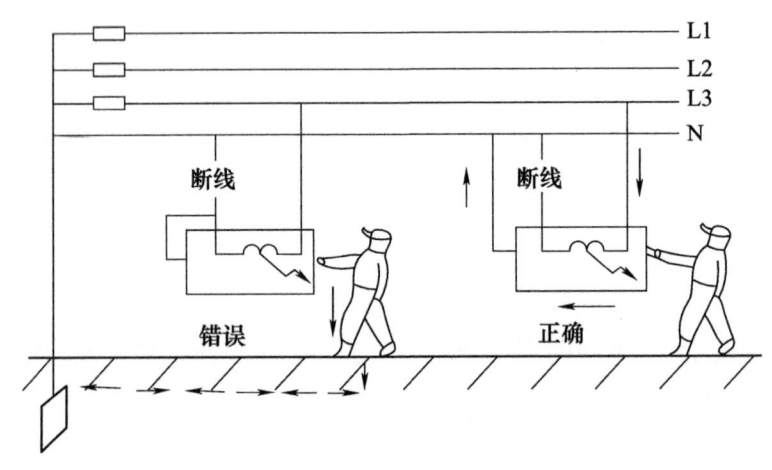

图 1-1-3　电动机保护接零

3）电气设备的绝缘要求。电气设备的金属外壳和导电线圈之间的绝缘好坏通常用绝缘电阻来衡量。根据电气设备的绝缘要求规定，固定电气设备的绝缘电阻不能低于 0.5MΩ；可移动的电气设备，如手提式电钻、台式风扇的绝缘电阻不能低于 1MΩ；潮湿地方使用的电气设备，如洗衣机等电器的绝缘电阻还应更高些，以保证安全。

电气设备的绝缘性能是随着使用年限增长、温度升高和湿度增大而下降的，所以要定期用绝缘电阻表（俗称摇表）测量电气设备的绝缘电阻值。绝缘电阻值不符合要求的电气设备不能继续使用，必须进行保养和修理。对于长期搁置的电气设备，在使用前必须用绝缘电阻表测量其绝缘电阻，不可贸然使用，以免发生事故。

4）维修电动设备和工具前应先断开电源，否则会有电击危险，严重的可能造成死亡。

5）保持地面无水。水能导电，如果带电导线落入站有人的水坑会带来电击危险。在使用电动工具时必须保持地面的干燥。

三、车间消防安全

1. 防火

1）汽油和柴油需保存在经过认证的安全容器中。

2）沾满了润滑油、润滑脂或油漆的抹布应当存放在经过认证的带盖金属容器中，这些抹布如果不妥善放置，可能会自燃。

3）在危险的地点只能使用经过认证的防爆炸设备。所有盛有溶剂的容器在不用时都必须关闭好。溶剂及其他液体应当小心处置，以防泼洒。

4）油漆、溶剂、压力容器以及其他易燃材料要存放在经过认证的指定的存储柜或库房内，库房必须有良好的通风。

5）在喷漆区域绝对不能点火或抽烟，油漆、油雾极易爆炸。

6）车辆蓄电池容易爆炸，必须在通风良好的地方对蓄电池进行充电。

7）不要在调漆台或喷漆区使用焊接设备。

8）车用漆绝不能用在家庭物品上，如玩具或家具。摄入这种油漆会对身体健康产生危害。

9）垃圾和废弃物品应定期从车间内清除，否则可能造成严重的火灾。

10）在断开燃油管接头时，一定要用抹布将其包住。

11）燃油喷射发动机的燃油系统中有一定的保持压力，在进行该系统作业前，一定要泄掉油压。在维修燃油系统之前，应先断开蓄电池电缆。

12）气瓶应当远离任何热源。

13）杜绝气瓶倾斜或摔倒，且气瓶在使用后要关掉主阀门，防止气管漏气而导致爆炸。

2. 电气火灾

电气火灾是电线过热、熔化和燃烧而引起的。常见的原因有：在进行电气维修时一条或多条导线搭铁短路，或者导线的绝缘层破裂。为防止电气火灾，在进行电气作业或怀疑导线绝缘层可能破裂时，一定要先断开蓄电池电缆或车身电源。

3. 灭火器

在车间一般都要配备消防砂、水源、灭火器等灭火材料。灭火器的主要类型有二氧化碳灭火器、泡沫灭火器和干粉灭火器。对于不同的火灾，要正确地选用灭火器。

必须了解车内所有灭火器的位置，因为在火灾发生时，几秒可能就会决定生与死。在维修车间对车辆或机器进行操作时，绝对不能吸烟，因为易燃物很多，吸烟容易引发火灾。若汽油着火，不要用水扑灭，因为油较水轻，浇水会使火势扩散，应当使用灭火器或沙土扑灭。除非迫不得已，不要打开房门或窗户，因为新鲜空气会加大火势。

使用灭火器时，应站在距离火源 2~3m 的地方，首先拔出手柄上的安全销（保险销），牢牢握住灭火器，将喷嘴对准火焰的根部，然后挤压手柄，将火焰熄灭，如图 1-1-4 所示。

图 1-1-4　灭火器的使用方法

四、维修期间驾驶车辆的安全

在维修期间驾驶车辆时，应注意下列安全事项：

1）小心驾驶。在车间内应慢速驾驶并始终保持有一个窗户是开着的，让驾驶人更容易听到同事发出的警示。车辆在车间内移动时要按照车间内固定的路线行驶。

2）细心观察车辆行驶方向的状况。在车间移动车辆时，应查看各个方向，确保没有人或物品挡住道路。并要特别注意正在车底作业的人员是否把他们的腿伸到行驶路线上。

3）安全固定所有的车辆。在对车辆进行作业时应拉起驻车制动器。如果车辆为自动变速器，则应置于驻车挡；如果车辆为手动变速器，则挂入空挡。最好用楔形木块垫住轮胎以防止车辆移动。

4）避免接触旋转中的部件。维修中不要穿着宽松的衣服，衣物、身体应远离运动部件，特别是散热器风扇叶片和传动带。传动带很容易将手指、头发绞入传动轮，造成手指折断或更严重的伤害。

5）点火钥匙转到关闭位置。如果钥匙位于打开位置而变速器又挂着挡，在转动发动机曲轴时，发动机可能会起动。

6）紧固件要重新适当地安装。所有的螺栓、螺母、锁环以及其他紧固部件对于车辆的安全操作都至关重要。紧固时必须遵守操作规范，要使用扭力扳手按规定扭矩紧固悬架、转向系统、车轮的螺母或螺栓。

7）为了防止发动机转动时燃油泵工作，要拔掉进油管上的泄压阀，防止管路中的燃油泄漏。

8）手指远离处于拉伸状态时的弹簧。发动机舱盖和车门的铰链弹簧非常有力，小心手指不要被弹簧夹伤或割破。

五、其他安全事项

1. 防止摔倒

车间地板上的沟渠盖子必须都紧密地盖好，否则可能会造成脚趾、脚踝和腿部伤害。清洗油脂要用油脂清洗剂。先将清洗剂洒到溅出的油脂上，再用拖布擦干净（用画圆的动作擦拭），然后撒一些锯末，用拖布将清洗剂擦干净。

所有通道和走廊都应该足够清洁和宽敞，可以满足安全行车的需要，而且可以为所有机器提供足够的操作空间。混乱的走道中可能有多种杂物，容易造成伤害，不要将工具或车底躺板遗留在地板上。

2. 防止触电

水能导电，故应保持地面无水。如果带电的导线落入水坑中，那么站在水中的人就会遭受严重的电击。因此，在使用电动工具时，必须保持地面干燥。

3. 防止窒息

某些工作区域必须有良好的照明和通风。发动机排气管会排出一氧化碳（CO）气体，它是一种无色、无味而可以致命的气体。因此在车间内运转的所有发动机都必须在尾管上连接一根车间通风软管。至少每6个月检修一次车间内的锅炉和热水器。

石棉曾经用来制造老式的制动器和离合器总成，石棉灰尘中含有致癌物质，这种灰尘绝不可吹入车间。清理石棉灰尘时，应当戴上带有过滤器的面罩，然后用吸尘器将石棉灰尘安全地吸干净。

在使用腐蚀剂、除脂剂底漆和面漆的区域，保持良好的通风也非常重要。通风的方式有多种，可以用充气系统、抽风地板或者中央吸尘系统。

4. 紧急情况的处理

将急救电话号码表贴在车间的显眼位置，其中应包括医生、医院、火警和派出所的电话。

急救箱中有许多医疗用品，应该有消毒纱布、绷带、剪刀、杀菌药水和其他急救工具，用这些物品可以处理轻微的划伤和烧伤。急救包应当存放足够的急救用品，并放在便于拿取的地方，通常放在靠近办公室和休息室的区域。

学习任务二　个人安全防护知识

劳动保护是国家和单位为保护劳动者在劳动生产过程中的安全和健康所采取的立法、组织和技术措施的总称。劳动保护的目的是为劳动者创造安全、卫生、舒适的劳动工作条件，消除和预防劳动生产过程中可能发生的伤亡、职业病和急性职业中毒，保障劳动者以健康的劳动力参加社会生产，促进劳动参产率的提高，保证社会主义现代化建设顺利进行。

汽车车身维修人员在工作环境中接触粉尘、弧光辐射等污染的机会较多，如图1-2-1所示。同时，在实际工作过程中还要用到拉伸、锤击等动力设备，操作人员受到伤害的概率很高。所以在提高自身防范意识的同时，各种必要的安全防护设施也是必不可少的。正确的使用和养护中安全防护设施也是钣金操作人员必须掌握的。

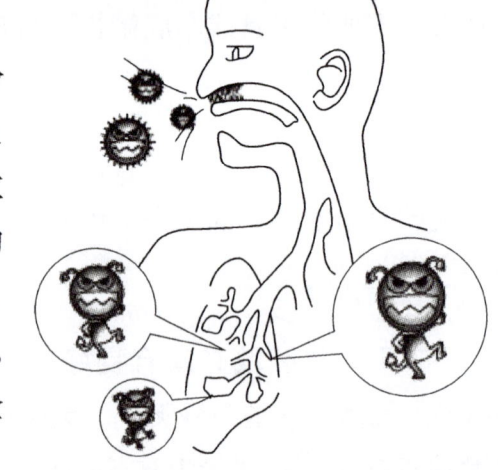

图1-2-1　烟尘、粉尘在人体内的流通

一、危害车身钣金维修人员的因素

1. 焊接伤害

焊接作业中危害健康的常见因素有弧光辐射、金属烟尘和焊接电弧周围的有害气体 3 种。

1）弧光辐射：焊接弧光主要包含红外光、紫外光和强可见光。

2）金属烟尘：焊接操作中的金属烟尘是焊条和母材金属熔融时所产生的金属蒸气，在空气中迅速冷凝及氧化所形成的非常微小的颗粒物。长期吸入高浓度的焊接烟尘，会使呼吸系统、神经系统等发生多种严重的病变。

3）有害气体：在焊接电弧的高温和强烈紫外光作用下，焊接电弧周围形成许多有毒气体，主要有氮氧化物、氟化物、臭氧等。

2. 噪声伤害

声音的度量单位是 dB。人耳刚刚能听到的声音大约是 10dB，人低声耳语约为 30dB，大声说话为 60~70dB，汽车噪声为 80~100dB，电视机伴音可达 85dB，电锯声是 110dB，喷气式飞机的声音约为 130dB。在 60dB 以下为无害区，60~110dB 为过渡区，110dB 以上是有害区。人们长期生活在 85~90dB 的噪声环境中，就会得噪声病。当声音达到 120dB 时，人耳便感到疼痛。分贝值每上升 10dB，表示音量增加 10 倍，即从 1~20dB 表示音量增加了 100 倍。

噪声是一类引起人烦躁或音量过强而危害人体健康的声音。车身维修噪声主要来源于对板件进行整形时的敲打和锤击，一般都在 100dB 以上。噪声给人带来生理上和心理上的危害主要有以下几方面：

1）损害听力。有检测表明，当人连续听摩托车声，8h 以后听力就会受损；若是在摇滚音乐厅，0.5h 后，人的听力就会受损。

2）有害于人的心血管系统。我国对城市噪声与居民健康的调查表明，噪声每上升 1dB，高血压发病率就增加 3%。

3）影响人的神经系统，使人急躁、易怒。

4）影响睡眠，造成疲倦。

3. 机械损伤

车身维修人员受到的机械损伤有很多，受损板件的边缘会变得十分锋利，一不小心就会被划伤。在实际工作中要经常操作举升机、电动切割机等，如果不注意安全操作，很容易会对操作者的身体造成伤害。

为了自己和他人的安全一定要使用安全防护用品，且严格按照设备的使用说明去操作。

二、有机溶剂

1. 有机溶剂的危害性

原子灰、涂料和稀释剂中都含有有毒的有机溶剂。

氨基涂料（面漆和中涂底漆）固化剂含有异氰酸盐，对黏膜有严重的刺激作用。如果有毒有机溶剂通过呼吸系统或皮肤进入人体，如图1-2-2所示，则可能导致头疼、炎症、贫血或昏厥。如果有毒有机溶剂在体内长期聚积，则可能伤害肝脏或肾脏。

异氰盐酸可能导致眼睛酸痛、喉咙酸痛、皮疹、呼吸困难、头晕目眩或哮喘等症状，如图1-2-3所示。即使是少量的异氰盐酸，也可能使具有过敏倾向的人感到眼睛酸痛或喉咙酸痛。

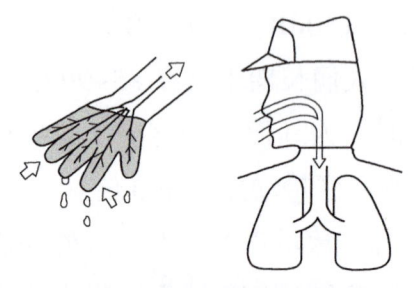

图1-2-2 人体接触有机溶剂的途径 　　图1-2-3 人体接触有机溶剂后出现的症状

针对有机溶剂的危害，操作人员要戴上适当的防护器具，并使用排风通气设备，如图1-2-4、图1-2-5所示。

图1-2-4 局部排气通风 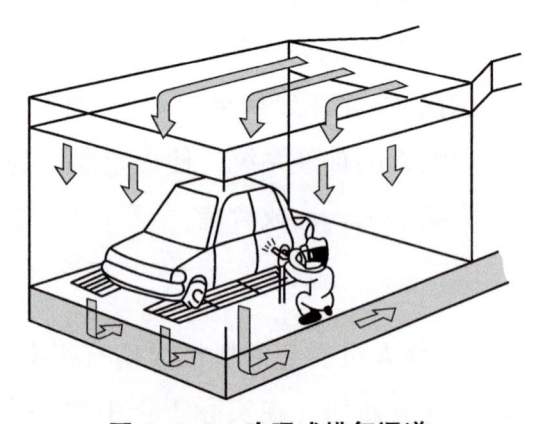　　图1-2-5 吹吸式排气通道

2. 有机溶剂的危险性

有机溶剂蒸气通常比空气重，所以蒸气会向下沉并停留在下方。维修人员靠

近地板作业时，可能会因为吸入有机溶剂蒸气而发生危险。因此，应在地板上安装通风装置，保持通风良好，如图 1-2-6 所示。

有机溶剂使用完毕后，务必盖上涂料和稀释剂容器的盖子，如图 1-2-7 所示。烟火、吸烟或静电可能导致有机溶剂爆炸或火灾，如图 1-2-8 所示，必须保证有机溶剂远离烟火，有机溶剂务必远离易燃物并连接搭铁电缆，如图 1-2-9 所示。

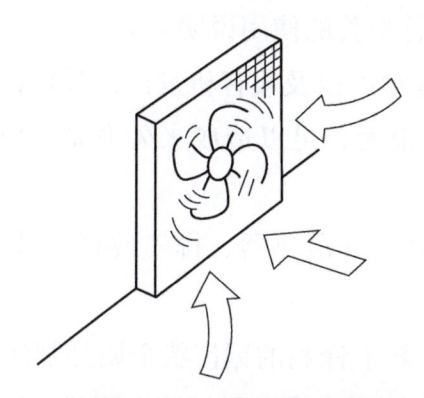

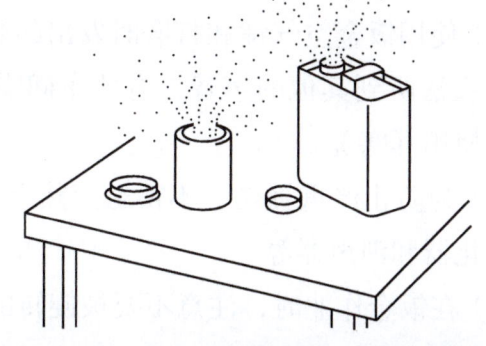

图 1-2-6　地板通风装置　　图 1-2-7　盖上涂料和稀释剂容器的盖子

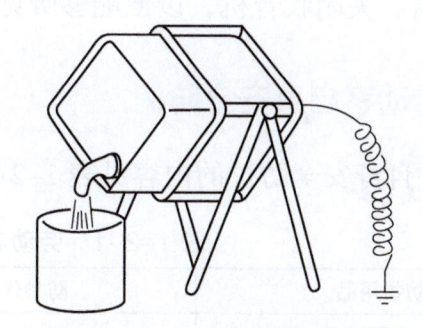

图 1-2-8　远离烟火　　图 1-2-9　连接搭铁电缆

三、个人穿着和行为预防伤害事故注意事项

正确的个人穿着和行为可以防止伤害事故的发生，应注意以下事项：

1）一定要穿戴规定的连裤工作服，裤腿的长度应当能够遮住鞋面。
2）在喷漆区应当穿防静电工作服。脏衣服会将灰尘带到新喷的漆面上。
3）在发动机或机器运转时，一定要让衣服远离运转的零部件。
4）穿带有防滑鞋底的厚鞋子，以防止滑倒和扭伤。
5）长头发要在开始作业之前在脑后扎好。在进行磨砂、打磨或其他操作时，一定要戴上帽子。在喷漆房中要穿戴防静电服。在发动机舱盖下面或车辆下面作业时，应当戴上防撞帽。

6）在黑暗的地方（如汽车底部）作业时，要使用便携式车间照明灯，这样可以提高作业速度、质量和安全性。

7）在抬起和搬运物品时，应弯曲膝盖而不是腰、背部。重物的搬运应当借助合适的设备，或者请人帮忙。

8）手脚不要伸出过长。在工作中要保持平稳的姿势，防止滑倒。

9）在车间使用机器设备时，一定要先查看相关的使用说明。

10）使用钣金空气锤和打磨时发出的刺耳噪声以及收音机发出的噪声都有可能让人没法听到其他的声音，有些车间噪声很大，足以造成永久失聪，应注意防护（使用耳塞）。

11）为防止严重烫伤；不得触摸热金属件，如散热器、排气歧管、排气管、催化转化器和消声器等。

12）在钣金作业时，注意不要被旋转的砂轮上锋利的锯齿状金属件割伤。

13）在将车辆开进车间时，应注意其他车辆和人员，最好请人引导一下，同时打开车窗、关闭收音机，以便能够听见向导的指挥。

四、劳动者自身安全防护

劳动者自身安全防护的内容见表1-2-1。

表1-2-1　劳动者自身安全防护

防护用品	防护作用	未佩戴可能造成的危害
护目镜	保护眼睛免于火花、粉尘和有机溶剂的伤害；在进行修理时，可保护眼睛免受飞溅物的伤害	可能会导致碎片、灰尘或有机溶剂进入眼睛，从而造成伤害
防护面罩	保护面部、眼睛免受火花、粉尘伤害	可能会导致碎片、有机溶剂伤害面部皮肤或进入眼睛，从而造成伤害
耳塞/耳罩	保护耳朵免受敲击或其他作业时的噪声伤害	长时间在噪声大的环境中工作，会导致听力受损。严重者会导致精神疾病

（续）

防护用品	防护作用	未佩戴可能造成的危害
防尘口罩	保护呼吸系统免受焊接、研磨时产生的粉尘伤害	在焊接或研磨时，可能导致头晕目眩，并损伤呼吸系统
防护手套	保护双手免受锋利物或打磨伤害	金属工具、金属材料对手的伤害
焊接面罩与手套	焊接面罩保护眼睛、面部免受强光、紫外线和火花的伤害；焊接手套保护双手免受火花和焊渣的伤害	可能灼伤面部和双手皮肤或眼睛
防护工作服	在作业中防止机械伤害、防止脏物污染	在作业中，可能导致身体机械损伤或间接导致机械损伤的发生
焊接工作服	焊接时，保护身体免受焊渣的伤害	焊接过程中，可能灼伤皮肤
工作鞋	保护脚趾免受掉落物的伤害，降低油水区域滑倒的可能	在作业过程中，工具掉落对脚趾造成伤害，可能会滑倒

五、个人安全准则

维修人员在进行车身维修操作时要遵守以下准则：

1）掌握信息。在使用各种设备前要先认真学习产品标签上或说明书上的使用方法和注意事项。

2）佩戴个人防护用品。在打磨、喷砂或处理溶液时，应佩戴头罩、安全眼镜或防尘镜、防尘面具和工作服。面具应与皮肤紧密贴合，防止吸入灰尘和微粒。在研磨、打磨或处理溶剂时请勿佩戴隐形眼镜。

3）压缩空气吹洗过程。用压缩空气枪吹洗车门、侧壁和其他难以达到的地方时，应当带上护目镜和防尘面具。

4）金属处理过程。金属调理剂中含有磷酸，吸入这种化学物质或其与皮肤、眼睛接触，可以引起发炎。使用这些材料时，要佩戴安全镜（防止进入眼睛）、工作服、橡胶手套及气体呼吸保护器。

5）防止恶作剧。在工作场地不允许追逐、打闹，工作区的许多设备、工具，还有气和电的管路、线路都存在潜在的危险，可能对人员、物品产生损害。

6）进行焊接操作。进行焊接操作时要穿绝缘鞋，戴焊接防护面具。焊接时也不要让产生的弧光伤害到他人。

学习任务三　劳动保护法

劳动安全卫生保护，是保护劳动者的生命安全和身体健康，是对享受劳动权利的主体切身利益最直接的保护。由于劳动总是在各种不同环境、条件下进行的，在生产中存在着各种不安全、不卫生的因素，如不采取防护措施，就会造成工伤事故和引起职业病，危害劳动者的安全和健康。如果劳动保护工作欠缺，导致的后果不是某些权益的损失，而是劳动者健康受损和生命的直接伤亡，对任何一个劳动者而言，生命是行使劳动权利的前提，没有生命，享受任何权利都是一句空话。

一、《劳动法》中的规定

《劳动法》是调整劳动关系的一部综合性法律。《劳动法》总则第三条中规定"劳动者享有获得劳动安全卫生的权利，劳动者应当执行劳动安全卫生规程。"

二、劳动者在安全生产方面应履行的义务

1）劳动者在劳动过程中，应当严格遵守本单位的安全生产规章制度和操作规程，服从管理，正确佩戴和使用劳动防护用品。

2）劳动者应当接受安全生产教育和培训，掌握本职工作所需要的安全生产知识，提高安全生产技能，增强事故预防和应急处理能力。

3）劳动者发现事故隐患或者其他不安全因素，应当立即向现场安全生产管理人员或本单位负责人报告。

劳动者不服从管理，违反安全生产规章制度或者操作规程的，由用人单位给予批评教育，依照有关规章制度给予处分；造成重大事故，构成犯罪的，依照刑法有关规定追究刑事责任。

三、劳动合同中的劳动安全

从全面保护个人利益出发，应尽量了解《劳动法》的内容，从合同本身出发，应清楚劳动合同的条款要包括两部分：一是法律规定的条款，包括劳动合同期限、工作内容、劳动保护条件、劳动报酬、劳动纪律、劳动合同终止的条件、违反劳动合同应负的责任共7方面的内容；二是双方认为有必要明确约定的条款，应明确写明。

所以劳动合同应当具备劳动保护和劳动条件的条款。例如，"甲方建立健全生产工艺流程，制定操作规程、工作规范和劳动安全卫生制度及其标准。甲方对可能产生职业病危害的岗位，应当向乙方履行告知义务，并做好劳动过程中职业危害的预防工作。"

签订劳动合同时，应载明有关保障劳动者劳动安全、防止职业危害、依法为劳动者办理工伤社会保险等事项。用人单位不得以任何形式与劳动者订立协议，免除或减轻其对劳动者因生产安全事故伤亡应依法承担的责任。

此外，劳动者患职业病或者因工负伤并被确认丧失或者部分丧失劳动能力；女职工在孕期、产期、哺乳期内的，用人单位不得解除劳动合同。

四、劳动安全卫生规定

1）用人单位必须建立、健全劳动安全卫生制度，严格执行国家劳动安全卫生规程和标准，对劳动者进行劳动安全卫生教育，防止劳动过程中的事故，减少职业危害。

安全教育可以促使劳动者充分认识安全工作的重要意义，提高其执行国家职业安全卫生法规自觉性，也是提高劳动者技术素质的一个组成部分。

安全教育根据有关法规内容主要包括：

①对新工人实行"三级"安全教育。所谓"三级"，即入厂教育、车间教育、班组教育。入厂教育即新工人到厂后由劳动工资或人事部门及教育部门负责组织安排，由安全技术部门进行安全知识教育，并经考试合格后，才准分配到车间（队）。车间教育即由车间（队）主任（队长）或主管安全的负责人负责安全教育，考试合格后，方准分配到班组。班组教育即由班组长或班安全员负责，进行实际操作安全技术教育。

②对特种作业人员的教育。对入厂的新工人除了进行"三级"教育外，还要对特种作业人员进行特种教育。特种作业人员是指他所从事的工作极易发生伤亡事故，不仅危害本人，而且还会危害他人安全的作业人员，如电工、起重工、焊接、车辆驾驶、爆破等作业人员。对特种作业人员不仅要进行专门的安全教育，还必须在取得安全合格证后，方能独立工作。

③新岗位、新技术的教育。采用新的生产方法，添设新的技术设备、制造新产品或调换工人工作时，必须对工人进行新岗位和新的操作方法的安全教育。

④要经常对工人进行本岗位安全操作规程和有关安全卫生法规制度的教育。

⑤对各级行政、技术管理干部的教育。对此主要是进行职业安全卫生法规、安全技术知识和工作经验教训的教育。

2）劳动安全卫生设施必须符合国家规定的标准。新建、改建、扩建工程的劳动安全卫生设施必须与主体工程同时设计、同时施工、同时投入生产和使用。

"劳动安全卫生设施"，主要是指安全技术方面的设施、劳动卫生方面的设施和生产性辅助设施（如更衣室、饮水设施、女工卫生室等）。"国家规定的标准"主要是指劳动部门和各行业主管部门制定的一系列技术标准。

用人单位必须按国家规定为劳动者提供劳动安全卫生条件，相关的国家规定包括《工厂安全卫生规程》《建筑安装工程安全技术规程》《工业企业设计卫生标准》，以及多部相关国家标准，如《工业企业厂内运输安全规程》《生产过程安全卫生要求总则》等。提供劳动安全卫生条件，这里主要包括工作场所和生产设备的要求。工作场所的光线应当充足，噪声、有毒有害气体和粉尘浓度不得超过国家规定的标准，建筑施工、易燃易爆和有毒有害等危险作业场所应当设置相应的防护设施、报警装置、通信装置、安全标志等。对危险性大的生产设备设施，如锅炉、压力容器、起重机械、电梯、企业内机动车辆、客运架空索道等，必须经过安全评价认可，取得有关部门颁发的安全使用许可证方可投入运行。企业提供的劳动防护用品，必须是经政府有关部门安全认证合格的防护用品。

3）用人单位必须为劳动者提供符合国家规定的劳动安全卫生条件和必要的劳动防护用品，对从事有职业危害作业的劳动者应当定期进行健康检查。

劳动防护用品是指保护劳动者在劳动过程中人身安全与健康的防御性装备。劳动防护用品按照防护部位有以下几大类：

①头部防护用品，如安全帽、工作帽。

②眼睛防护用品，如各种防护眼镜等。

③耳部防护用品，如耳塞、耳罩等。

④面部防护用品，如防护面罩。

⑤呼吸道防护用品，如防毒面具、呼吸器、自救器等。

⑥手部防护用品，如手套、指套。

⑦足部防护用品，如防砸鞋、隔热鞋、绝缘鞋、导电鞋等。

⑧体部防护用品，如工作服、背带裤、雨衣、防寒服等。

⑨其他防护用品，如安全带、安全绳（索）等。

4）从事特种作业的劳动者必须经过专门培训并取得特种作业资格。

5）劳动者在劳动过程中必须严格遵守安全操作规程。

劳动者对用人单位管理人员违章指挥、强令冒险作业的，有权拒绝执行；对危害生命安全和身体健康的行为，有权提出批评、检举和控告。

五、法律责任与维权方式

用人单位的劳动安全设施和劳动卫生条件不符合国家规定，或者未向劳动者提供必要的劳动防护用品和劳动保护设施的，由劳动行政部门或者有关部门责令改正。可以处以罚款；情节严重的，提请县级以上人民政府决定责令停产整顿；对事故隐患不采取措施，致使发生重大事故，造成劳动者生命和财产损失的，对责任人员比照刑法的有关规定追究刑事责任。

劳动者若与用人单位发生劳动争议，可以通过以下途径维护自己的合法权益：

一是协商，即劳动者主动与用人单位协商解决；

二是调解，即在企业设立的劳动争议调解委员会的主持下，按照自愿、合法的原则进行调解，促使争议双方达成谅解协议；

三是仲裁，即向各级政府设立的劳动争议仲裁委员会提请仲裁；

四是诉讼，即对仲裁裁决不服的，可以提起诉讼。

此外，还可以通过电话、信访、上访等形式，向各级工会组织和劳动监察机构投诉、举报。

六、在工作时间和休息休假

1）国家实行劳动者每日工作时间不超过八小时、平均每周工作时间不超过四十四小时的工时制度。

用人单位应当保证劳动者每周至少休息一日。

2）用人单位在下列节日期间应当依法安排劳动者休假：元旦、春节、国际劳动节、国庆节及法律、法规规定的其他休假节日。

3）用人单位由于生产经营需要，经与工会和劳动者协商后可以延长工作时间，一般每日不得超过一小时。因特殊原因需要延长工作时间的，在保障劳动者身体健康的条件下延长工作时间每日不得超过三小时，并且每月不得超过三十六小时。

总之，法律保护每一位劳动者的合法权益，同时劳动者也要履行相应的义务。我们的生活工作离不开法律法规，我们应当用法律来规范自己的行为，用法律来维护自己的合法权益。

模块二 汽车车身认知

学习目标

1）熟悉汽车车身的发展史。
2）熟悉汽车的分类。
3）熟悉整体式车身与车架式车身结构。
4）掌握汽车组成与装配术语。
5）熟悉汽车车身结构与车身主要性能。
6）掌握整体式车身结构布置。

▶ 汽车车身认知

学习任务一 汽车的发展与分类

汽车车身（automotive body）是驾乘人员的工作或乘坐场所，同时也是用来装载货物的部件。随着新技术的发展、新工艺的规范及新材料的应用，现代汽车正向安全、节油、舒适、耐用等方向发展。

汽车车身结构随车型的不同而有所差异，但总体上又很接近。在进行汽车车身维修前，必须充分了解所维修汽车的车身分类与其结构特点，才能进行合理的维修。

一、车身的发展

世界上第一辆汽车是由德国人卡尔·本茨（Carl Benz）于1885年10月研制成功的，它奠定了后世汽车设计的基调。本茨于1886年1月29日向德国专利局申请汽车发明的专利，同年的11月2日专利局正式批准发布。因此，1886年1月29日被公认为是世界汽车的诞生日，本茨的专利证书也成为世界上第一张汽车专利证书，如图2-1-1所示。

该车为三轮汽车，采用一台二冲程单缸的汽油机。此车具有现代汽车的一些基本特点，如火花点火、水冷循环、钢管车架、钢板弹簧悬架、后轮驱动、前轮转向和制动手把等，如图 2-1-2 所示。1886 年，戈特里布·戴姆勒（Gottlieb Daimler）在斯图加特市的巴特坎施塔特区制造了世界上第一辆"无马之车"。该车是在买来的一辆四轮"美国马车"上装用了他们制造的发动机，世界上第一辆汽油机驱动的四轮汽车就此诞生，如图 2-1-3 所示。

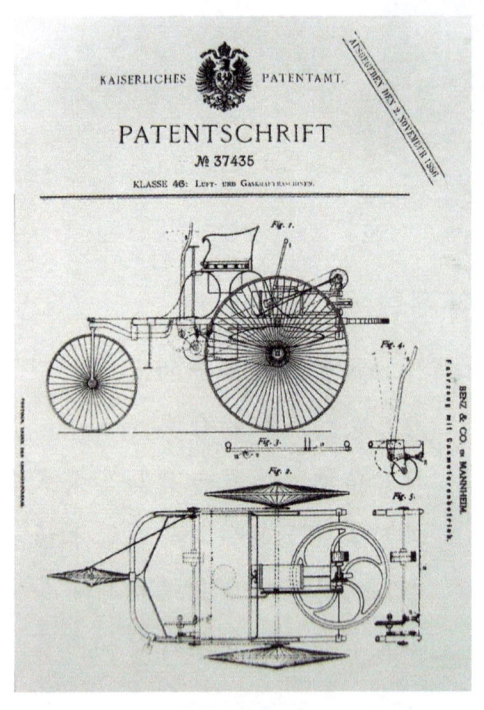

图 2-1-1　世界首张汽车专利证书

由于 19 世纪末到 20 世纪初期，汽车设计师把主要精力都用在了汽车的机械工程学的发展和革新上，所以汽车车身的发展受到了限制。直到 20 世纪前半期，汽车的基本构造已经全部发明出来后，汽车设计者们才开始着手从汽车外部造型上进行改进，并相继引入了空气动力学、流体力学、人体工程学以及工业造型设计（工业美学）等概念，力求让汽车能够从外形上满足各种年龄、各种阶层，甚至各种文化背景的人的不同需求，使汽车成为真正的科学与艺术相结合的最佳表现形象，最终达到最完善的境界。而研究设计汽车车身的主要作用是保护驾驶人的安全以及构成良好的空气力学环境。

我国古代早有"轿车"一词，是指用骡马拉的轿子。当西方汽车大量进入中国时，正是封闭式方形汽车在西方流行之时。那时汽车的形状与我国古代的"轿车"相似，并与"轿车"一样让人感到荣耀，于是人们就将当时的汽车称为

图 2-1-2　卡尔·本茨发明的三轮汽车

图 2-1-3　戴姆勒发明的四轮汽车

轿车。最早出现的汽车,其车身造型基本上沿用了马车的形式,因此称为"无马的马车"。其英文名 Sedan 就是指欧洲贵族乘用的一种豪华马车,不仅装饰讲究,而且是封闭式的,可防风、雨和灰尘,并提高了安全度。18 世纪这种车传到美国后,也只有纽约、费城等少数大城市中的富人才有资格享用。

1908 年福特(Ford)推出 T 型车时,车身由原来的敞开式改为封闭式,其舒适性、安全性都有很大提高。福特将他的"封闭式汽车"(Closedcar)称为 Sedan。著名的福特 T 型车是马车型汽车的佼佼者,如图 2-1-4 所示。

其后,美国福特汽车公司在 1915 年生产出一种不同于马车型的汽车,其外形特点很像一只大箱子,并装有车门和车窗,人们称这类车为"箱型汽车",如图 2-1-5 所示。自此,箱型汽车确立了以后汽车的基本车身造型,其车身覆盖件开始采用薄钢板冲压成形。

图 2-1-4 福特 T 型车　　　　图 2-1-5 箱型汽车

20 世纪 20 年代,由于金属材料和冶炼、成形、焊接等方面技术的进步,汽车车身出现了承载式车身结构的设计思想,即用薄壁结构制成硬壳式金属整体式车身。汽车车身由以敞篷为主转变为以封闭的箱式车身为主。随着工业技术的进一步发展,承载式车身得以大力发展,车身由钢板冲压成形的金属结构件和覆盖件组成,这种金属结构的车身一直沿用到现在。

20 世纪 50~70 年代是轿车车身发展的黄金时期,承载式车身得到广泛的应用,并出现了"车身力学"这一新概念,为汽车车身设计开发研究建立了较为完整的框架。很多新型材料用于车身,诸如复合材料、铝合金材料以及工程塑料等。车身内装饰已广泛采用人造材料,车身外表涂料则采用具有弹性和高度光泽的合成涂料。随着现代高速公路的发展,车身空气动力学实验逐渐成为汽车车身设计的必要程序,汽车车身的安全性和人体防护问题也提上了议事日程。

20世纪80年代以后，汽车车身各支撑技术更深入、更系统。在车身材料方面，就金属材料而言，应用于汽车车身的高韧性的超高强度钢正在不断被研发，并且大量采用了防腐蚀性高的合金钢。大量的非金属材料也已广泛应用于汽车车身，其所占整个车身材料的比例也逐年增加，出现了碳纤维车身和全塑料复合车身等。相关的加工工艺方法（如冷冲压、特种材料成形加工、各种形式的焊接、喷漆、电镀、塑料成型等）也日新月异，且不断完善。汽车主动安全性和被动安全性的实验、计算机仿真、汽车车身虚拟造型与图形显示、空气动力学试验与计算模拟、车身电子化设施与装备及汽车车身刚度、强度等领域都有长足的进步，技术的发展与应用使现代汽车车身在各方面发生了飞跃。

二、车身结构的分类

1. 汽车车身分类

1）轿车车身（car body）：轿车车身分为四门车身、双门车身、双座车身、可移动车顶车身和客货两用车身等多种。根据顶盖的结构又可分为移动式顶盖、折叠式顶盖和可拆卸式顶盖等。如图 2-1-6 所示。

2）客车车身（coach body）：客车车身分为城市公共汽车车身、长途汽车车身和旅游客车车身等。如图 2-1-7 所示。

3）载货车车身（truck body）：载货车车身通常包括驾驶室和货厢两部分。而货厢往往可以分为传统式货厢、封闭式货厢、自卸式货厢、专用车车厢，以及特种车货厢等多种。如图 2-1-8 所示。

图 2-1-6　轿车车身　　　　图 2-1-7　客车车身　　　　图 2-1-8　载货车车身

2. 按车身结构分类

（1）承载式车身结构　承载式车身又称为整体式车身，其构想源于飞机的设计。在前、后轴之间没有连接作用的车架，车身是承担全部荷载的刚性壳体，直接承受从地面传来的力和动力系统传来的力。

承载式车身虽然没有独立的车架，但由于车身主体与类似于车架功能的车身底板（包括前后纵梁）采用点焊、保护焊、激光焊等组焊方式制成整体刚性框架，使整个车身（底板、骨架、内外蒙皮、车顶等）都参与承载，如图2-1-9所示。当车身整体或局部承受适度荷载时，壳体不易发生永久变形，即刚性结合角在正常荷载作用下一般不会永久性变形，而且这个由构件组成的刚性壳体，在承受荷载时会"牵一发而动全身"，依作用力与反作用力的平稳法则，"以强济弱"地自动调节，使整个壳体在极限荷载内始终处于稳定平衡状态。这种结构在力学上称之为"应力壳体结构"。

图2-1-9 承载式车身

承载式车身的优点：

1）质量小。它不像制作车架那样要使用厚钢板冲压件，而是采用容易成形的薄钢板冲压件。

2）生产性好。用薄钢板冲压成的各种结构件，在流水生产线上采用点焊工艺和多工位自动焊接等自动化生产方式，使生产效率明显提高，质量保障性好。

3）结构紧凑。由于没有独立的车架，汽车整体高度、重心高度、承载面高度都有所降低，可利用空间也有条件相应增大。

4）安全性好。由薄板冲压成形组焊而成的车身，具有均匀承受荷载并加以扩散的功能，对冲击能量的吸收性好。尽管当汽车发生碰撞事故时的局部变形较大，但对乘客室的影响却小得多，汽车的安全保障性得到改善与提高。承载式车身能够实现车身整体合理的强度等级设计理念（又称为车身刚度匹配）。所谓的车身强度等级设计，是指在汽车车身设计时，有意将中部区域（乘客区）刚度和韧性设计为比前后区域大，这样在前后碰撞时，车身前、后部易变形（尺寸缩短）而吸收撞击能量，从而对中部区域产生一定的保护作用。

承载式车身的缺点：

1）底盘部件与车身结合部位在汽车运动荷载的冲击下，极易发生疲劳损坏。

2）乘客室容易受到来自汽车底盘的振动与噪声的影响。

3）由事故所导致的整体变形较为复杂，且车身整体定位参数的变化，会直接影响汽车的行驶性能。车身维修作业中对整体参数复原时，不仅难度大，而且必须使用专用设备和特定的检查与测量手段。

（2）非承载式车身结构　非承载式车身又称为架式车身，如图 2-1-10 所示。这种形式的车身典型特点是车身下面设计有足够强度和刚度的独立车架，车身通过弹性元件紧固于车架上，施加于汽车上的力基本上都由车架来承受，车身壳体不承载或只在很小程度上承受由于底架弯曲或扭曲变形所引起的部分荷载。当车身发生较大损伤时，可以拆开分别修理和校正。由于荷载主要由车架承受，所以这种车身的支柱一般较细，风窗玻璃也较大。相当一部分类型的客车、载货汽车及少数轿车采用这种类型的车身。

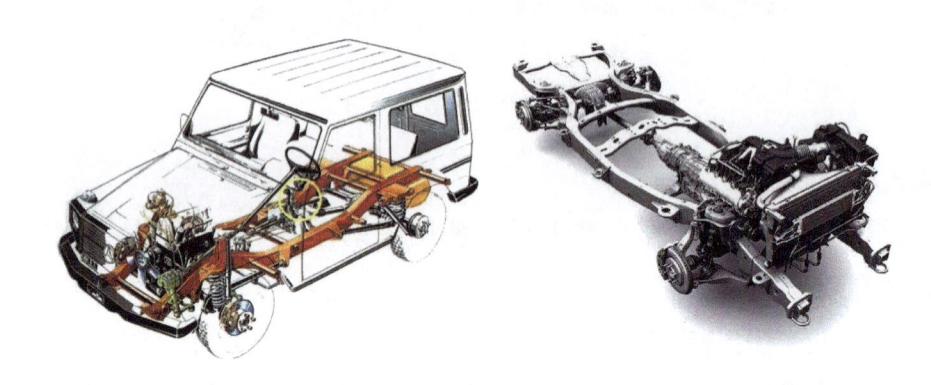

图 2-1-10　非承载式车身

非承载式车身的优点：

1）减振性好。介于车身与汽车行驶系之间的车架，可以较好地吸收或缓和来自路面的冲击，降低噪声和减少振动，从而提高乘坐舒适性。

2）组织工艺简单。底盘和车身可以分开装配，然后总装在一起，可简化装配工艺，便于组织专业化生产线。

3）易于改型。由于车架作为整车的装配基础，这样就便于汽车上各总成和部件的安装，同时也容易改变车型和改装成其他车辆。

4）安全性好。发生碰撞事故时，车架可以对车身起到一定的保护作用，从而保护乘客。

非承载式车身的缺点：

1）整车质量大。由于车架的质量较大，所以整车的质量较大。

2）承载面高。由于底盘和车身之间装有车架使整个高度增加。

3）由于车架的构件截面尺寸较大，生产厂必须具备大型的压、夹工具及检验设备等一系列较为昂贵且复杂的制造设备。

3. 按车身被分隔的空间单元分类

1）单厢车身：整个车身只有1个单元空间，比如客车只有乘客车厢，这就是单厢车身。

2）两厢车身：整个车身有2个单元空间，比如旅行车、越野车等。这种车身结构中有独立的发动机舱和乘客室，如图2-1-11所示。

3）三厢车身：整个车身有3个单元空间，绝大多数轿车都是三厢车身，它们有独立的发动机舱、乘客室和行李舱，如图2-1-11所示。

图 2-1-11　按空间单元分类的车身

4. 按车身材料分类

1）钢制车身（steel body）：钢制车身是由钢板冲压成的钣金件通过多种焊接方法组装成的，这种车身是目前轿车车身的主流。以前轿车车身材料全部使用优质碳素钢板，近年来高强度低合金钢板所占的比例逐渐增加。

2）轻金属车身（light-metal body）：目前采用最多的轻金属是铝合金，批量生产的轿车目前只有个别部件采用铝合金，全部采用铝合金的轿车车身技术目前尚不成熟。

3）塑料车身（plastic body）：全塑料车身目前还很少，而且所谓塑料车身，一般都指用塑料制造车身覆盖件。它是以钢制骨架为基础，用螺栓把塑料覆盖件紧固其上而成。

4）混合式车身（composite body）：混合式车身是指由多种材料组合而成的车身。

5. 按轿车车身尺寸分类

1）紧凑型轿车（compact car）：又称为经济型小排量轿车，车身属于最小级别，通常采用4缸以下的小型发动机，质量较小，燃油经济性高。

2）中高级轿车（intermediate car）：通常采用4缸、6缸、8缸发动机，具有中等的质量和外形尺寸，一般采用整体式车身结构。

3）豪华轿车（limousine）：轿车中尺寸最大的。因为它尺寸比较大，所以质量比较大，通常采用高性能的V8发动机。豪华轿车采用整体式车身或车架式车身结构，其燃油经济性差。

6. 按轿车车身结构分类

1）普通轿车（ordinary car）：这种车一般有前座和后座，适合4人或5人乘坐，并可分为2门和4门轿车。

2）硬顶轿车（hardtop car）：这种车有前座和后座，金属顶盖，通常以没有立柱或中立柱为特征，它也可以分为2门和4门轿车，如图2-1-12所示。

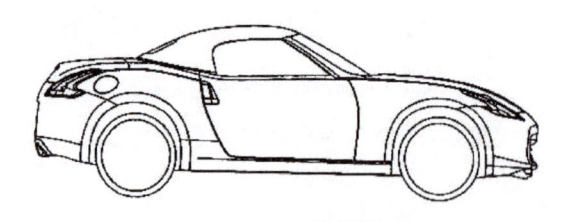

图 2-1-12 硬顶轿车

3）敞篷车（open car）：敞篷车分为硬顶敞篷车和软顶敞篷车两种。多数敞篷车采用塑料或帆布顶篷作为其软顶，它可以升起或落下。类似硬顶轿车，敞篷车没有门柱，根据需要可以制造成有或者没有后窗，如图2-1-13所示。

4）掀背式轿车（hatchback）：这种汽车分为3门和5门形式，车尾部有行李舱，行李舱盖向上开启，如图2-1-14所示。

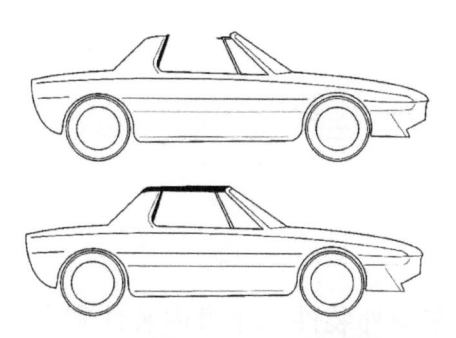

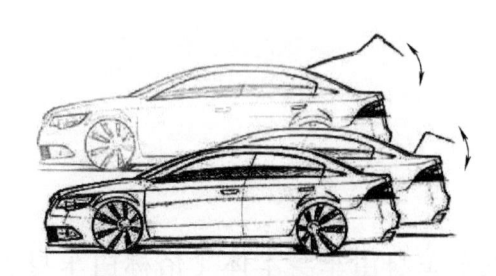

图 2-1-13　敞篷车　　　　　　图 2-1-14　掀背式轿车

5）旅行车（wagon）：这种车分为3门和5门形式。顶部向后延伸至全车长。车后部有宽敞的行李舱，尾门是行李舱的入口，如图2-1-15所示。

6）多功能车（sport-utility vehicle, SUV）：这种车通常采用四轮驱动，离地间隙比一般轿车高，常归类于越野车一类，可在雪地和泥泞路面顺利行驶，如图2-1-16所示。

图 2-1-15　旅行车　　　　　　图 2-1-16　多功能车

7）厢式车（van）：这种车的厢形车身宽大，因而内部空间较大。全尺寸厢式车通常采用全周边式车架和前置发动机后轮驱动的形式。微型厢式车体型较小，通常采用整体式车身结构和前置发动机前轮驱动的形式，如图2-1-17所示。

8）客货两用车（pick-up truck）：这种车通常称为皮卡，它的驾驶室和车架通常是独立的。大多数客货两用车采用前置后驱的形式，有些采用四轮驱动，如图2-1-18所示。

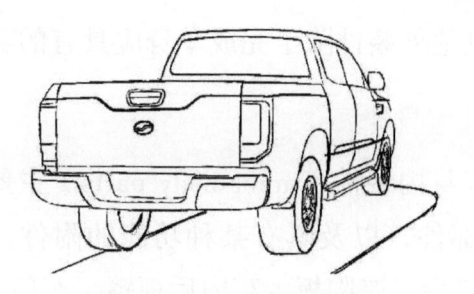

图 2-1-17　厢式车　　　　　　图 2-1-18　客货两用车

学习任务二　汽车车身的组成与性能

一、车身的组成

汽车车身由车身本体（俗称白车身）、车身外装件、车身内装件和车身电气附件四部分组成。

1. 车身本体

车身本体（body shell）是汽车承载的主体，由梁、支柱和加强板等车身结构件和车身覆盖件组合而成。并包括翼子板、车门、发动机舱盖和行李舱盖等，它是车身内、外装饰件和电气附件的装载基体。梁和支柱等车身构件焊接成框架结构，使车身形成整体式结构，具有一定的强度和合适的刚度，起主体承载作用。

车身覆盖件指车身上各种具有不同曲面形状及大小尺寸的薄板。车身覆盖件覆盖安装在车身主体上，使车身形成完整的封闭体，同时，通过它来满足室内乘客乘坐的要求。另外，通过它来体现汽车的外形并增强汽车车身的刚度。

2. 车身外装件

车身外装件（outer body parts）指车身外部起保护或装饰作用的一些部件，以及具有某种功能的车外附件。汽车主要外装件有塑料保险杠、各种车身外部装饰条、密封条、车外后视镜、散热器罩、车门机构及附件等。

塑料保险杠的作用：

1）当汽车发生纵向碰撞时起保护作用，减轻汽车的被破坏程度。

2）装饰美化作用。汽车塑料保险杠的外部造型与汽车的整体造型协调一致。

密封条除了起密封作用外，其外露部分的形状与颜色应与整车相匹配，可以起到装饰作用。

其他外装件除了完成车身应具有的功能外，都应对整车起装饰作用。

3. 车身内装件

车身内装件（inner body parts）主要指车内对人体起保护作用又起内装饰作用的部件，以及具有某种功能的附件。主要内装件有仪表板、座椅及安全带、安全气囊、遮阳板、车内后视镜、车门、地板及汽车内饰等。

4. 车身电气附件

车身电气附件（body electrical accessories）指除用于汽车底盘以外的所有电气、电子装置，包括各种仪表及开关、前照灯、尾灯、指示灯、雾灯、照明灯、音响和收视装置及设备、空调装置、刮水器、除霜装置，以及全球定位系统（GPS）和集成安全系统（ISS）等。

二、轿车车身的装配术语

我国车辆是靠道路右侧行驶，汽车左半侧是有转向盘的一侧，汽车右侧是副驾驶座位所在的一侧。汽车是以前进的方向来定义车身的前后和左右的。

为了便于在汽车车身修理工作中进行沟通，通常将一个汽车车身分为3个部分，即前部、中部和后部。

1. 车长

车长（length）是指垂直于车辆纵向对称平面，并分别抵靠在汽车前后最外端突出部位的两垂面之间的距离，如图 2-2-1 所示。

车辆纵向对称平面在车身尺寸图中称为中心面，利用一个假想的具有空间概念的平面，能够将车身沿宽度方向截为对称的两半，则这平面即为车辆的纵向对称平面。

我国公路车辆的极限尺寸规定的汽车总长：载货汽车（包括越野车）不超过12m，一般客车不超过 12m，铰接式客车不大于 18m，牵引车拖带半挂车不超过16.5m，汽车拖带挂车不超过 20m。

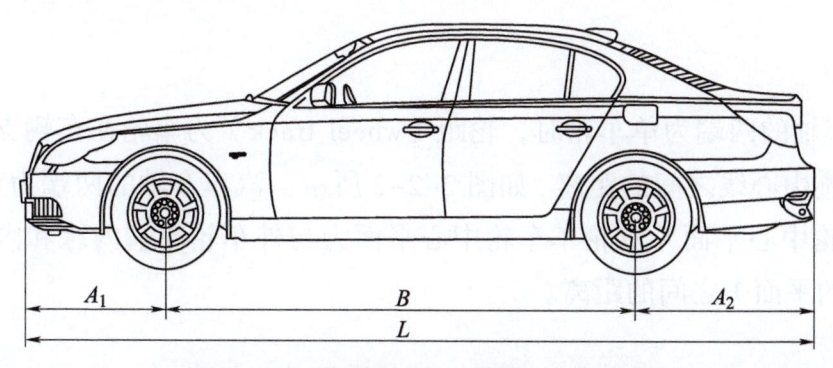

图 2-2-1　车长（L）、轴距（B）尺寸

2. 车宽

车宽（width）是指平行于车辆纵向对称平面，并分别抵靠车辆两侧固定突出

部位（除后视镜、侧面标志灯转向指示灯、挠性挡泥板、折叠式踏板、防滑链及轮胎与地面接触部分的变形外）的两平面之间的距离，如图2-2-2所示。我国公路车辆的极限尺寸规定车辆总宽不超过2.5m。

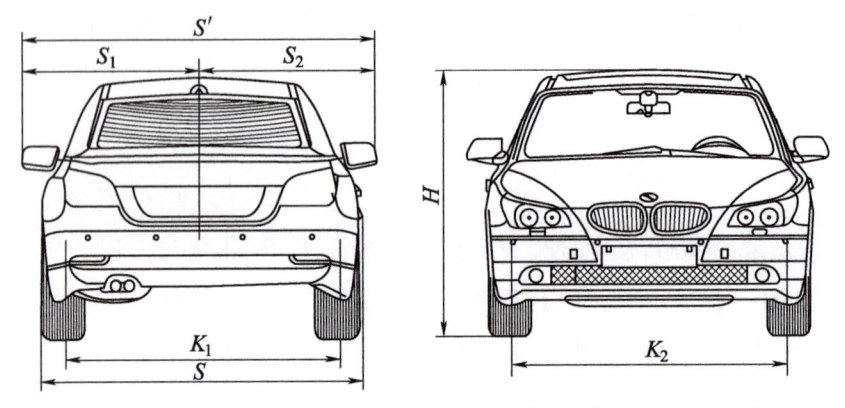

图2-2-2 车宽（S）、车高（H）与轮距（K_1、K_2）尺寸

3. 车高

车高（height）是指车辆没有装载且处于可运行状态时，车辆支撑平面与车辆最高突出部位相抵靠的水平面之间的距离，如图2-2-2所示。我国公路车辆的极限尺寸规定车辆总高不超过4m。

4. 轴距

轴距（wheel base）是指通过车辆同一侧相邻两车轮的中点，并垂直于车辆纵向对称平面的两垂线之间的距离，如图2-2-1所示。对于三轴以上的车辆，其轴距由从最前面至最后面的相邻两车轮之间的轴距分别表示，总轴距则为各轴距之和。

5. 轮距

汽车车轴的两端为单车轮时，轮距（wheel track）为车轮在车辆支撑平面上留下的轨迹中心线之间的距离，如图2-2-2所示。汽车车轴的两端为双车轮时，轮距为车轮中心平面（双轮车车轮中心平面为与外车轮轮辋内缘和内车轮轮辋外缘等距的平面）之间的距离。

6. 前悬

前悬（front overhang）指前轮中心与车前端的水平距离，如图2-2-1所示。

7. 后悬

后悬（rear overhang）指汽车最后端至后轴中心的水平距离，如图2-2-1所示。

8. 接近角、离去角

汽车满载静止时，汽车前端突出点向前轮所引切线与地面的夹角是接近角（approach angle）；后端突出点向后车轮引切线与路面之间的夹角是离去角（departure angle），如图2-2-3所示。

9. 最小离地间隙

最小离地间隙（The minimum ground clearance）指汽车满载静止时，除车轮之外的最低点与支撑平面之间的距离，如图2-2-3所示。

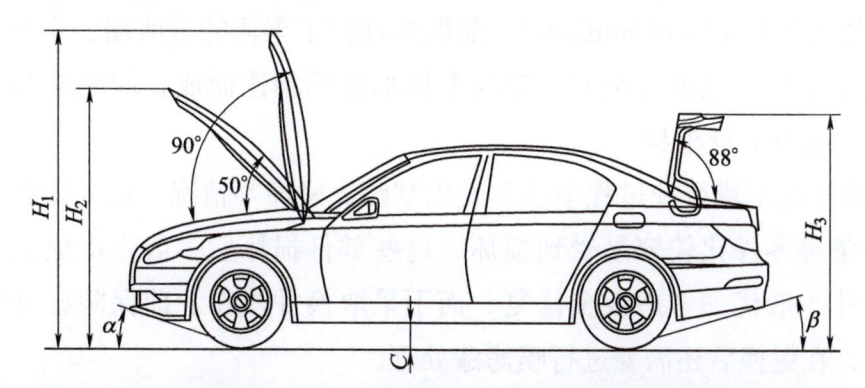

图2-2-3 接近角（α）、离去角（β）、最小离地间隙尺寸（C）

三、车身壳体结构

轿车车身壳体通常分为3个模块，即前部车身、中部车身和后部车身三大部分及相关构件组成，如图2-2-4所示。

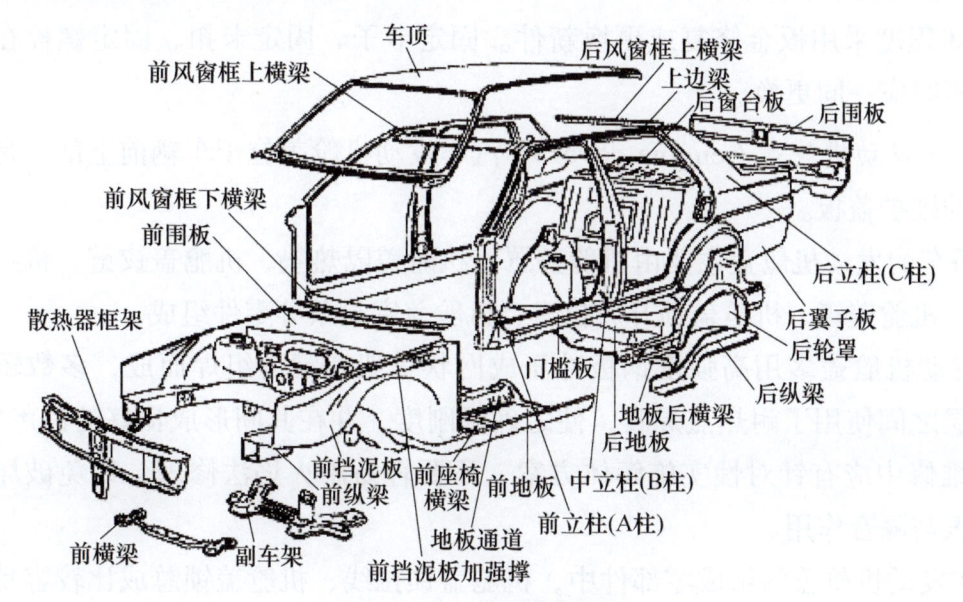

图2-2-4 车身壳体结构

1. 前部车身

前车身由前横梁、前悬架横梁散热器支架、前挡泥板、前围板、前围上盖板及前纵梁等构成，由于发动机、悬架和转向装置都安装在前挡泥板和前车身的前纵梁上，且前车身的强度和精度影响前轮的定位及传到乘客室的振动与噪声，因此要求前车身制造精确并具有较高的强度。车身外覆盖件如发动机罩、前翼子板、前裙板等是用螺栓、螺母和铰链固定，其他的部件都焊接在一起，以减轻车身质量，增加车身强度。

（1）前保险杠（front bumper） 前保险杠位于车辆的最前端，是车身外部装饰体，主要部件一般由非金属面罩与金属加强筋相连而成，起到装饰、防护作用，应用于所有车辆车身。

前保险杠在车辆行驶过程中经常发生刮蹭、碰撞等情况，前保险杠外皮、支架、装饰条等零件比较容易受到损坏，这些部件损坏后一般直接更换新件。前保险杠杠体一般优先考虑钣金修复，而不采取换件操作。前保险杠外皮如果与车身同色，在更换后还需要进行喷烤漆处理。

（2）前翼子板（front fender） 前翼子板位于汽车发动机罩左右两侧，前轮上部是重要车身装饰件，主要部件一般采用薄钢板冲压制造。

普通轿车的前翼子板主要由前翼子板外板、前翼子板内板、翼子板衬板及翼子板防擦装饰条等组成，部分轿车还装有翼子板轮口装饰条。

在车辆碰撞事故中，翼子板外板、内板等钣金件经常因碰撞而发生变形，应视损坏程度采用钣金修复或更换新件。固定卡子、固定卡扣、固定螺栓在更换翼子板时应一同更换。

（3）发动机舱盖（engine cover） 汽车发动机舱盖位于车辆前上部，是发动机舱的维护盖板。

轿车的发动机舱盖主要由机舱盖罩、机舱盖隔热垫、机舱盖铰链、机舱盖支撑杆、机舱盖锁、机舱盖锁开启拉索、机舱盖密封条等零件组成。

发动机舱盖多用高强度钢板冲压成网状骨架和蒙皮组焊而成，多数轿车还在夹层之间使用了耐热点焊胶，使之确保刚度，并在其间形成良好的消声胶层。车身维修中应有针对性实施解体方案，不要轻易用火焰法修理，以免破坏夹胶的减振与隔音作用。

在发动机舱盖的组成零部件中，机舱盖锁拉线、机舱盖锁总成比较容易发生

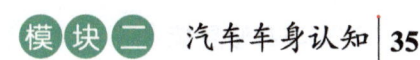

损坏，对于这些零件只要更替新件就可恢复原有功能；撑杆、密封条以及缓冲垫等一般不会损坏，而机舱盖一般也只是由于车辆发生碰撞等而变形，损坏不严重可采取钣金修复，一般不采取换件修复。

（4）前围板（cowl panel） 前围板位于乘客室前部，通过前围板使发动机舱与乘客室分开。前围板的两端与壳体前立柱和前纵梁组焊在一体，使整体刚性更好。由于前车身的后部构造还起横向加固壳体的作用，一般采用双重式结构。靠近发动机舱一侧主要起辅助加强作用，靠近乘客室一侧用高强度钢板冲压成形，并于两侧采用沥青、毛毡、胶棉等绝缘材料，以保证乘客室振动小、噪声低、热影响小。

（5）前纵梁（front rail） 前纵梁是前车身的主要强度件，直接焊接在车身下部。其上再焊接轮罩等构件。为了满足承载和对前悬架、转向系统等支撑力的受力要求，并使载荷分布均匀，前纵梁前细后粗截面不等。同时截面变化也较为明显，能够提高汽车受冲撞时对冲击能量的吸收效果，尤其是断面处，受冲击时将首先变形，以吸收能量。纵梁上钻有许多不同直径的小孔，用于安装发动机总成及汽车附件。

2. 中部车身

中部车身设有车门、侧体门框，门槛及车门沿周采用高强度钢制成的抗弯能力较高的箱型断面，中间车身侧体框架的中柱、边框、车顶边梁和侧体下边梁等结构件也采用封闭型断面结构。车顶、车底和立柱等构件，均以焊接方式组合在一起。

中间车身的立柱起着支撑风窗和车顶的作用，一般下部做得粗大，上部的截面尺寸需考虑驾驶视野而缩小。立柱包括前柱（A柱）、中柱（B柱）与后柱（C柱）3种。

（1）立柱（upright post）/门槛板（sill plate）/地板（floor） 立柱和门槛板是构成车身框架的钣金结构件，是车身非常重要的支撑件。如轿车、吉普车等车型的侧面一般由前、中、后门框及门槛、门楣等构成一个结构，用来固定车门、支撑顶篷及固附车身蒙皮等。

地板是车辆用来承载乘客、货物的基础件，是车身非常重要的钣金件。车辆上几乎所有的组件都直接或间接安装在地板上，如乘员座椅直接安装在地板上，仪表台通过仪表台框架间接安装在地板上。车辆发生变形时地板基本上采用钣金技术修复。

（2）车顶（car roof） 车顶是指车身车厢顶部的盖板，其上可能装备有天窗、换气窗或天线等。车顶主要由车顶板、车顶内衬、横梁（可能有前横梁、后横梁）、加强肋等组成，有的车型还备有车顶行李架。

在车顶的零件中，车顶内衬若损坏一般采取换件的方式，其他金属零件一般采取钣金技术修复，只有在损坏非常严重而无法钣金修复时才采取换件修复。

电动式天窗一般由天窗框架、天窗玻璃、天窗遮阳板、天窗导轨和驱动电动机等零件组成。天窗总成的零件一般不容易发生损坏，天窗玻璃和天窗导轨一般只有在高空坠物或车辆发生严重碰撞时才有可能发生损坏，驱动电动机和控制装置可能发生机械故障损坏。这些零件损坏时一般采取更换新件即可恢复原有功能。

（3）车门（car door） 车门是乘员上下的通道，其上还装有门锁、玻璃、玻璃升降器等附属设施。车门框架是车门的主要钢架结构，铰链、玻璃和把手等部件都需要安装在门框架上。车门外板是车门框架上的外面板，它可以用钢、铝、纤维玻璃或塑料制成。车门玻璃沿车门框架上玻璃导轨上、下移动。导轨是用低摩擦材料嵌入、粘接形成的 V 形槽。

车门及附件主要包括车门板（车门外板和车门内板）、车门内饰板、车门密封条、车门铰链和车门锁总成等零件。

3. 后部车身

轿车后车身是用于放置物品的部分，可以说是中间车身侧体的延长部分。三厢式车的乘客室与行李舱是分开的。

后车身的主要载荷来自于汽车后悬架，尤其是对于后轮驱动的车辆，驱动力通过车桥的传递直接作用于后轮上。为确保后车身的强度，车身重量由中间车身径直向后延伸。到后桥部位再形成拱形弯曲。这样既保证了后车身的刚度，又不至于使后桥与车身发生干涉。而且，当车身后部受到追尾碰撞时，还能瞬时吸收部分冲击能量，以其变形来实现对乘客的有效保护。

（1）行李舱（luggage compartment）和行李舱盖 行李舱是装载物品的空间，由行李舱组件与车身地板钣金件构成。行李舱基本位于轿车车身的后部，因此俗称后备厢。

轿车的行李舱盖主要由行李舱盖板、行李舱盖衬板、行李舱铰链、行李舱支撑、行李舱密封条和锁总成等零件组成。部分轿车的行李舱盖还带有扰流板及车型品牌标识等。

在行李舱盖的组成零件中，除了行李舱盖板损坏可以修复外，其他零件损坏基本采取更换新件的方式。

（2）后侧板（rear panel） 后侧板是指后门框以后的遮盖后车轮及后侧车身的车身钣金件。后侧板主要包括后侧板外板、后侧板内板、后立柱、侧板内饰板及轮罩板等零件。

（3）后保险杠（rear bumper） 后保险杠位于车辆车身的尾部，起到装饰及防护车辆后部零件的作用。

后保险杠主要包括保险杠外皮、保险杠杠体、保险杠加强件、保险杠固定支架以及保险杠装饰条。部分中高级轿车的后保险杠中还备有后保险杠缓冲器，可以有效保护车辆的后部车身在中级以下碰撞时不发生变形。

在轿车后保险杠的组成零件中，除了保险杠外皮损坏时一般采取更换新件的方式外，其他钣金件都可先考虑钣金技术修复，除非损坏较为严重时才进行更换新件。

四、汽车车身的主要性能

汽车车身是保证乘坐舒适性的关键所在。所以在车身维修中，除了保证车身的形状维修和表面维修外，也应特别注意车身性能的修复。

1. 车身的密封性

车身的密封性是指关闭车身全部门、窗和孔口盖时，车身防雨水和防尘土的能力。车身的密封性不好，不但不能使车内保持所需的温度，而且尘土和雨水都易侵入车内。

影响车身密封性的主要部位是门窗缝隙，故在维修时应注意密封条的截面形状和密封效果。另外，还应注意位于车厢内发动机罩的密封性和空调装置管路穿过地板孔洞的密封性。

2. 车身的隔热性

车内温度是保证舒适性的重要因素之一。车内温度的保持，除了空调装置外，还要求车身具有良好的隔热性。如果车身的隔热性能差，车内热（冷）量损失大，势必消耗加热（或制冷）设备更多的能量。

汽车车身的隔热一般采用隔热层。隔热层由玻璃纤维、胶合板、毛毡和泡沫塑料等材料组成。通常情况下，顶盖受太阳辐射影响最大，顶盖隔热层厚度一般较厚。为防止发动机发散太多热量到车内，一般在前围板朝向发动机的一面加一层铝箔。

3. 车身的防振和降噪性

轿车车内的噪声通常是由空气动力噪声、机械噪声及空腔共鸣噪声引起的。

（1）空气动力噪声（又称空气噪声） 它是由气体振动而产生的，包括发动机及其附件的工作噪声及排气噪声、传动系统噪声、轮胎噪声及悬架等行驶系噪声。这些噪声主要是通过前围板及地板传入车身内的。此外还有从汽车周围传入的各种环境噪声。

风噪声是轿车在高速行驶时产生的"风笛声""风啸声"等，轿车易产生风啸声的部位如图 2-2-5 所示。当汽车高速行驶时，除了从门窗框周围、车身地板和前围板的孔中透过气时产生的风啸声和冷暖通风口的风啸声，还有空气经车身表面突出物（如手柄、后视镜、流水槽等不光顺表面）产生的涡流而引起的噪声。

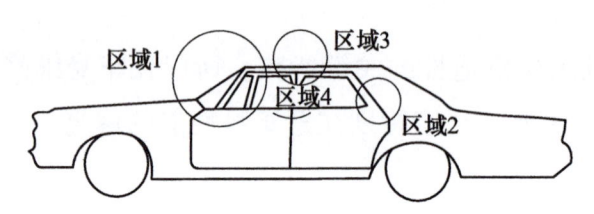

图 2-2-5 车身易产生风啸声部位

（2）机械噪声 汽车车身机械噪声是固体振动产生的。如车身受到振动激励后产生车身总体的弯曲振动及扭转振动，同时还会引起板件或结构体的局部振动，特别是当激励频率与结构的固有频率吻合或相近时，将发生共振。此外，由于机械的撞击摩擦以及交变荷载的作用，车身内的装备产生的噪声等都是机械噪声源。

（3）空腔共鸣噪声 空腔共鸣噪声是因车身振动产生的向车内辐射的声波，遇到障碍物反射回来时，若恰好与原来的声波相同，则这部分声波会被增强，而且会加剧结构的振动。这种二次诱发结构振动本身就是一个噪声源，称为车厢共鸣。车身作为共鸣箱，对于低频声，其作用尤为明显。对于轿车，会出现两个共鸣箱（车厢和行李舱），而且两者会相互影响。

由上述车内噪声的成因分析可知，要控制车内噪声，首先要从减少声源着手。例如，为了抑制风噪，最有效的方法就是消除漏气流的间隙或采取改进密封元件，增加密封压力等，将缝隙堵住；防止排气噪声采用消声器；防止机械噪声采用减振器等。此外，车身结构上还必须采取防振、隔振、阻尼等办法。防振、隔振主要通过改善对汽车悬架装置的减振性能来实现，并可通过选择适当的悬置结构和位置，以减少振动的传递，起到隔振作用。对于发动机和车外噪声，可用各种隔声材料和结构措施来隔振。例如，前置发动机的噪声主要是通过前围板传入车内的，为减少噪声传入，常将单层隔板改为双层隔板。对前围板、地板上的许多穿线孔、安装孔等，应尽量采取密封（如采取密封效果较好的穿线胶套）等。对传入车身内的噪声，通常可通过利用吸声材料的内饰来吸收射到其上的声波，减弱反射的声能，如采用多孔性吸声材料等。同时，吸声处理通常与隔声、防振等一起处理。

对于一些易产生振动的钣金件，如地板、顶盖及前围板等，应涂以防振阻尼材料来减少噪声辐射，使其衰减。阻尼材料是一种内损耗大的材料，如沥青物质和其他高分子涂料（橡胶、树脂）等。

图2-2-6所示为防振、隔振和阻尼材料综合应用的一个实例。在设计车身内

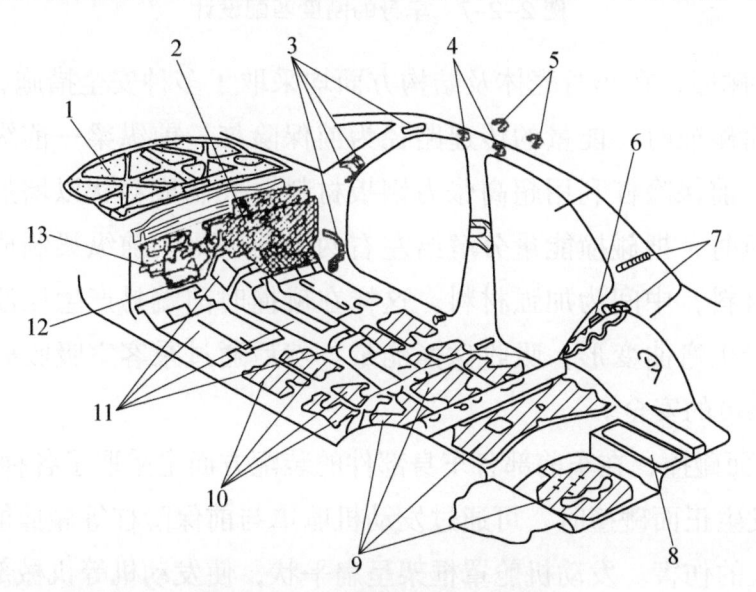

图 2-2-6 车身噪声的对应措施

1—发动机舱盖隔声材料　2—乘客室前隔板隔热层　3、4、5—泡沫材料　6—车轮侧罩的减振夹层板
7—树脂成型泡沫材料　8、11—夹有树脂层的沥青板　9、10—高刚度沥青板
12—发动机的减振夹层挡板　13—乘客室前隔板减振隔热层

饰时，既要考虑造型及安全方面对室内软化的要求，也要满足控制振动和噪声的要求。

4. 车身的安全性

汽车的安全性通常被划分为主动安全性和被动安全性。其中的被动安全性是指一旦发生交通事故时，如何避免或减轻车内人员被伤害的保护性对策。这主要取决于车身刚度匹配、车内软化和安全保护装置等。

车身壳体刚度在不同部位是有所差异的，如图2-2-7所示。通常情况下乘客室相对于其前、后（发动机舱，行李舱）应具有较大的刚度和韧性。当汽车发生正面碰撞或追尾等事故时，所产生的冲击能量可以在车身前部或后部得以迅速释放，以保证中部乘客室有足够的活动范围与安全空间。

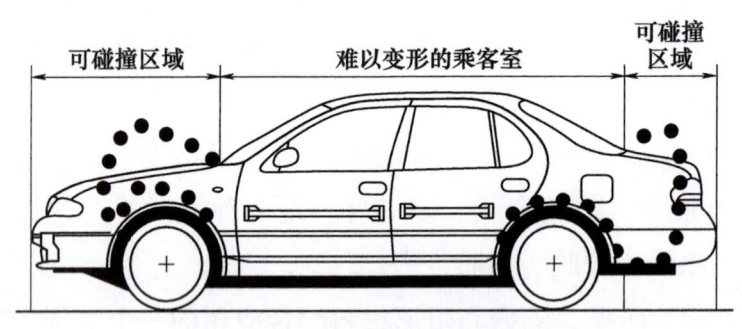

图2-2-7　车身的刚度匹配设计

针对正面碰撞，在车身壳体及结构方面均采取了多种安全措施，如图2-2-8所示。当正面碰撞时，能量的传递路径为前保险杠—前纵梁—前纵梁末端—乘客室。因此，前保险杠利用超高张力钢板材料，并制成箱状以增加其强度。这样在发生碰撞时，把碰撞能量分解给左右两个前纵梁。前纵梁制成直线状，前端为易压溃材料，中间为加强材料。这样在碰撞时前端易产生压溃变形，接着前纵梁末端产生弯曲变形，吸收碰撞能量。然后通过乘客室吸收碰撞能量，这样就能保护乘员的安全。

为应对正面碰撞，在车前部各车身部件的装配方面也采取了各种各样的措施。汽车与行人发生正面碰撞时，可通过发动机舱罩与前保险杠等碰撞能量吸收机构来减轻对行人的伤害。发动机舱罩框架呈扁平状，使发动机等机械部件与发动机舱罩之间存在空间。行人头部与发动机罩发生碰撞时，可通过发动机舱罩铰链的运动来吸收碰撞能量。前挡板受到碰撞时易产生变形，刮水器托架受到碰撞时脱落，前保险杠前端设有缓冲垫，这些都是减轻行人伤害的措施，如图2-2-9所示。

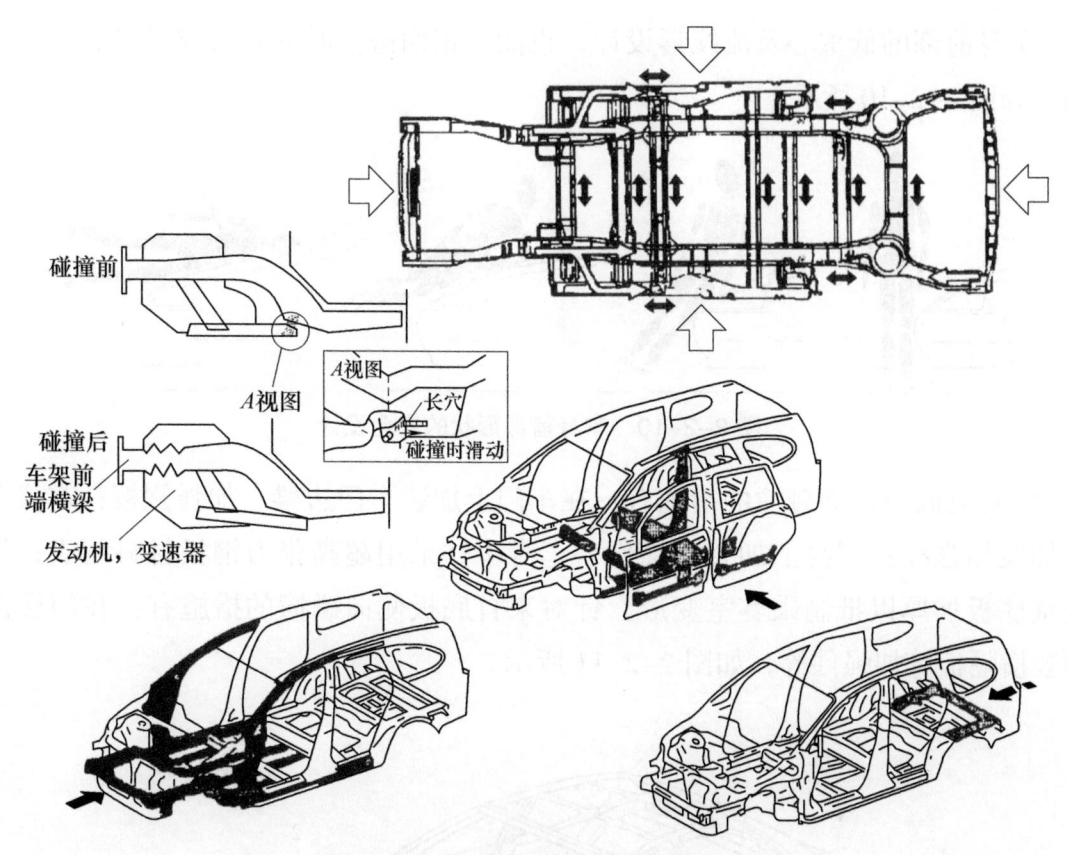

图 2-2-8 正面碰撞的壳体安全设计

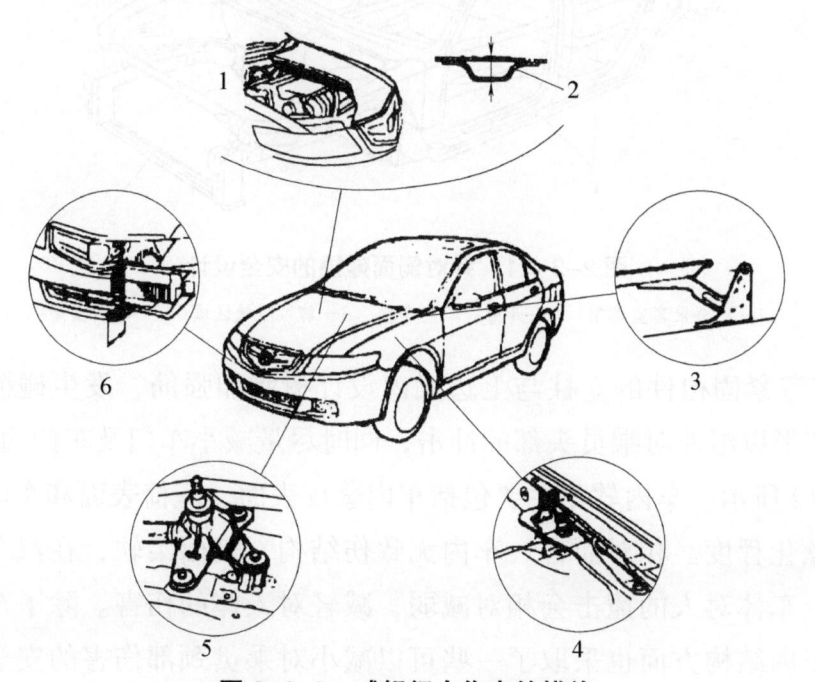

图 2-2-9 减轻行人伤害的措施
1—发动机罩 2—扁平状框架 3—铰链 4—翼子板 5—刮水器托架 6—前保险杠

车身前部的低重心及流线形设计,也能在正面碰撞时减轻对被撞者的伤害作用,如图 2-2-10 所示。

图 2-2-10　车身前部形状的安全设计

针对驾驶室侧面碰撞的措施有:在车门上加装车门边梁、加强侧板;在仪表板加装加强棒;车身上加装加强件;车身中柱采用超高张力钢板材料制成;驾驶室底板加厚以抵制乘客室变形。针对来自底板侧向碰撞的措施有:在门槛内加装横隔板等加强件等,如图 2-2-11 所示。

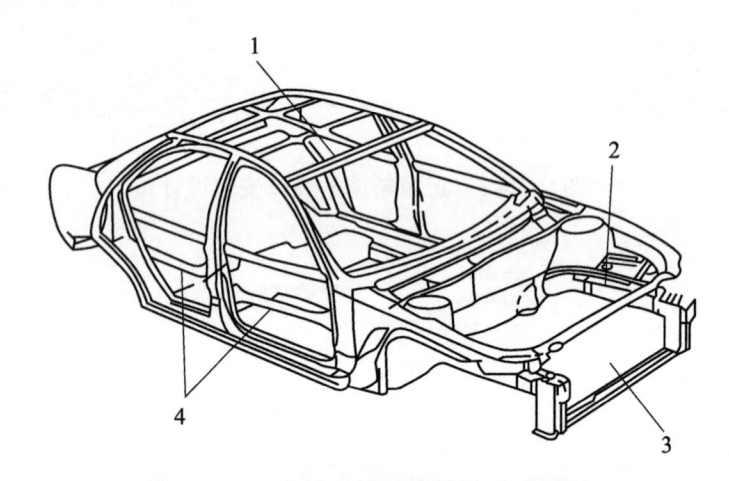

图 2-2-11　针对侧面碰撞的安全设计

1—安全乘客室骨架　2—开槽的车架导轨　3—前可碰撞区域　4—车门横梁

在乘客室紧固构件的立柱与上边梁内设计树脂加强筋,发生碰撞时加强筋产生压溃变形以缓冲对乘员头部的冲击,同时尽量减小车门及车门边梁的变形,如图 2-2-12 所示。车内软化主要包括车内蒙皮表面、座椅表面和车内扶手等所用材质及软化程度。相对而言,车内无致伤结构,表面柔软,在汽车发生碰撞或翻滚时,车体对人的撞击会相对减弱,减轻对人体的伤害。除了车内软化措施外,在车内结构方面也采取了一些可以减小对乘员颈部伤害的安全措施,如图 2-2-13 所示。当发生碰撞时,通过感知乘员对座椅靠背的撞击力,安全头枕

（safety headrest）自动向乘员头部靠近，从而限制颈部的运动，起到减小伤害的作用。为了保护乘员的头部，在立柱与边梁等部位的内部设计了加强筋等机构来吸收碰撞能量。

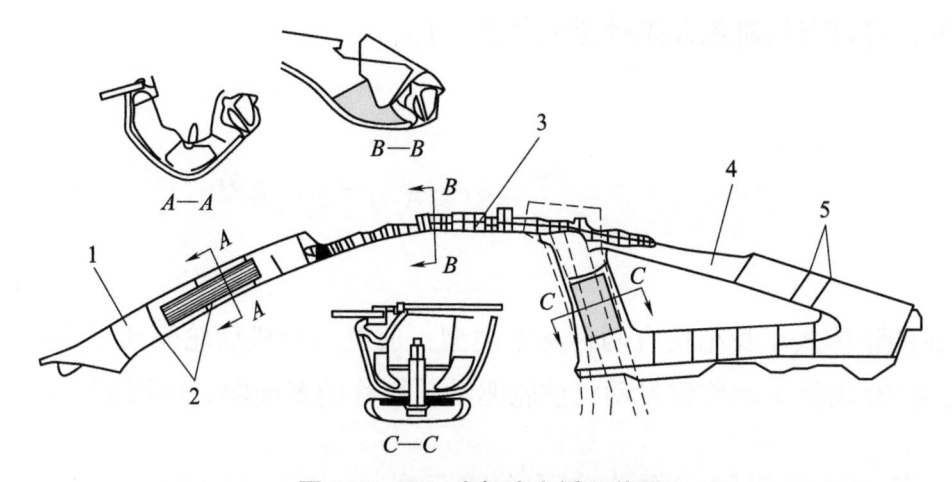

图 2-2-12 头部冲击缓和装置

1—前柱装饰物　2、5—加强筋　3—树脂加强筋　4—顶盖内部装饰物

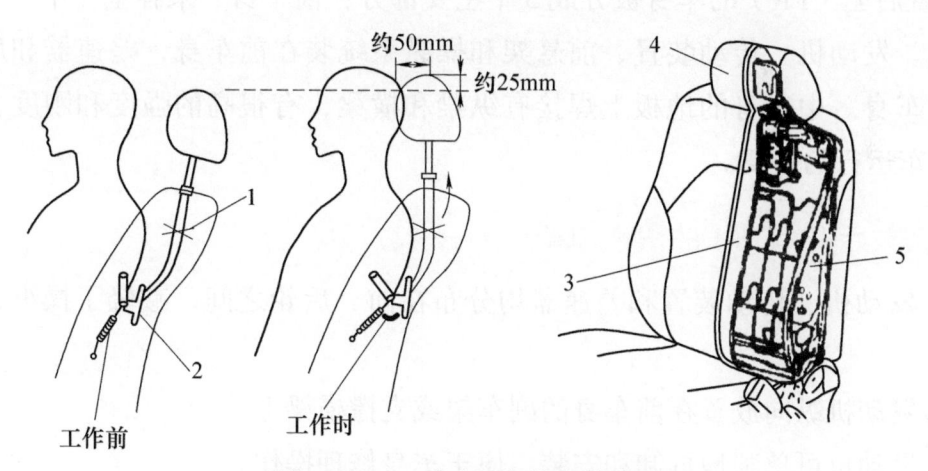

图 2-2-13 减小颈部伤害的装置

1—旋转中心　2—动力板　3—座椅靠背缓冲垫　4—安全头枕　5—座椅靠背框架

在目前情况下，应用最多的安全防护装置是安全带（safety belt）和安全气囊（air bag）。安全带的作用主要是在汽车发生事故时对乘员适度限位，并靠安全带的作用减缓乘员因惯性作用可能遭受到的极大撞击力。安全带可以在轻拉和慢拉时使乘员有完全的活动范围，不妨碍乘员的动作。当突然停车时，安全带会自动卡紧将乘员固定在座椅上。总的来说，安全带装置简单通用，但对乘员活动有一定限制，且效果不够理想。

只用安全带，正面碰撞时仍然会存在转向盘和风窗玻璃等部件对头部和面部造成伤害的风险。而采用安全气囊则没有这个缺陷。安全气囊一般布置在乘员前面和侧面，当发生碰撞事故时，气囊型保护装置能够在极短时间内充气至60~200L，可以有效避免人体碰到车内硬件上。

学习任务三　整体式车身的布置

现在的整体式车身结构有两种基本类型：前置发动机后轮驱动（简称前置后驱，可用 FR 表示）和前置发动机前轮驱动（简称前置前驱，可用 FF 表示）。

一、前置发动机后轮驱动（FR）的车身

前置后驱（FR）的车身被分成 3 个主要部分：前车身、乘客室（中车身）和后车身。发动机、传动装置、前悬架和操纵系统装在前车身，差速器和后悬架装在后车身。中车身的地板上焊接有纵梁和横梁，有很高的强度和刚度，可以保证汽车运行的需要。

1. 前置后驱（FR）的车身的特点

1）发动机、传动装置和差速器均分布在前、后轮之间，减轻了操纵系统的操纵力。

2）发动机纵向放置在前车身的副车架或支撑横梁上。

3）发动机可单独地拆卸和安装，便于车身修理操作。

4）传动轴安装在地板下的通道内，占用了乘客室的内部空间。

5）由于发动机、传动系统及后轮由前到后布置，汽车的振动和噪声源也分布到车身的前面和后面。

2. 前置后驱（FR）的前车身

前置后驱的前车身由前横梁、前悬架横梁、散热器支架、前挡泥板、前围板、前围上盖板及前纵梁等机构组成，如图 2-3-1 所示。

由于发动机、悬架和转向装置都安装在前挡泥板和前车身的前纵梁上，且前

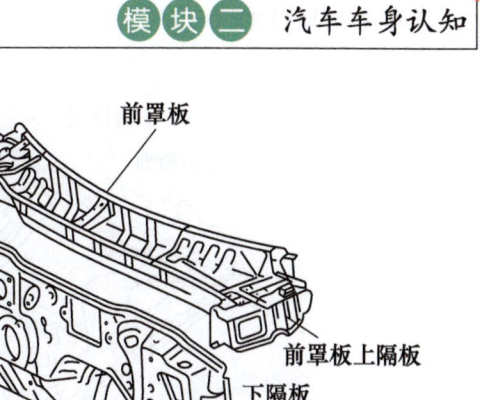

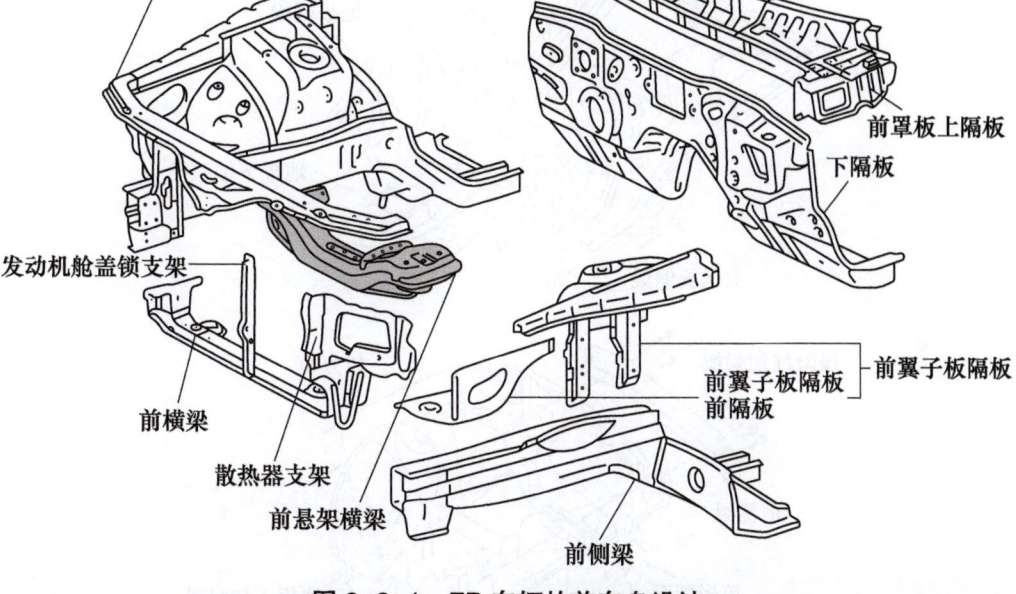

图 2-3-1 FR 车辆的前车身设计

车身的强度和精度影响前轮的定位和传到乘客室的振动和噪声，因此要求前车身制造精确并具有极高的强度。车身外覆盖件，如发动机罩、前翼子板和前裙板等，是用螺栓、螺母和铰链固定的。其他的部件都是焊接在一起的，以减轻车身质量，增加车身强度。

3. 前置后驱的侧面车身

前置后驱的前柱、中柱、车门、槛板和车顶纵梁等部位都采用3层板设计，同时运用了大量的高强度钢，以防止来自前方、后方和侧面的碰撞引起中部车身变形。车身立柱、门槛板、车顶纵梁、车顶板和车地板共同向左、右侧弯曲。车身立柱也作为门的支架，在汽车翻倒时能保持乘客室的完整性。车身侧面由于有车门，其强度被削弱，因而采用内部和外部板件来加强连接，形成一个非常顽固的箱型结构。

4. 前置后驱的底部车身

前置后驱的底部车身主要由前后纵梁、地板纵梁、地板及横梁构成。前纵梁形同车架的框，由于悬架和车身底部结构的大小和形状不同，这些部件的形状和基本布局也会有变化，如图 2-3-2 所示。

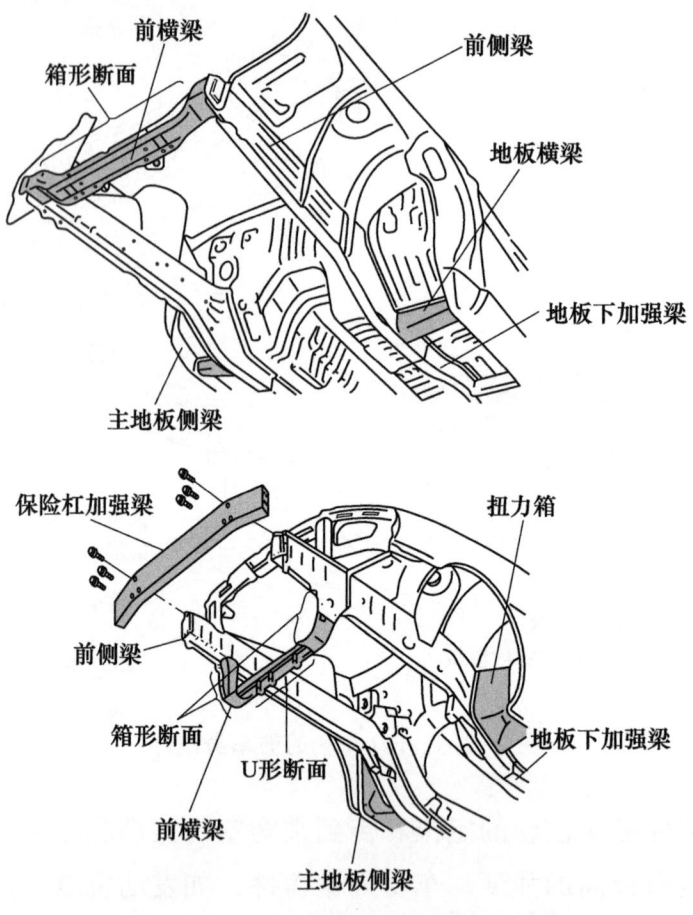

图 2-3-2　FR 车辆的前底部车身结构

（1）底部车身前段　底部车身前段由前纵梁和前横梁构成。由于要安装发动机和悬架等部件，并影响前车轮定位，这些构件都用高强度钢制成箱形截面。前纵梁均为上弯式，在板件上都有加工的预应力区。在碰撞时，这些构件将会弯曲并吸收冲击能量，在正面碰撞时可以有效地保护乘客室。

（2）底部车身中段　底部车身中段主要由地板、地板横梁和地板纵梁等构成，如图 2-3-3 所示。前置后驱（FR）车身因为变速器纵向放置，并且有传动轴传递动力至后方，所以需要有较大的车底拱起空间。因此，只能提供较小的腿部活动空间，故前置后驱车身一般只适用于大中型、具有较大车身的轿车。地板的中心有传动轴通道，加强了地板的强度，它能阻止地板扭曲。此外，地板主纵梁和主横梁位于前排座下面和后排座前面，从而强化了左侧和右侧的刚性，在侧面碰撞中可防止地板扭曲，如图 2-3-4 所示。

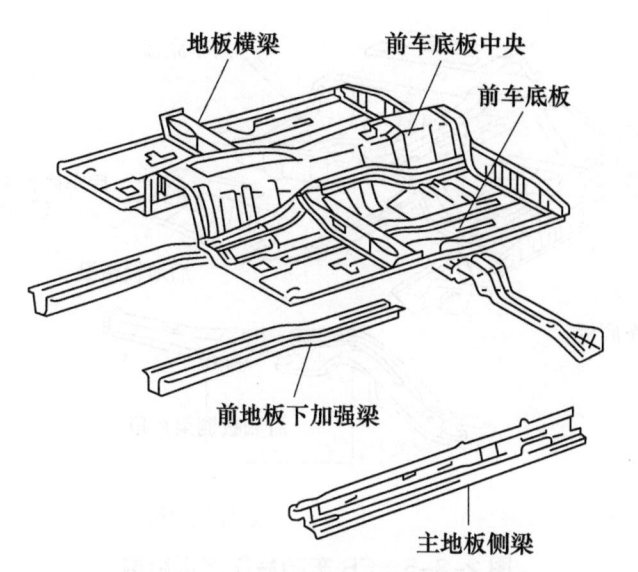

图 2-3-3　FR 车辆中部下车身结构

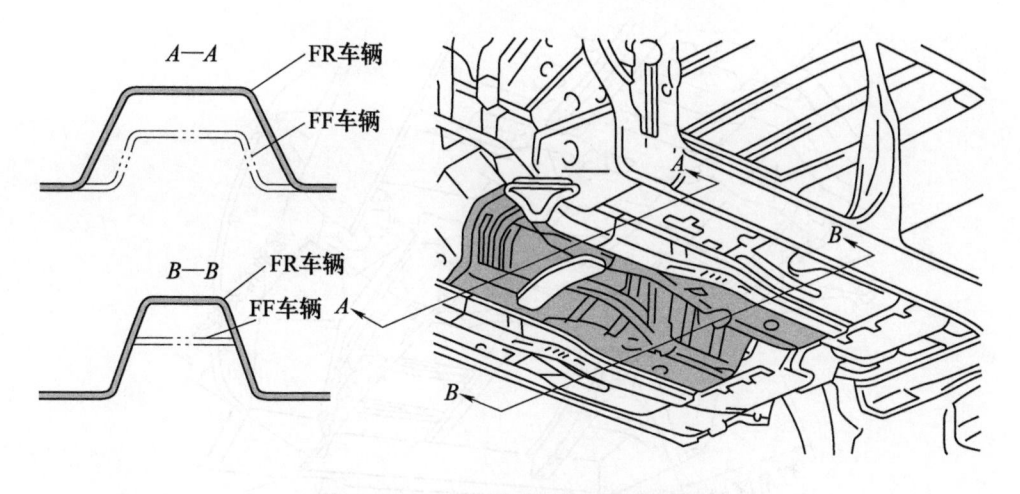

图 2-3-4　FR 车辆底板拱起结构

（3）底部车身后段　底部车身后段主要由后地板纵梁、后地板横梁、后地板及行李舱地板等构成，如图 2-3-5 所示。后地板纵梁从后排座下面延伸到接近后桥，并上弯延伸到后桥。此弯曲结构像前纵梁一样，可以吸收后端碰撞时的能量。另外，后地板纵梁后段和后地板纵梁是分开的，以方便维修车身时更换。

当燃油箱固定在地板下面时（悬浮式），后地板纵梁的后半部具有强韧而不易弯曲的特性。不过，在弯角区域（向上弯曲）将其设计成容易发生折损变形的，当发生后端碰撞时可保护燃油箱，如图 2-3-6 所示。

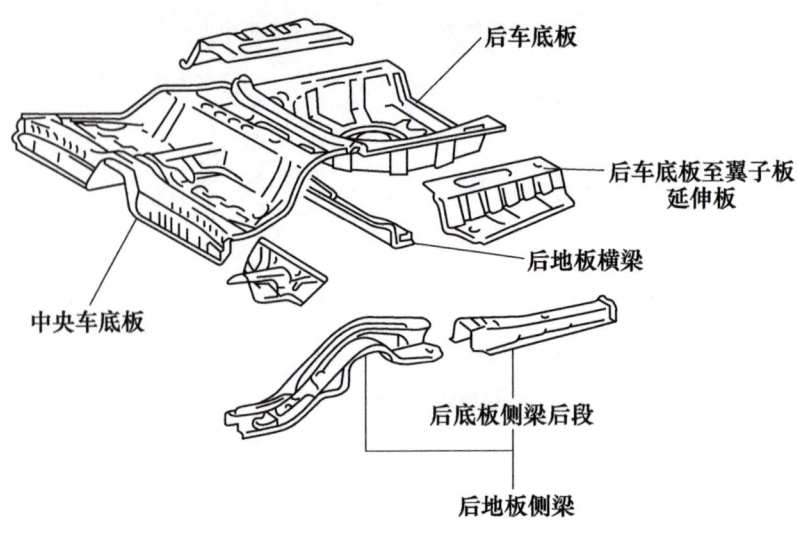

图 2-3-5 FR 车辆后段钢板结构

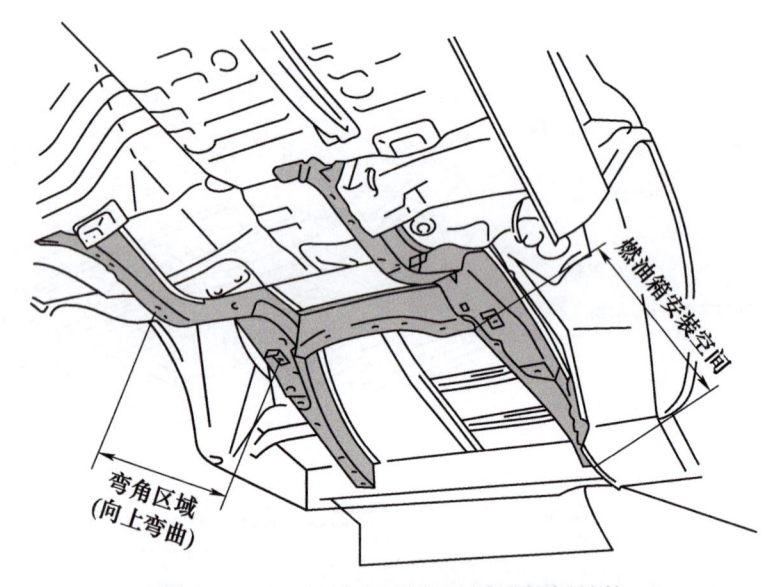

图 2-3-6 FR 车辆后段悬浮式钢板结构

5. 前置后驱的后车身

前置后驱后车身有轿车形式和旅行车形式两种类型，如图 2-3-7 所示。前者行李舱和乘客室分离，后者行李舱与乘客室则不分开。在轿车中，后围上盖板和后座软垫托架连接在后侧板和后地板上，围板可防止车身扭曲。旅行车由于没有单独的后车身，采用加大顶盖内侧板及后窗下部框架、将顶盖内侧板延伸至后侧板等措施来加强车身的刚度。

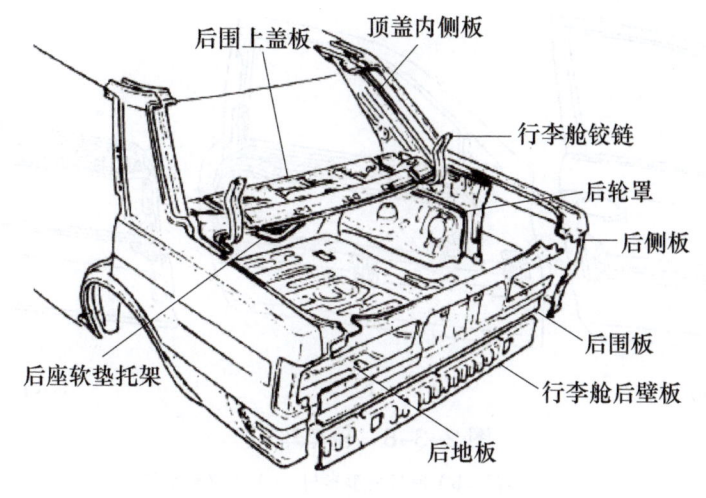

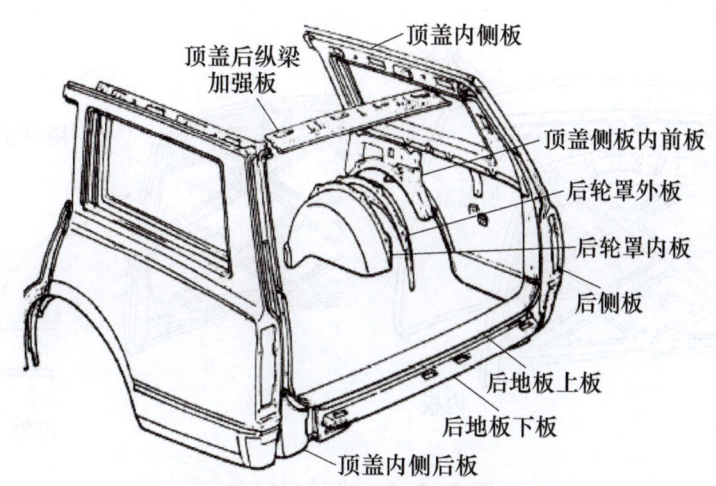

图 2-3-7 FR 车辆后车身结构

6. 车门

车门包括外板、内板、加强梁、侧防撞钢梁和窗框。其中内板、加强梁和侧防撞钢梁以点焊结合在一起，而内板和外板通常是以摺边连接。另外，车门门框通常是由点焊和铜焊结合，车门的形式大致分为窗框车门、冲压成形车门和无窗框车门 3 种，如图 2-3-8 所示。

7. 发动机舱盖

发动机舱盖包括外板、内板和加强梁，如图 2-3-9 所示。内板和外板的四周以摺边连接取代焊接。为了确保发动机舱盖铰链连接和发动机罩锁支架的刚度与强度，将加强梁点焊于内板上，将密封胶涂抹于内板和外板的某些间隙中，以确保外板有足够的张力。

a)　　　　　　　　　　　b)　　　　　　　　　　　c)

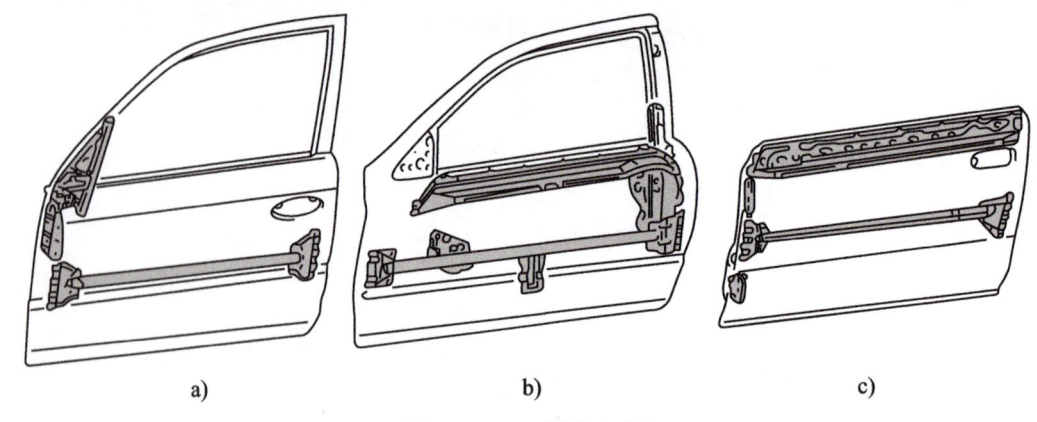

图 2-3-8　轿车车门

a）窗框车门　b）冲压成形车门　c）无窗框车门

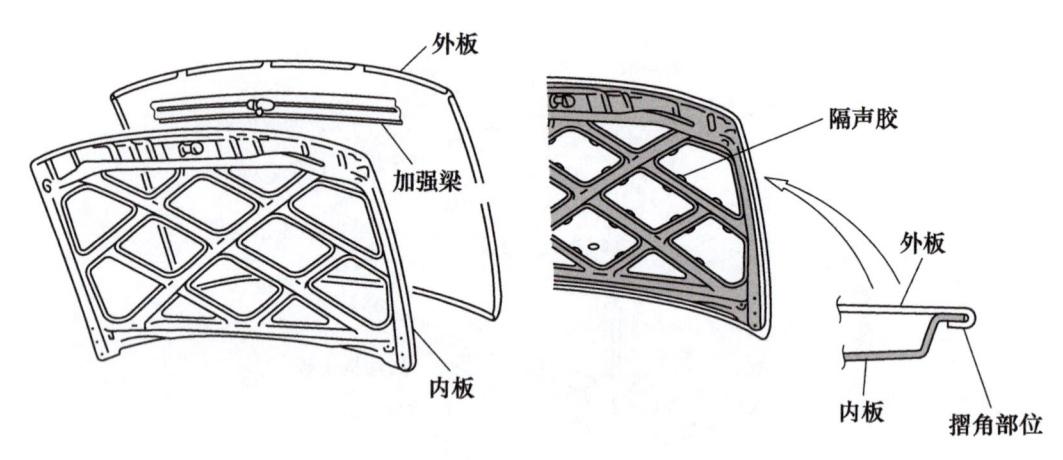

图 2-3-9　发动机舱盖

8. 行李舱盖

行李舱盖的构造类似于发动机舱盖，包括外板内板的四周采用摺边连接方式，而加强梁制作时由点焊焊接于行李舱盖上（铰链和支座区域除外），将密封胶涂抹于内板和外板的某些间隙中，以确保外板有足够的张力。

二、前置发动机前轮驱动（FF）的车身

前置前驱（FF）的发动机安装在车身的前面并由前轮驱动。由于没有传动轴，乘坐室的空间可以加大。同时，发动机、传动轴、前悬架装置和操纵装置都设置在车身前部，车身前部部件承受载荷比较大。所以，前置前驱的车身前部强度与前置后驱有很大不同。

1. 前置前驱（FF）车身的特点

1）变速器和差速器结合成一体，没有传动轴，车身质量显著减小。

2）因噪声和振动源多在车身的前部，汽车的总体噪声和振动减小。

3）前悬架和前轮的载荷增加。

4）车身的内部空间增大。

5）油箱可设在车中心底部，使行李舱的体积增大，其内部空间变得更加平整。

6）由于发动机装在前面，碰撞时有向前的惯性力，所以发动机的安装组件要相应加强。

前置前驱的发动机可以纵向放置，也可以横向放置。当发动机纵向放置时，发动机由连接左、右前纵梁的前悬架支撑。这种发动机的放置与后轮驱动发动机的放置方式相同。当横向放置发动机时，发动机支撑在4个点上，即发动机装在中心构件（或称为中间梁）和左右前纵梁上，如图2-3-10所示。

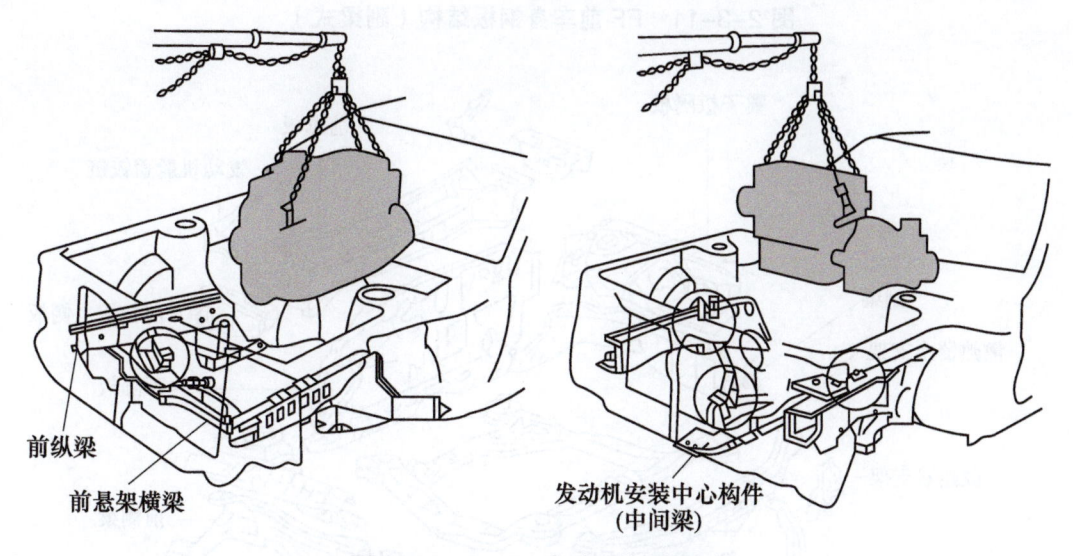

图2-3-10 FF发动机布置形式

2. 前置前驱的前车身

前置前驱的前车身由发动机罩、前翼子板、散热器上下支架、散热器侧支架、前横梁、前挡泥板和薄钢板冲压成的前围板等构成，如图2-3-11和图2-3-12所示。前置前驱和前置后驱车身的前悬架几乎是相同的，它们都采用滑柱式独立前悬架。前车身的精度对前轮定位有直接影响。所以，在完成前车身修理以后，一定要检查前轮的定位。

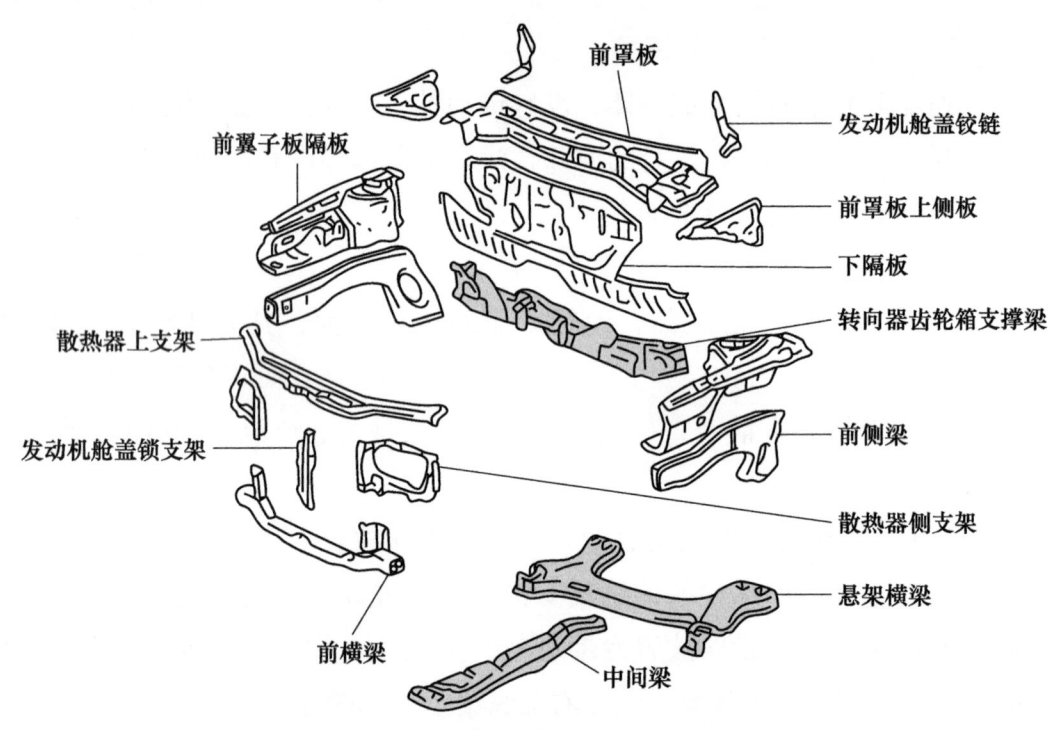

图 2-3-11 FF 前车身钢板结构（副梁式）

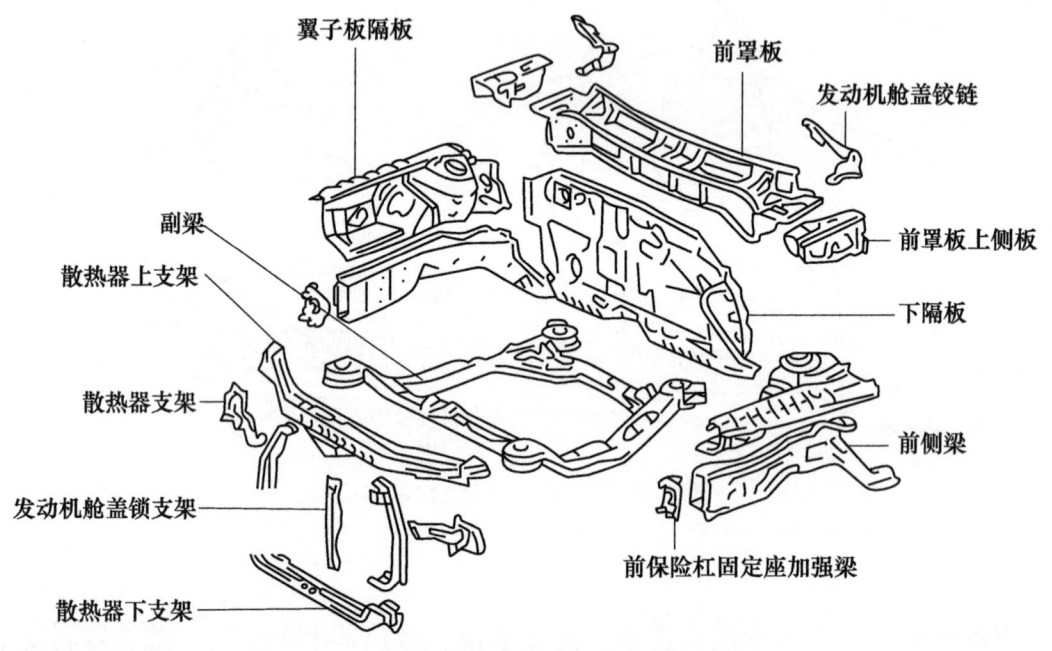

图 2-3-12 FF 前车身钢板结构（中间梁式）

为了增加前挡泥板的强度和刚度，将前挡泥板与发动机舱盖板、前纵梁焊接在一起。前置前驱纵向放置发动机（包括 4WD）的前车身与后驱动的前车身几乎相同，但由于前置前驱车身前部承受较大的载荷，其扭力箱焊接在前纵梁的后端，所以，前纵梁比前置后驱车身相应构件的强度必须更大。

3. 前置前驱的中部车身

前置前驱和前置后驱车身的中段车身是基本相同的。它们都由地板、地板纵梁、地板下加强梁和地板横梁组成。地板纵梁用高强度钢板组成，位于乘客室两侧下端，又称为车门槛内板。由于前置前驱（FF）车身没有传动轴，车底拱起空间小，因此，能够提供较大的腿部活动空间。

中段下车身由主地板侧梁、前地板下加强梁、地板横梁和前车底板组成，如图 2-3-13 所示。

主地板侧梁使用高强度钢板，位于乘客室两侧下端，又称为车门槛内板。地板下加强梁和地板横梁使用加强件来增加车底板强度及中央下车身的刚性。

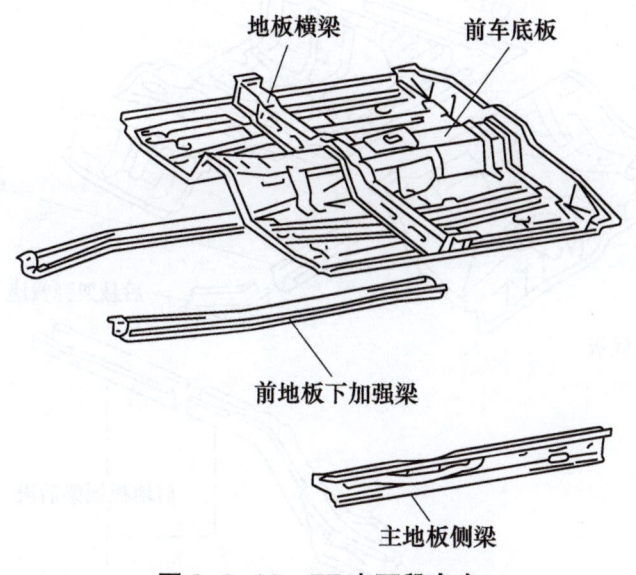

图 2-3-13　FF 中下段车身

FF 车辆应用车底板拱起结构，FF 车辆和 FR 车辆中央下车身的最大区别在于车底板拱起的高度。因为没有后驱动组件，所以 FF 车辆的车底板拱起空间没有 FR 车辆大，因此能够提供较大的腿部活动空间，如图 2-3-14 所示。

4. 前置前驱的后车身

后下车身由后地板侧梁、后地板横梁和后车底板组成，如图 2-3-15 所示。

因为 FF 车辆将燃油箱置于后座椅的下方，所以可以降低后车底板而提供既宽敞又深的行李舱空间。因为燃油箱放置于后座的下方，所以当发生后方撞击

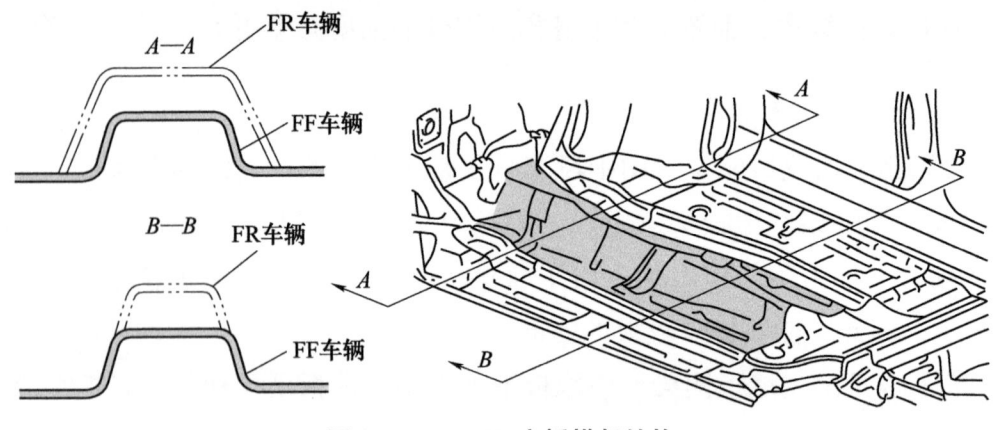

图 2-3-14　FF 底板拱起结构

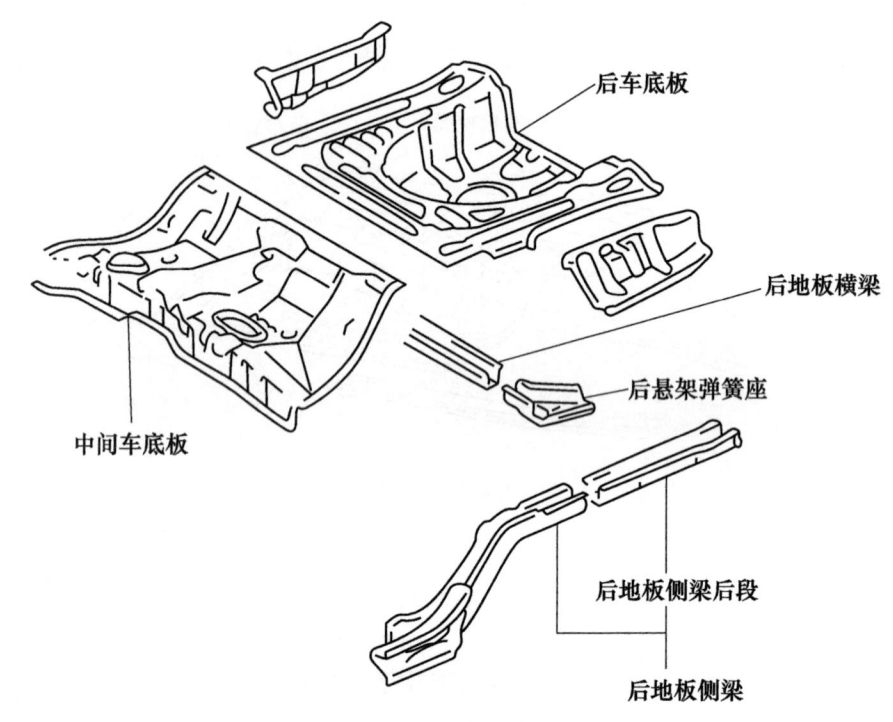

图 2-3-15　FF 后车身底部结构

事故时，大部分撞击力就可以由后行李舱空间吸收。因此，后车底板侧梁的后段都设置有波纹区域，以提高吸收撞击力的效果。另外，后车底板侧梁的后段和后车底板侧梁是分开的，用以提高车身维修时的更换作业。"波纹区域"这种结构的功能是将撞击的冲击力集中于该区域，它的横断面由钢板压制而成。波纹加工一般使用于前侧梁、后侧梁和前翼子板隔板等，如图 2-3-16 所示。

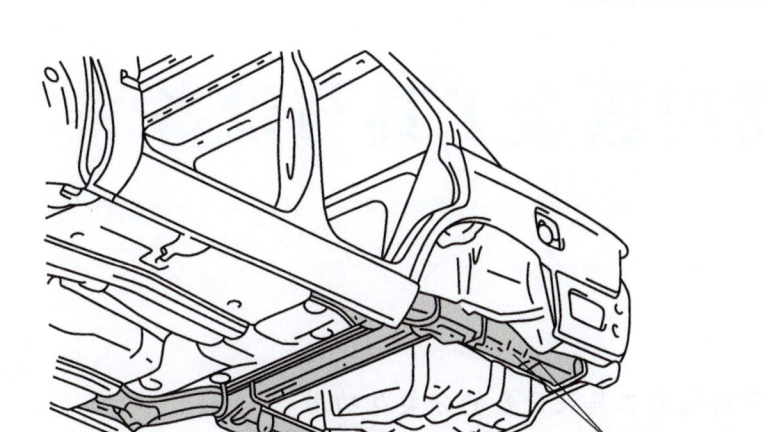

图 2-3-16　FF 后车身底部侧梁结构

5. 其他部件

前置前驱车身的发动机舱盖、车门、行李舱等部件与前置后驱车身的相同。

四轮驱动汽车的前车身与前置前驱车身的前车身类似，中、后车身与前置后驱车身的中、后车身类似。

模块三 常用钣金工具与设备

学习目标

1）熟悉常用钣金工具及设备的分类及功用。
2）规范操作各种钣金常用工具。
3）熟悉车身维修过程中动力工具的类型、性能及功用。
4）掌握各种动力工具的用途与规范使用方法。
5）熟悉车身维修过程中常用的设备。
6）在作业过程中正确选择并使用相应的设备与工具。

▶ 钣金常用工具与设备

学习任务一 常用手工修复工具的种类与操作

正确选择和使用汽车车身维修工具，对于提高维修效率、保障设备完整和人身安全有着十分重要的作用。汽车钣金手工工具在车身维修中应用广泛，其使用的合理与否直接影响着修理效率的高低，是成功实现汽车车身维修的前提条件。

一、常用手工工具

手工工具在汽车维修中运用非常广泛，主要包括扳手、锤子、垫铁、旋具、钳子和剪刀等，如图3-1-1所示。

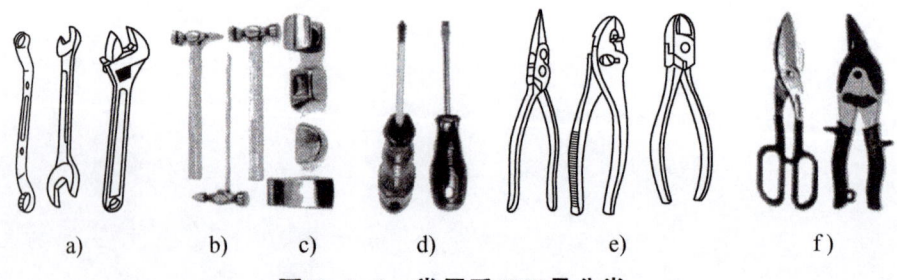

图3-1-1 常用手工工具分类
a）扳手 b）锤子 c）垫铁 d）旋具 e）钳子 f）剪刀

二、常用手工工具的功用及使用要求

1. 扳手

在汽车修理中为拆下和更换螺栓、螺母，或拆下零部件，通常使用梅花扳手、呆扳手或套筒扳手。如果工作空间和操作条件有限，可灵活选择扳手类型，进行维修操作。

汽车车身维修常用扳手类型主要有梅花扳手、呆扳手、套筒扳手和活扳手等，如图 3-1-2 所示。

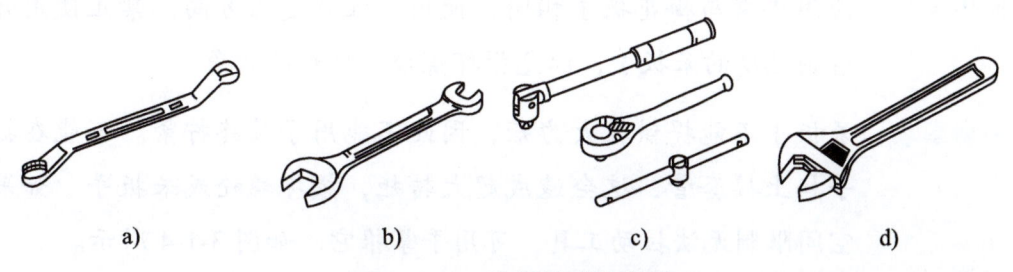

图 3-1-2 常用扳手的类型

a) 梅花扳手　b) 呆扳手　c) 套筒扳手　d) 活扳手

（1）梅花扳手（box wrench） 梅花扳手的工作部位成花环状，套住螺母扳转可使其六角受力均匀。梅花扳手适应性强，扳转力大，适用于拆装所处空间狭小的螺栓和螺母。对标准规格的螺栓和螺母均可使用梅花扳手。如螺栓、螺母拧紧力距加大时应使用梅花扳手，如图 3-1-3 所示。

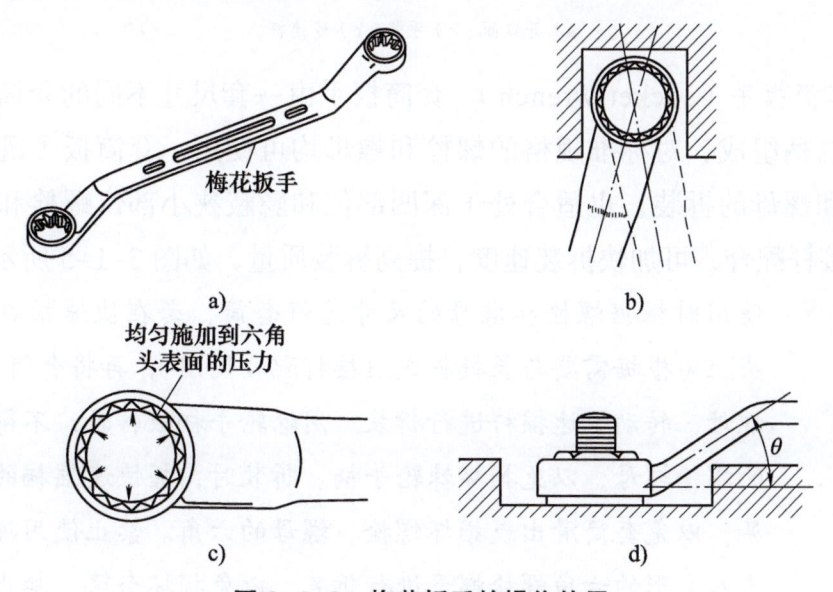

图 3-1-3 梅花扳手的操作使用

a) 梅花扳手　b) 平面应用角度　c) 内角头压力　d) 平面与杆身角度

🔧 **使用要求**：使用时，当轻力扳转时，大拇指抵住扳头；当重力扳转时，四指与拇指应上下握紧扳手手柄，往身边扳转。扳转时，不得在梅花扳手上任意加套管或锤击。禁止使用内孔磨损过度的梅花扳手，更不能将梅花扳手当撬棒使用。禁止用水、酸或碱液清洗扳手，应用煤油或柴油清洗后再涂上一层薄润滑脂保管。

（2）呆扳手（俗称开口扳手）（open-end wrench） 适用于拆装空间狭小的标准规格的螺栓和螺母。

🔧 **使用要求**：使用要求与梅花扳手相同，使用时注意受力方向，禁止使用开口磨损过度的呆扳手，以免损坏螺栓、螺母的六角。

⚠ **注意事项**：呆扳手不能提供较大力矩，因此不能用于最终拧紧。不能在扳手手柄上接套管，这会造成超大转矩，损坏螺栓或呆扳手。如果被空间限制无法拉动工具，可用手掌推它。如图3-1-4所示。

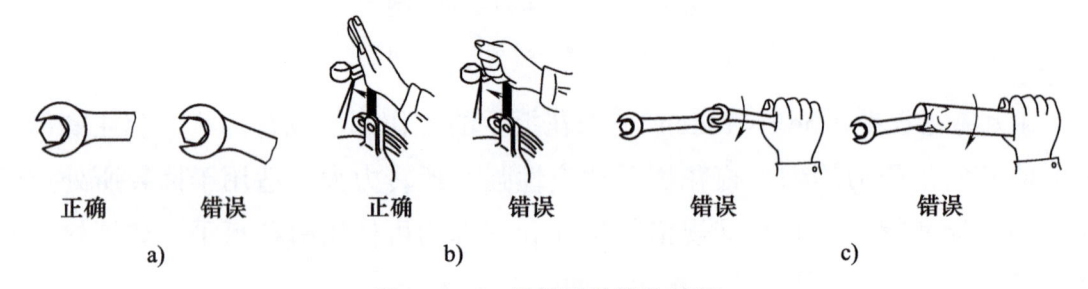

正确　错误　　　正确　错误　　　错误　　　　错误
　a)　　　　　　　b)　　　　　　c)

图3-1-4　呆扳手的操作使用
a）开口面　b）手势　c）连接杆

（3）套筒扳手（socket wrench） 套筒扳手由一套尺寸不同的套筒和一根弓形的快速摇柄组成，对标准规格的螺栓和螺母均可使用。套筒扳手既适用一般部位螺栓和螺母的拆装，也适合处于深凹部位和隐蔽狭小部位螺栓和螺母的拆装。它与接杆配合，可加快拆装速度，提高拆装质量，如图3-1-5所示。

🔧 **使用要求**：使用时根据螺栓和螺母的尺寸选好套筒，套在快速摇柄的方形端头上（根据需要与长接杆或短接杆配合使用），再将套筒套住螺栓、螺母，转动快速摇杆进行拆装。用棘轮手柄扳转时，不得拆装过紧的螺栓螺母，以免损坏棘轮手柄。拆装时，握快速摇柄的手切勿摇晃，以免套筒滑出或损坏螺栓、螺母的六角。禁止使用锤子将套筒击入变形的六角螺栓螺母进行拆装，以免损坏套筒。禁止使用内孔磨损过度的套筒。工具用毕，应清洗油污，妥善放置。

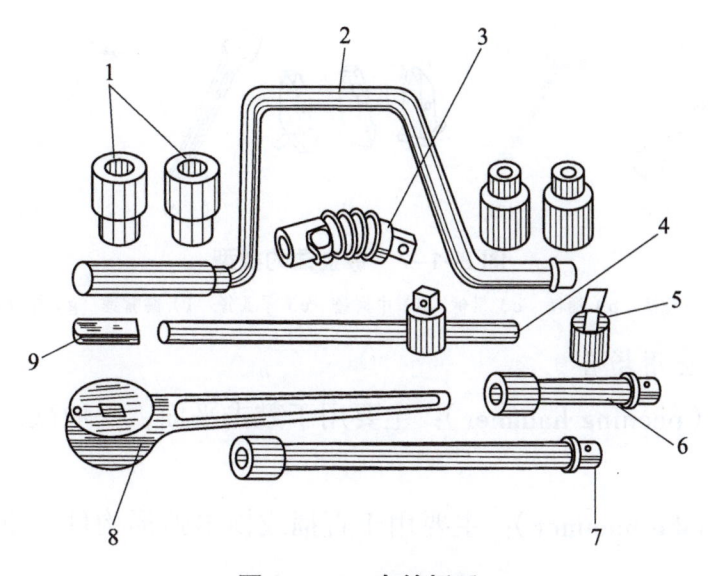

图 3-1-5　套筒扳手

1—套筒　2—手柄　3—方向接头　4—活动手柄　5—螺钉旋具头
6—短接杆　7—长接杆　8—快速手柄　9—接头

（4）活扳手（adjustable wrench）　活扳手由固定和可调两部分组成，扳手的开度大小可以调整。活扳手一般用于不同尺寸螺栓螺母的拆装。

使用要求： 当使用活扳手时，应根据螺栓和螺母的尺寸先调节好扳手的开口，使之与螺栓螺母的六角一致。扳转时，应使固定部分承受拉力，以免损坏活动部分，如图 3-1-6 所示。

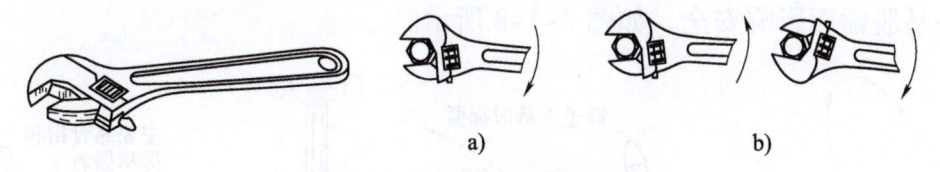

图 3-1-6　活扳手的操作使用

a）正规操作　b）错误操作

2. 锤子

锤子（hammer）可通过敲击来拆卸和更换零件，并且根据声音来测试螺栓的松紧度。其使用选择取决于应用条件及零件材料。

一般情况下，根据锤击需求，锤头可以采用各种材料，如橡胶锤、木锤和铜锤等；根据锤击部位不同，可分为球头销锤、塑料锤和检修用锤等；根据车身维修场合可分为扁头锤、捅锤、拱锤、中间锤、平头锤、鹤嘴锤和橡胶锤等，如图 3-1-7 所示。

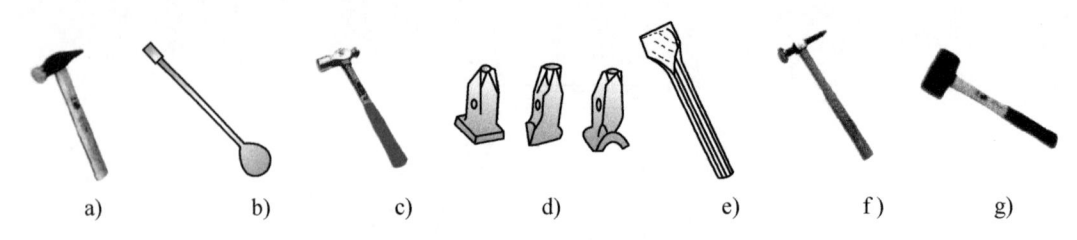

图 3-1-7 钣金锤的类型

a）扁头锤　b）捅锤　c）拱锤　d）中间锤　e）平头锤　f）鹤嘴锤　g）橡胶锤

（1）功用及应用场合

1）扁头锤（peening hammer）：主要用于敲击平面，一般敲击较深的凹陷和边缘拐角。

2）捅锤（poke hammer）：主要用于直捅或横击弧形构件，也可当撬具和垫铁使用。

3）拱锤（arch hammer）：主要用于圆弧形工件的整形和制作，如整修或配制小型车的轴端盖等。

4）中间锤（intermediate hammer）：为了避免工件受直接锤击而使用。

5）平头锤（butt hammer）：主要用于修整箱形角等部位。

6）鹤嘴锤（pick hammer）：主要用于消除工件表面的小凹坑。

（2）使用要求

1）使用时，应握紧锤柄的有效部位，锤落线应与锤柄的轴线保持相切，否则锤头易脱锤而影响安全，如图 3-1-8 所示。

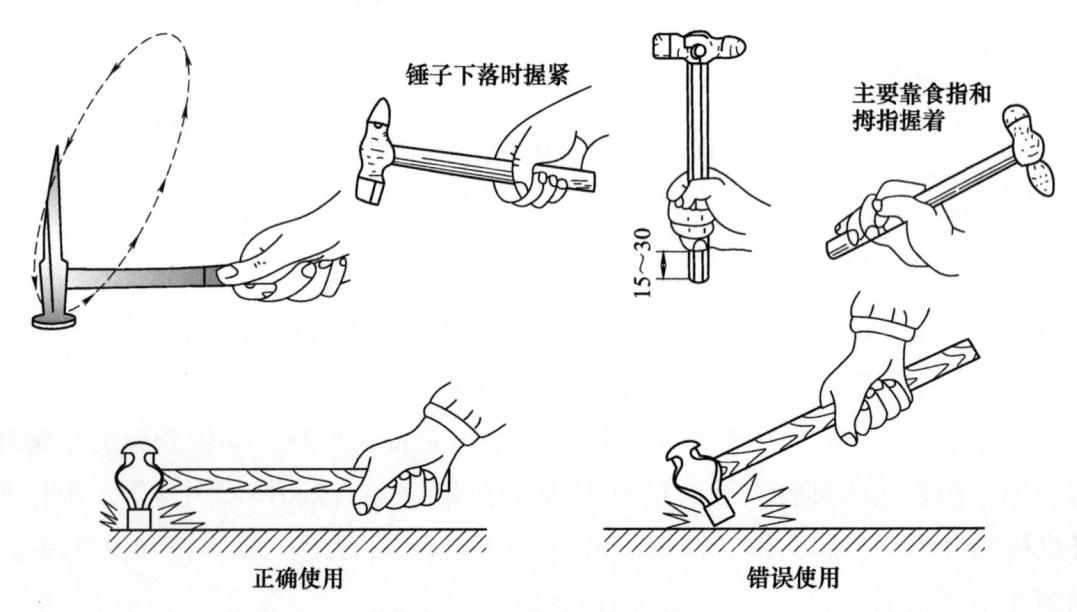

图 3-1-8 锤子的操作姿势

2）锤击时，眼睛应盯住锤柄的下端，以免击偏。

3）禁止用锤子直接锤击机件，以免损坏机件。

4）禁止使用锤柄断裂或锤头松动的锤子，以免锤头脱落伤人。

3. 旋具

旋具（screwdriver）用于拆卸和更换螺钉，有木柄和塑料柄之分。木柄螺钉旋具又分为普通式和穿心式两种，穿心式能承受较大的扭矩，并可在尾部做适当的敲击。塑料柄螺钉旋具具有良好的绝缘性能，适于电工使用。

旋具主要有一字螺钉旋具和十字螺钉旋具两种类型，取决于尖部的形状，如图3-1-9所示。

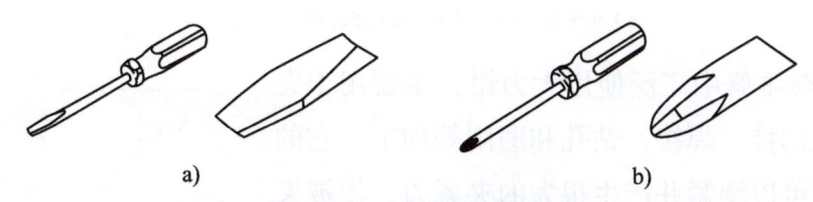

图3-1-9 常用的旋具类型

a）一字螺钉旋具 b）十字螺钉旋具

🔧 **使用要求：**

1）应根据螺钉形状、大小选用合适的螺钉旋具。

2）使用时螺钉旋具不可偏斜，扭转的同时施加一定压力，以免旋具滑脱或损坏螺纹。

3）使用时手心应顶住柄端，并用手指旋转旋具手柄。如使用较长的螺钉旋具，左手应把住旋具的前端，如图3-1-10所示。

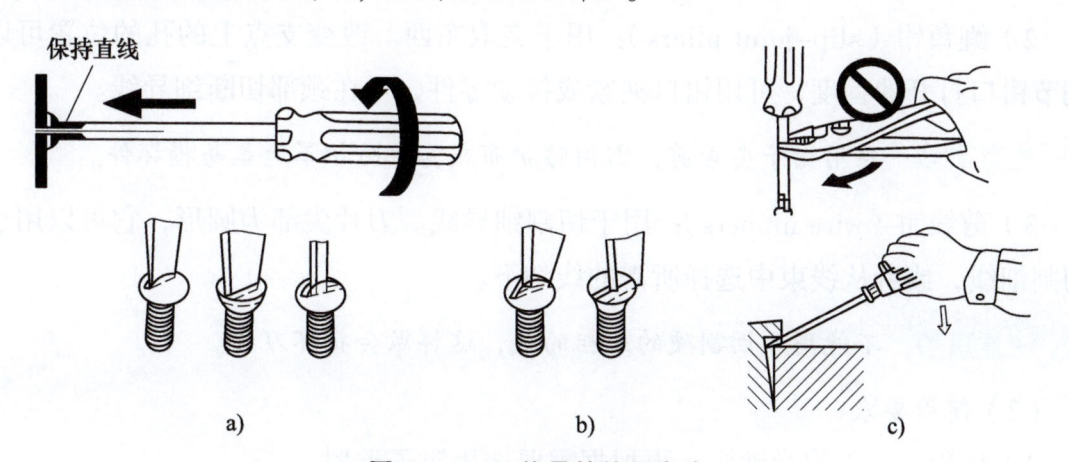

图3-1-10 旋具的使用方法

a）正确使用 b）错误使用 c）禁用操作方法

4)螺钉旋具或工件上有油污时,应擦净后再用。

5)禁止将螺钉旋具当撬棒或錾子使用。

4. 钳子

钳子(pliers)可分为尖嘴钳、鲤鱼钳、剪线钳和大力钳,一般多用于切断金属丝,夹持或弯曲小零件,如图3-1-11所示。

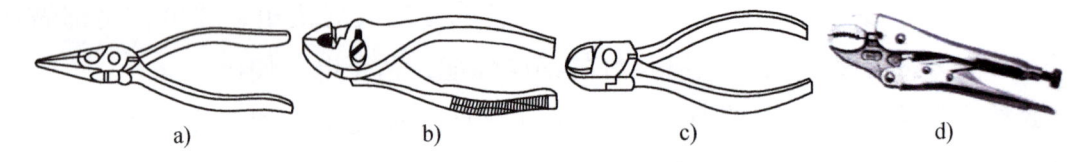

图 3-1-11 常用的钳子类型

a)尖嘴钳 b)鲤鱼钳 c)剪线钳 d)大力钳

汽车钣金维修中广泛使用大力钳,主要用于夹持零件进行铆接、焊接、钻孔和磨削等加工。它的特点是钳口可以锁紧并产生很大的夹紧力,使被夹紧零件不会松脱。而且钳口有很多挡可调节位置,供夹紧不同厚度零件使用。另外,它也可作为扳手使用,如图3-1-12所示。

图 3-1-12 常用大力钳的类型

(1) 使用操作

1)尖嘴钳(nipper pliers):在密封的空间里操作,或夹紧小零件。钳子是长而细的,包括一个朝向颈部的刀片,可以切割细导线或从电线上去掉绝缘层。

⚠ **注意事项**:切勿对钳子头部施加过大的压力。它们可以呈U字形打开。

2)鲤鱼钳(slip-joint pliers):用于夹取东西。改变支点上的孔的位置可以调节钳口打开的程度,可用钳口夹紧或拉动零件,可在颈部切断细导线。

⚠ **注意事项**:在用钳子夹紧前,需用防护布或其他防护罩遮盖易损坏件。

3)剪线钳(wire nippers):用于切割细导线。刀片尖部为圆形,它可以用于切割细线,或者从线束中选择所需的线切下。

⚠ **注意事项**:不能用于切割硬的或粗的线,这样做会损坏刀片。

(2) 使用要求

1)使用时,先擦净油污,再根据需要选用钳子类型。

2)禁止将钳子当扳手、撬棒或锤子使用。

3）不准用锤子击打钳子。

4）禁止用钳子夹持高温机件。

5. 剪刀

剪刀（scissors）分为手剪刀和台式剪刀，一般用于某种条件下单件的生产，或半成品的修整工作，如图 3-1-13 所示。

图 3-1-13　常用剪刀的种类

使用操作：

1）直线的剪切：当剪切短料直线时，被剪去的那部分，一般都放在剪刀的右面，如图 3-1-14 所示。

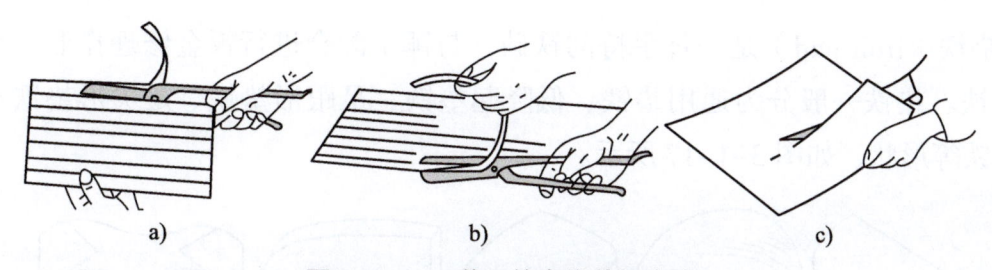

图 3-1-14　剪刀的直线剪切方法

a）剪短料　b）剪长料　c）剪切板料

2）外圆的剪切方法：剪切外圆应从左边下剪，按顺时针方向剪切，边料会随着剪刀的移动而向上卷起，如图 3-1-15a 所示。若边料较宽时，可采取剪直线的方法。

3）内圆的剪切方法：当剪切内圆时，应从右边下剪，按逆时针方向剪切，边料会随着剪刀的移动而向上卷起，如图 3-1-15b 所示。

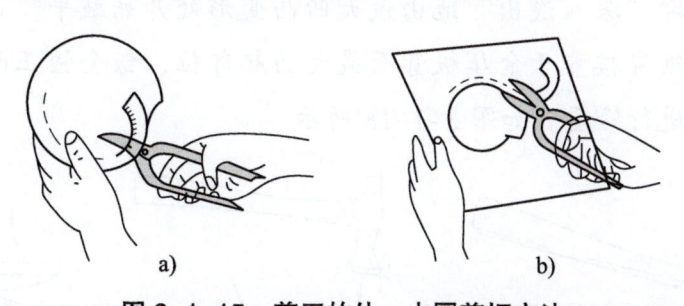

图 3-1-15　剪刀的外、内圆剪切方法

a）剪刀的外圆剪切方法　b）剪刀的内圆剪切方法

4）厚料的剪切方法：当剪切较厚板料时，可将剪刀夹在台虎钳上，在上柄套上一根管子，右手握住管子，左手拿住板料进行剪切。也可由两人操作，一

人敲，一人持剪刀和板料，这样敲击也可剪切较厚板料，如图3-1-16所示。

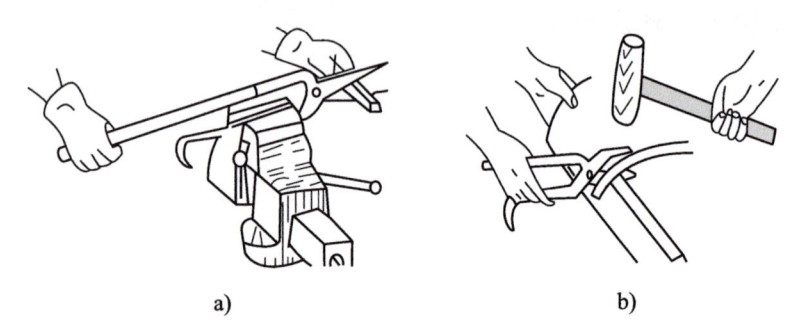

图 3-1-16　厚料的剪切方法

a）在台虎钳上用剪刀剪切厚料　b）用敲击法剪切厚料

6. 垫铁

垫铁（iron pad）是一种手持的铁砧，与锤子配合进行钣金修理作业，也称为衬铁。垫铁一般分为通用垫铁、低隆起垫铁、足跟形垫铁、足尖形垫铁和卷边垫铁等形状，如图3-1-17所示。

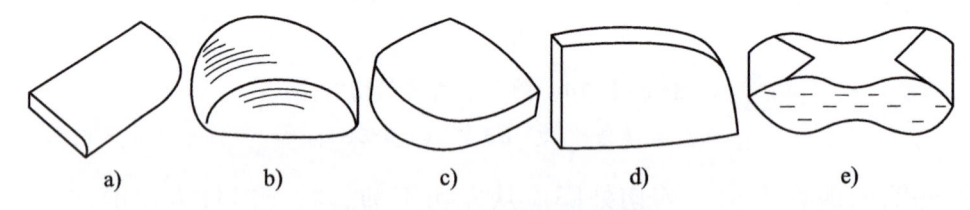

图 3-1-17　常用垫铁的类型

a）通用垫铁　b）低隆起垫铁　c）足跟形垫铁　d）足尖形垫铁　e）卷边垫铁

使用要求：用垫铁敲击修复法可分为正托和偏托两种方式。偏托法是直接用垫铁抵住最大凹陷处，使用钣金锤敲击凹陷周围产生的隆起变形，即"深入浅出"地由最大凹凸变形处开始敲平。正托法是指将垫铁直接置于金属板背面最大凸起部位，钣金锤正面敲击损伤区域进行修复。如图3-1-18所示。

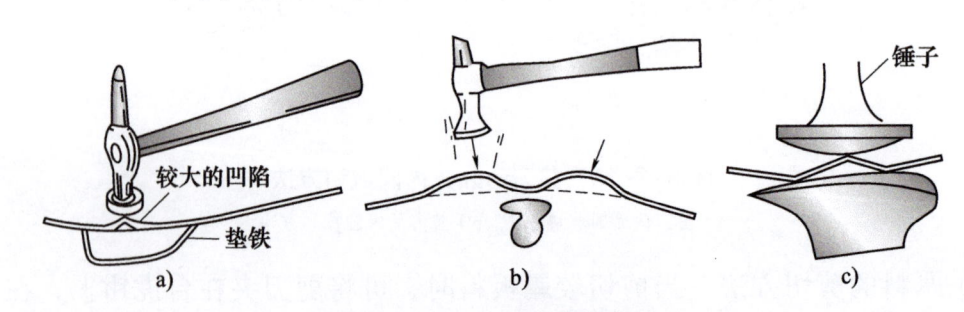

图 3-1-18　垫铁敲击修复法

a）用垫铁修复较大的凹陷　b）偏托法修复凹陷　c）正托法修复凹陷

学习任务二　常用电动工具的种类与操作

对于大多数汽车修理厂，最重要的电动工具是空气压缩机、台钻、手电钻、砂轮机、热风枪和塑料焊枪。常用的气体保护焊机、点焊割机和车身外形修复机也属于电动工具。规范和安全地使用电动工具是安全生产的重要保障。

一、空气压缩机

空气压缩机是气源装置中的主体，它是将电动机（通常是原动机）的机械能转换成气体压力能的装置，是压缩空气的气压发生装置，如图3-2-1所示。

空气压缩机按工作原理可分为容积式压缩机、往复式压缩机和离心式压缩机三种。而现在常用的空气压缩机有活塞式空气压缩机、螺杆式空气压缩机、离心式空气压缩机、滑片式空气压缩机和涡旋式空气压缩机。

图3-2-1　空气压缩机

电动机直接驱动压缩机，使曲轴产生旋转运动，带动连杆使活塞产生往复运动，引起气缸容积变化。由于气缸内压力的变化，通过进气阀使空气经过空气滤清器（消声器）进入气缸。在压缩行程中，由于气缸容积的缩小，压缩空气经过排气阀的作用，经排气管和单向阀（止回阀）进入储气罐。当排气压力达到额定压力0.7MPa时，由压力开关控制而自动停机。当储气罐压力降至0.5~0.6MPa时，压力开关自动连接启动。空气压缩机是所有汽车修理厂均配备的设备，是所有气动工具的动力来源，如压缩空气枪、胎压表、涂装喷枪、大梁校正平台等。

二、台钻

台钻是指主要用钻头在工件上加工孔的机床。它可用于钻孔，更换特殊刀具后，还可用于扩孔、锪孔、铰孔或进行攻螺纹等加工，如图3-2-2所示。

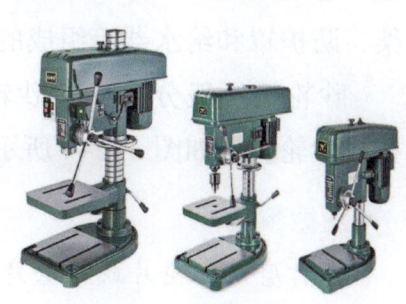

图3-2-2　台钻

台钻是可安放在作业台上,主轴垂直布置的小型钻床。通常钻头旋转为主运动,钻头轴向移动为进给运动。钻床结构简单,加工精度相对较低。

三、手电钻

手电钻就是以交流电源或直流电源为动力的钻孔工具。通过电动机带动传动齿轮,加大钻头转动的力量,使钻头在金属和木材等物质上做刮削形式洞穿,如图 3-2-3 所示。

手电钻由钻夹头、输出物、齿轮、转子、定子、机壳、开关和电缆线组成。

图 3-2-3 手电钻

⚠ **注意事项:**

1. 在进行钻孔时,要确定钻孔位置下方无电、油、气或水管线。

2. 钻孔时不宜用力过大过猛,以防止过载;当转速明显降低时,应立即把稳,减少施加的压力;当突然停止转动时,必须立即切断电源。

3. 当安装钻头时,不允许用锤子或其他金属物品敲击,应用钻头钥匙上紧或取下。

4. 打孔时要双手紧握电钻,尽量不要单手操作,保持正确操作姿势。

5. 较小的工件被钻孔前必须先固定,以确保作业过程中不跟转。

6. 手电钻的外壳风口必须保持畅通,注意防止切屑等杂物进入壳内。

四、砂轮机

砂轮机是用来刃磨各种刀具及金属表面的常用设备。它主要是由基座、砂轮、电动机或其他动力源、托架、防护罩和给水器等组成的。

砂轮机一般分为立式砂轮机和手持式砂轮机,如图 3-2-4 所示。

图 3-2-4 砂轮机

⚠ **注意事项:**

1. 打磨用砂轮片或打磨片只能用于打磨,不能用于切割材料,而且只能使用研磨面,不能使用背面。

2. 切割时应该按照技术手册使用规定尺寸、中心孔径和厚度的砂轮片。

3. 切割用砂轮片只能用于切割，不能用于研磨，并且只能使用边缘进行操作。安装后需检查安装质量。

五、热风枪和塑料焊枪

热风式焊接，通过加热融化塑料焊条和薄膜表面，以达到融化和粘结的作用。热风枪是一种可靠而经济实用的手工工具，如图 3-2-5 所示。

热风式塑料焊枪广泛应用于 PVC / PE / PP / PVDF 等塑料板材焊接与修复，是对汽车保险杠、塑料支架等塑料进行焊接的理想修复工具，如图 3-2-6 所示。

图 3-2-5　热风枪 　　　　图 3-2-6　热风式塑料焊枪

⚠ **注意事项：**

1. 作业时，先将加热器功率调到最低档位，通电后根据焊接需要，再逐步提高，达到焊接所需的理想温度。

2. 停机前应先将旋钮指向 0℃ 处，吹风数分钟，等枪筒冷却后方可关机，以免余热烫坏机件。

3. 操作时手勿触及枪筒，以免烫伤。用毕要轻放，以免振坏枪内零部件，影响使用寿命。

六、电动工具的安全使用

为保护操作者不受电击，大多数电动工具都带有外部搭铁装置，即有一根导线从电动机壳体通过动力电缆到电源插头上的第三插脚。当这个第三插脚连到搭铁的三孔插座时，搭铁线将通过插座把泄漏的任何电流引入地下，而不会进入操作者的身体。多数现代电气系统的三脚插头都可插入三脚搭铁插座。不管使用哪种插头，工具电缆的绿（或绿黄相间）导线都是搭铁线。因此，搭铁线应当连接到插头上较长的圆头插脚上，切勿连接到较短的平插脚上。

有些新的电动工具自身绝缘而不需接地。这些工具仅有两个插脚，因为它们有不导电的塑料罩壳。在操作中切勿将三脚插头连接到两脚转接器插头上。

电动工具有时需要加接导线。加接导线越短越好，太长或规格太小的导线将降低作业电压，降低作业效率，也可能导致电动机损坏。

学习任务三　常用气动工具的种类与使用

气动设备通过调整转速挡位，操作供气阀手柄的开关进行使用。在同样输出功率的情况下，气动工具与电动工具相比更加小型化，更适合长时间作业，同时不会产生发热现象。一般，气动工具包括气动扳手、气动锯、气动钻、气动研磨机等。

为保证气动性能，延长气动工具的使用时间，在气动工具开始工作前应先滴入1~2滴气动工具润滑油，并在合适挡位空转约30s。使用任何气动工具时，应按要求佩戴护目镜或面罩。另外，不能穿松垮的衣服，因为松垮的衣服可能会被绞到工具里。在打磨、焊接或进行其他任何可能伤到手的作业时，应当戴上工作手套。

一、气动扳手

在汽车车身维修中，涉及螺纹紧固件的拆卸时，使用气动扳手可以提高工作效率，减轻工人的劳动强度。常用的气动扳手有两种基本形式：机动扳手和气动棘轮扳手。

1. 机动扳手

机动扳手（air impact wrench）是一种手提式可反转扳手。当起动时，装有机动套筒的输出轴以2000~14000r/min的转速自由旋转，其转速快慢与牌号、型号有关。当机动扳手遇到阻力时，靠近工作面一端的一个小弹簧锤触击驱动轴的支块，驱动轴上装有套筒，每次触击都推动套筒微转，直到力矩达到平衡，气动扳手离开紧固件或者扳机脱开为止，如图3-3-1所示。

使用机动扳手时，必须使用专用的机动套筒和接合器。如果使用其他类型的套筒和接合器，可能会产生工件破裂或飞出，危害操作者和其他人员的安全。

机动扳手的输出轴既可以顺时针旋转，也可以逆时针旋转。旋转的方向通常以开关或双向扳机控制。但要注意的是，当扳机处于起动位置时，不要改变旋转的方向。

图 3-3-1　机动扳手

使用机动扳手时，要注意以下几点：

1）操作前必须检查机动扳手是否处于制动状态；使用机动扳手要防止人身伤害；若机动扳手有销钉制动器，则不要用弯曲的销钉或金属丝代替。

2）如果气动扳手在 3~5s 内没有松开螺栓，则不能继续操作，要更换力矩较大的扳手。

3）如果要拆卸的螺母或紧固件已经锈蚀，则在使用扳手之前，应先用螺栓松动剂浸泡已经锈蚀的螺母或紧固件。

4）定期检查工具离合器中的润滑脂。典型的 1/2in 气动扳手在离合器机构中应有 14g 的润滑脂。如果润滑脂不足，则需要按照说明书中规定的牌号和数量加注润滑脂。

2. 气动棘轮扳手

气动棘轮扳手（air ratchet wrench）和手动棘轮扳手一样可在狭小位置作业，呈直角的施力方式使其可深入到空间狭小的部位，松开或拧紧紧固件。在这些位置用其他的手动或气动扳手是不能作业的，如图 3-3-2 所示。

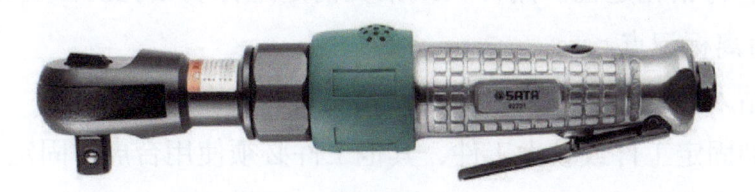

图 3-3-2　气动棘轮扳手

气动棘轮扳手的旋转力矩不论多大都不会有反作用力，较容易握持，因而容易使人误解在使用时不用紧握。其实，通过套筒吸入的气流非常强，所以在操作过程中必须紧握气动棘轮扳手。

任何气动扳手都没有可靠的力矩调节器。确定力能，依旧需要使用标准力矩扳手。紧固件的实际紧固力矩直接与接触点硬度、扳手的速度、套筒的状况及允许工具被冲击的时间有关。

二、气动钻

气动钻通常选用的孔径范围为 1/4in、3/8in 和 1/2in，其操作方法与电动钻相同，如图 3-3-3 所示。由于其体积小、质量轻，在汽车维修的钻孔作业中更易于使用。由于旋转运动的反作用力会伤到手腕，操作时应用双手握紧气动钻，这样在钻孔作业时方便施力，作业效率高且省力。排气孔位于握柄下方，能很好防止切割屑飞散。在使用气动钻时严禁佩戴棉手套。

焊点研磨专用定位钻，如图 3-3-4 所示，用来去除车身上的焊点，从而分离车身部件。操作中，通过调整钻头的进给量，配合前端夹紧钳，控制对钢板的研磨深度，易于掌握及操作。

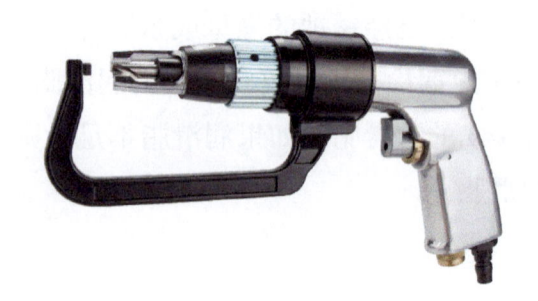

图 3-3-3　气动钻　　　　图 3-3-4　焊点研磨专用定位钻

使用气动钻时，应注意以下注意事项：

1）准确进行钻孔定位。用冲头或锥尖清楚地标明钻孔的位置，施加压力时保持钻头不滑离标记点。

2）明确钻入材料，不要钻坏电气配线或钻通装饰面板。

3）除遇到固定工件或较大工件，其他工件必须使用台虎钳固定。

4）钻头需完全置入卡爪中心，上紧卡盘。避免将钻头插偏心。

5）操作过程中保持气动钻与工作面垂直。

6）钻头的方向应与轴或孔的中心线对应在一起，并沿此线施加压力，不得有偏向力或弯曲力。

7）对钻头施加的压力应以达到平稳钻孔为标准，不要过大。若施加压力太大，会使钻头过热或断裂；若施加压力太小，会使钻头离开钻孔。

8）钻深孔时要用扭力钻，并在操作过程中需多次抽出钻头来清理钻屑。把钻头拉出钻孔时要使其保持旋转，这样有助于防止钻头卡住。

平头钻可以安装在气动钻内用来钻除焊点或打孔，如图 3-3-5 所示。平头钻可提升钢板拆卸效率，其特殊形状的刀刃尖端可避免损伤下钢板，而且不会在钢板上留下焊点，使修饰作业更加容易。在钻除焊点时，如果使用了 10mm 的平头钻，则即使略微打滑也可钻除焊点。钻除重复使用的钢板上的焊点会形成孔，此孔可用填充焊接，使用 8mm 平头钻可减少焊接时的热变形。

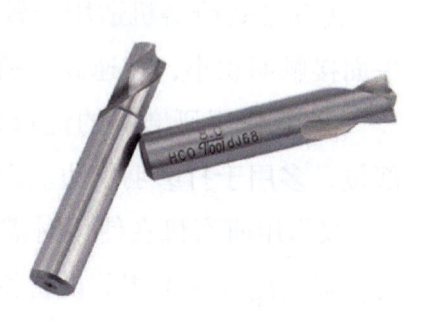

图 3-3-5　气动工具平头钻

在进行任何气动操作时，应注意以下注意事项：

1）及时清理卡盘爪，这样可延长其保持同心度的工作时间。

2）要使用钻头锐利的钻，这样在钻孔时用力很小，其内应力也小。

3）防止由于突然增大的钻透力矩造成钻头断裂的危险。应使用合适且锐利的麻花钻和扩孔钻，并选定合适的钻孔速度。

4）开始钻孔时应低速逐渐提高，防止在钻透时压力松弛而造成逆转。

三、气动旋具

与电动旋具不同，气动旋具始终在冷态下运转，即使经常使用也不会损坏。气动旋具可用于各种螺钉的装卸，包括一般机制螺钉、塑料件自攻螺钉、复合金属板自钻孔螺钉、精密度配件上的精密螺钉和合金压铸孔中的螺钉等，如图 3-3-6 所示。气动螺钉旋具有直柄式和枪把式两种。

图 3-3-6　气动旋具

四、气动研磨机

气动研磨机用于清除旧漆膜和研磨钢板。气动研磨机的类型比较多，主要有单作用研磨机、传动带式研磨机和双作用研磨机。

1）单作用研磨机配合不同型号的砂纸一般用于研磨漆膜、焊接痕迹、热加工痕迹及进行抛光处理等。

2）传动带式研磨机一般配合焊接操作。焊接前用来磨除焊接部位的涂膜层，焊接后用来进行焊接部位的修饰作业，如图3-3-7所示。

传动带式研磨机适用于较窄小或较深而无法使用圆盘式研磨机的部位，由于平面接触面积小，转速高，所以能较平整地研磨焊接部位。

3）双作用研磨机的优点是易于操作，有吸尘系统，适用于打磨圆面和边缘部位，多用于打磨羽状边。但不能用于聚酯隔离漆的打磨，如图3-3-8所示。

双作用研磨机在使用时需要润滑，可以通过中心润滑系统来润滑或者手工润滑，详细内容参考相关设备说明手册。

图 3-3-7　传动带式研磨机

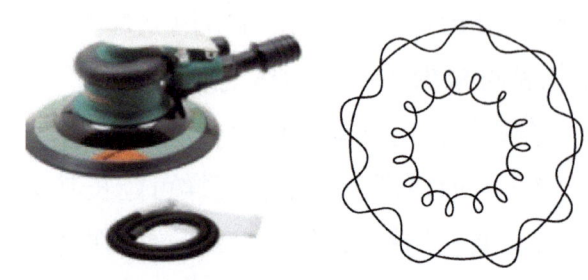

图 3-3-8　双作用研磨机

五、气动锯

气动锯适用于所有的车身薄钢板，可用于切割整块钢板和粗切割薄钢板，也适合切割要求精度的位置。因为其切割宽度小，不会损坏要重复使用的钢板，可用于对头焊接部位的切割，如图3-3-9所示。

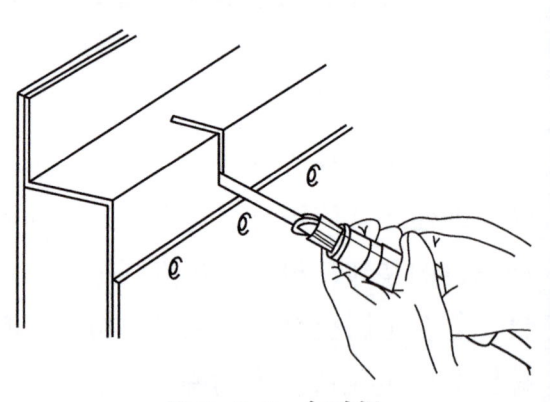

图 3-3-9　气动锯

六、其他气动工具

1. 气动铆钉机

气动铆钉机可为3/16in（4.76mm）的钢板安装铆钉或是封闭头铆钉，如图3-3-10所示。它提供了一种有效的、高强度的紧固方法。选择操作气动铆钉机时，将铆钉压紧，以牢固连接要接合的钢板。当一次冲压无法紧固铆钉时，可将抽芯装入枪嘴并再次扣动扳机。

2. 气动打孔器/折边钳

气动打孔器用于冲孔或压边，如图3-3-11所示。气动打孔器可一机两用，既可精确、快速地打出填孔焊接所需的孔，又可用来给薄钢板折边，易于操作，加工速度快。气动打孔器需要润滑，可通过中心润滑系统或者手动进行润滑。气动打孔器只限于加工薄钢板，板厚不要超过1mm。

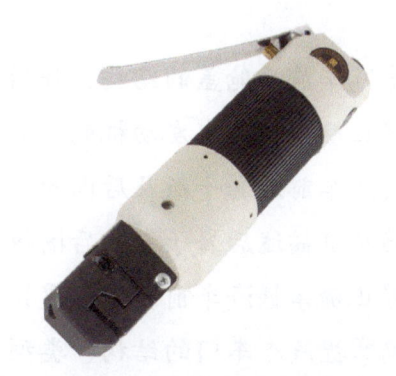

图3-3-10　气动铆钉机　　图3-3-11　气动打孔器/折边钳

七、气动工具的维护

由于气动工具的结构特点，它很少需要维护。但是，如果必备的维护工作没有做好，也容易引起大的问题。

为防止这种情况发生，大多数气动工具所用的空气压缩机需每天用优质的空气压缩机润滑油进行润滑。若空气管道上没有管道加油器或润滑器，可注入一匙润滑油到工具中。润滑油可直接注入工具的空气入口或喷入最靠近空气源接头处的软管中，而后开动工具。大多数气动工具制造厂家都有自己推荐使用的专用油脂。

气动工具允许的空气压力应参照相应的工具说明书。若工具超载工作，则会加剧工具磨损。当工具工作不正常时，应立即停下来。如果不立即停止，则会发生连锁反应，导致其他部件损坏甚至伤害操作者。

模块四 典型车身板件的更换

学习目标

1）熟悉汽车前后舱盖的结构、作用与工作原理。
2）能够正确掌握汽车发动机舱盖更换与调整操作工艺。
3）熟悉汽车前后翼子板及后围的结构作用。
4）能够正确描述后翼子板和后围板的结构及其车身的装配方式。
5）能够正确掌握汽车前翼子板更换与调整操作工艺。
6）正确掌握汽车车门的结构、类型及各部件的作用。
7）能够正确掌握车门部件的更换工艺。

▶ 典型车身板件的更换

学习任务一　车身前后舱盖

汽车前舱盖（engine cover），又称为汽车发动机舱盖、发动机罩，是发动机舱的上盖板。发动机舱盖除了保护发动机外，还要具有隔声、减振和避免与发动机运转声共振的功能。

汽车后舱盖（trunk lid），又称行李舱盖板、行李舱盖。它主要起到隔离后座舱和行李舱的作用，如隔热、隔声、隔气味等。在一些专业的汽车音响改装工作里，它还可以起到一些提升音响效果的作用。在行李舱中放置超高的大体积物品时，还可以暂时收起行李舱盖板，用来提升行李舱空间。

一、发动机舱盖

1. 发动机舱盖的结构、组成与作用

发动机舱盖位于汽车的前上部，是遮盖和保护发动机的一个车身板件总成。发动机舱盖多用高强度钢板冲压成网状骨架的内板，与蒙皮外板组合焊接在一起，如图 4-1-1 所示。

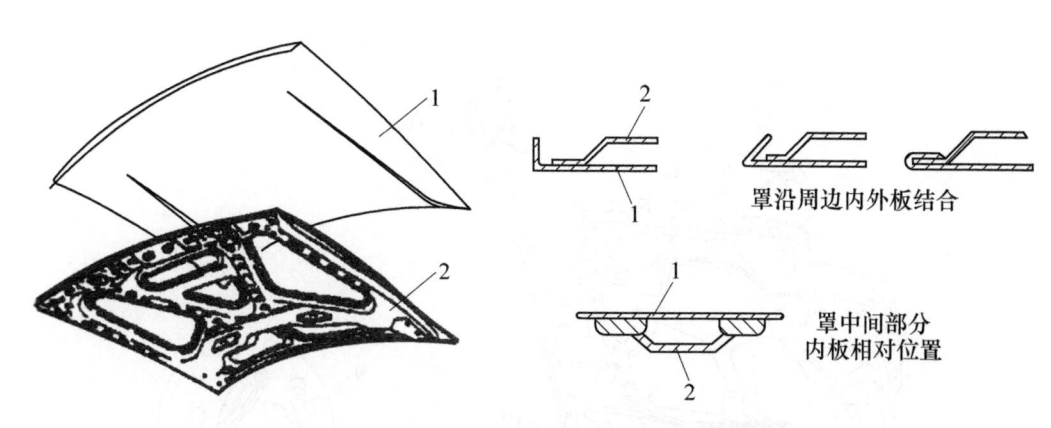

图 4-1-1 发动机舱盖内外板与结合断面
1—外板 2—内板

外板为适应整车造型的需要,使用平整(或稍有拱曲)的大覆盖件。有的发动机舱盖蒙皮外板表面还纵向布置两条长筋,以增加舱盖的纵向刚度。为增强发动机舱盖的整体刚度,内板由薄型高强度钢板经整体拉延后成形,网状骨架布局增加美感,提高刚度。同时内板上开设的孔,除了要考虑减轻质量、整体刚度及整体美观的要求外,还需考虑避让诸如铰链及锁止机构等零件的需求。

发动机舱盖内外板采用胶粘加折边焊接的形式连接。粘结时,先在外板的粘结面涂环氧树脂胶,然后将内板总成放在上面,输送至咬合模中进行咬合。在内板筋条翻边处与外板内表面还留有 2~5mm 的间隙,在内外板组装在一起时,应用有机填料或将具有弹性的不干胶填入。经烘干固化后,这种有机填料就会变成外表硬、内部软的状态,起到吸振和减少噪声的作用。

轿车的发动机舱盖总成主要由发动机舱盖、发动机舱盖隔热盖、发动机舱盖铰链、发动机舱盖支撑杆、发动机舱盖锁、发动机舱盖开启拉锁及发动机舱盖密封条等零件组成,如图 4-1-2 所示。发动机舱盖作为汽车前部最大的部件,经常会受到撞击变形,如高空坠物会砸伤发动机舱盖,同样前部碰撞也会使发动机舱盖出现变形。因此,在修复前要清楚是进行凹陷变形损伤的修复,还是进行整体部件的拆装更换。有的车型的发动机舱盖内板上还覆盖一层隔声隔热棉,前部设计有密封条。修复时要注意避免破坏其减振与隔声作用。

发动机舱盖的作用主要有以下几点:

1)空气导流。对于在空气中高速运动的物体,气流在运动物体周边产生的空气阻力和扰流会直接影响运动轨迹和运动速度。发动机舱盖的外形可有效调整空气相对汽车运动时的流动方向和对车产生的阻碍力的作用,减小气流对车

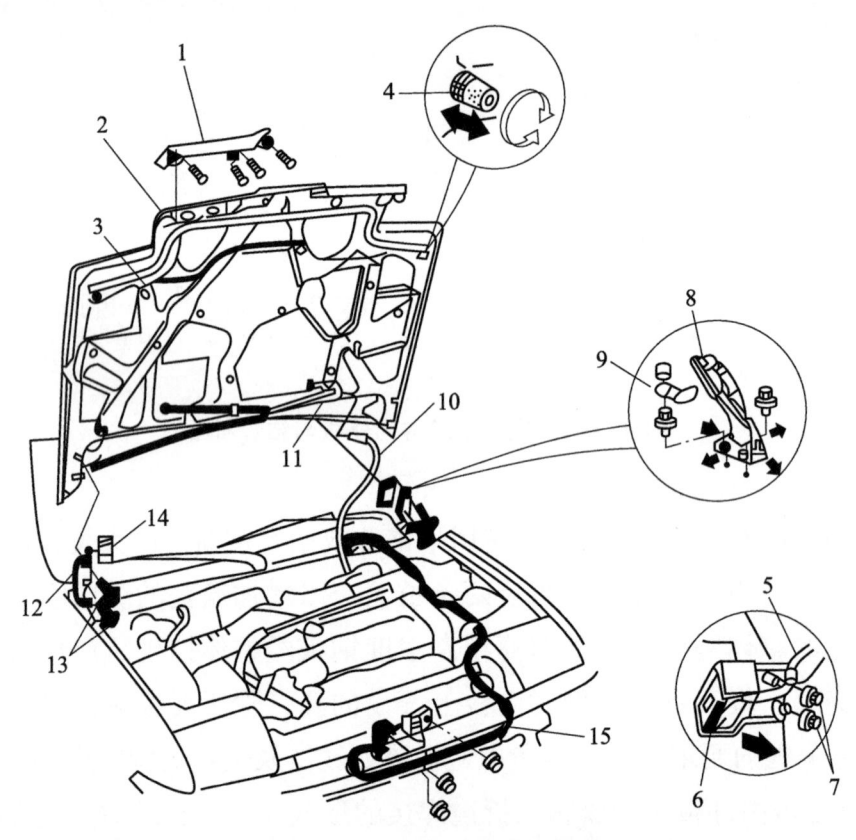

图 4-1-2 发动机舱盖的组成

1—舱盖边保护器 2—舱盖 3—绝缘物 4—边垫 5、15—拉起钢索 6—开启手柄 7—安装螺母
8、12—铰链 9—挡块 10—喷洗软管 11—管接头 13—铰链螺栓 14—铰链垫片

的影响。通过导流，空气阻力可分解成有益力，增强前轮轮胎的抓地力，有利于车的行驶稳定。

2）保护发动机及周边管线配件。发动机舱盖下，都是汽车重要的组成部件，包括发动机、电路、油路、制动系统以及传动系统等，这些部件对车辆至关重要。通过提高发动机舱盖的强度和构造，可充分防止冲击、腐蚀、雨水及电干扰等不利影响，充分保护车辆的正常工作。

3）美观。车辆外观设计是车辆价值的一个直观体现。发动机舱盖作为整体外观的一个重要组成部分，有着至关重要的作用，体现整体汽车的概念。

4）辅助驾驶视线。驾驶人在驾驶汽车的过程中，前方视线和自然光的反射对驾驶人正确判断路面和前面状况至关重要。发动机舱盖的外观可有效调整反射光线的角度和形式，从而降低光线对驾驶人的影响。

5）防止意外。发动机工作在高温、高压或易燃环境下，存在由于过热或者零件意外损坏而发生爆炸、燃烧或泄漏等事故的风险。发动机舱盖可有效阻挡因爆炸引起的伤害，起到防护盾的作用。有效阻隔空气和火焰的蔓延，降低火灾风险和损失。

6）特殊用途平台。特种车辆中，利用高强度发动机舱盖作为工作平台，起到支撑作用。

2. 发动机舱盖的开启方式

发动机舱盖的开启方式分为向后开启（铰链在后）、向前开启（铰链在前）和测量开启（铰链在纵向中线处）三类。

现代轿车大多数采用铰链在后的向后开启方式。因为向后开启的发动机舱盖整体刚性好，相对位置稳定，间隙均匀，整个车头流线形好，容易适应造型的需要。在对发动机进行检查、维修时，容易从前部和侧面接近发动机，因而维修方便。但是这种开启方式在发动机舱盖锁钩磨损后，车辆在行驶中受到风压作用，可能掀开发动机舱盖，妨碍驾驶人视线。为防止这类事故发生，必须安装备用辅助挂钩系统。

3. 发动机舱盖的铰链与支撑

铰链是将发动机舱盖与车头本体相连接的机构，也是舱盖开闭机构。要求启闭轻便，活动自如，并有足够的开启角度（一般开度在 40°~50° 为宜）。在开启过程中不得有其他运动干涉，并要有足够的刚度和强度，可靠耐久和易于制造。

发动机舱盖有明铰链与暗铰链。明铰链虽然结构简单，但操作笨重，铰链外露影响外观质量，增大空气阻力，如图 4-1-3 所示。

图 4-1-3 发动机舱盖铰链

一般轿车主要采用暗铰链。在暗铰链中有臂式铰链、合页式铰链及平衡连杆式铰链等多种形式，如图 4-1-4 所示。在暗铰链中，臂式铰链和平衡连杆式铰链应用较多。

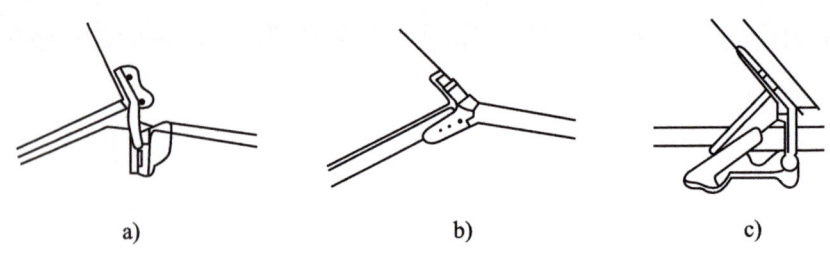

图 4-1-4　发动机舱盖铰链

a) 臂式　b) 合页式　c) 平衡连杆式

为配合铰链的开启，发动机舱盖上应设置支撑机构。发动机舱盖的支撑分为带支撑杆和不带支撑杆两种。

（1）普通铰链与支撑杆配合的支撑　这种铰链结构简单，使用可靠，大部分车辆均采用这种支撑方式。依靠铰链，使发动机舱盖开启一定角度，再用一根一定长度的支杆支撑，使发动机舱盖停留在固定的角度上，如图 4-1-5 所示。

（2）普通铰链与平衡机构配合的支撑

1）简单铰链与平衡弹簧机构配合的支撑。这种形式结构简单，易于制造，承受的负荷较大，适于发动机舱盖自身质量较大的车型。铰链与平衡机构分别装在两处，结构紧凑，如图 4-1-6 所示。

图 4-1-5　普通铰链与支撑杆配合的发动机舱盖支撑

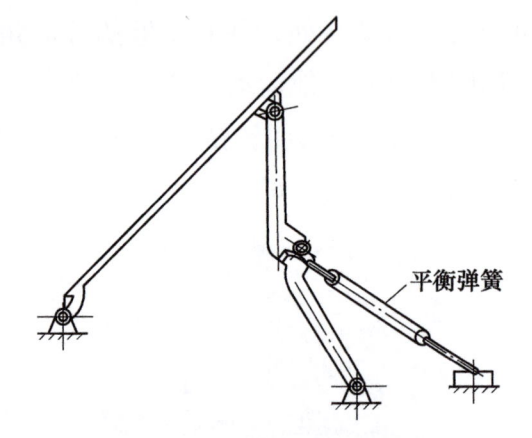

图 4-1-6　简单铰链与平衡弹簧机构配合的支撑

2）简单铰链与气动杆配合的支撑。发动机舱盖的质量平衡，靠左右各设一支空气弹簧支撑杆来实现。这种机构工作可靠、柔和且结构紧凑，目前在轿车上采用较多。另外，气动杆在发动机舱盖关闭时处于压缩状态，在打开的过程中，杆内气体膨胀，气动杆自动伸长，可起到助力作用，如图 4-1-7 所示。

3）自锁式支撑。自锁式支撑的发动机舱盖采用平面四连杆铰链，如图 4-1-8 所示。在发动机舱盖开启时，瞬时旋转中心不断变化。采用不同杆件尺寸，可以实现所要求的运动轨迹和开启角度，可使发动机舱盖停留在任意开度上。

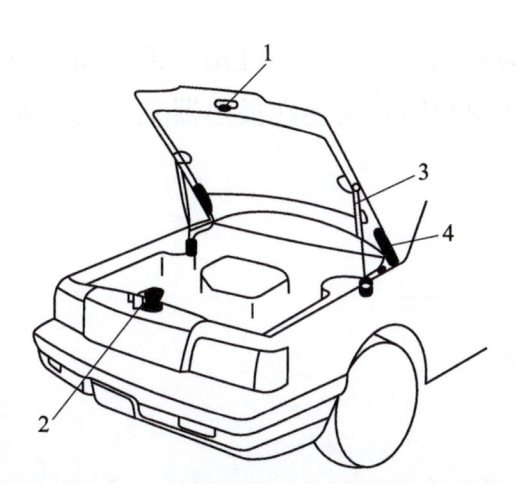

图 4-1-7　简单铰链与气动杆配合的支撑
1—锁环　2—卡板　3—气动杆　4—铰链

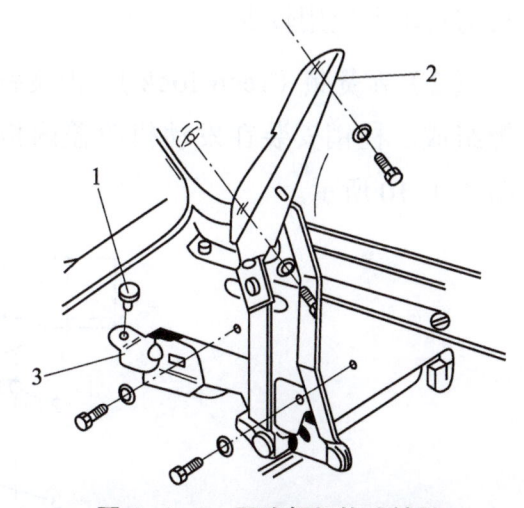

图 4-1-8　四连杆机构式铰链
1—缓冲塞　2—铰链总成　3—限位角板

4. 发动机舱盖锁

发动机舱盖锁的主要功能是使发动机舱盖安全锁闭，并保证发动机舱盖与车身的相对位置，在行车中不得自动开启。按其锁体结构可分为钩子锁、舌簧锁及卡板锁等形式。这三种舱盖锁都是由锁本体、内开机构和安全锁三部分组成的。

（1）钩子锁（hook lock）　钩子锁主要由锁钩、支座、锁扣、复位弹簧和支杆等组成，如图 4-1-9 所示。锁钩安装在散热器支架的锁支座上，锁扣安装在发动机舱盖上。

锁止时，锁钩 1 扣住锁扣 3，发动机舱盖通过 D 点借支杆 5 通过弹簧 6 弹性支撑。开舱盖时，作用于拉手（钮）的作用

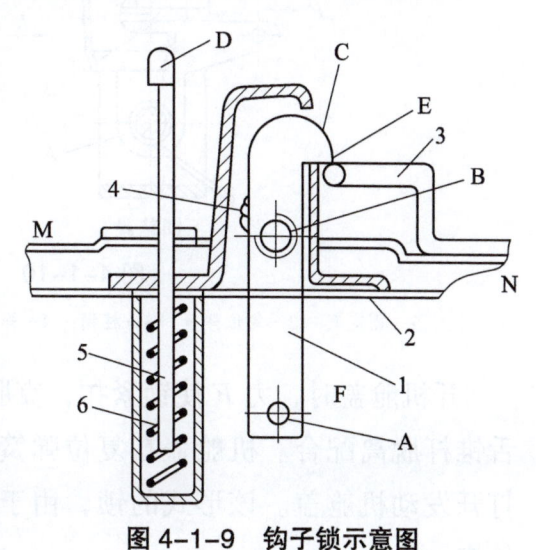

图 4-1-9　钩子锁示意图
1—锁钩　2—支座　3—锁扣　4—复位弹簧
5—支杆　6—弹簧

力经钢索传至 A 点，使点 A 绕支点 B 逆时针转动，从而使锁钩与锁扣脱离。靠弹簧压紧的支杆的作用将发动机罩弹起，再拨开安全锁的第二道锁紧装置使发动机罩打开。

由于该种形式的锁，要求发动机罩装配位置准确性高，锁支座成形较困难，目前轿车上应用较少。

（2）舌簧锁（reed lock） 舌簧锁又称为柱销锁。主要由柱销、锁帽和锁扣等组成。柱销安装在发动机舱盖内板上，锁帽和锁扣安装在散热器支架上，如图 4-1-10 所示。

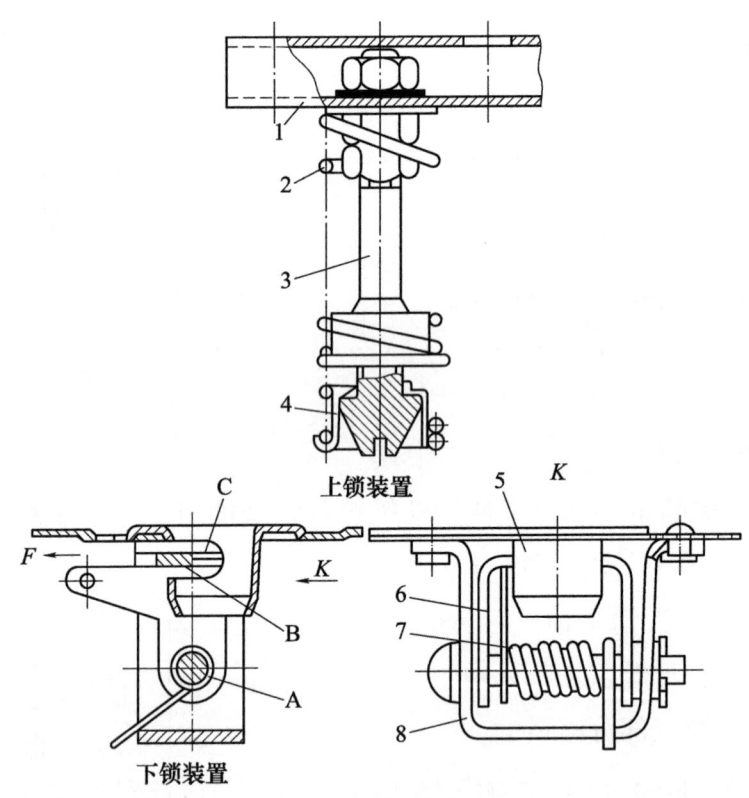

图 4-1-10 舌簧锁的内开结构

1—固定座　2—复位弹簧　3—柱销　4—弹簧座　5—锁帽　6—锁扣　7—锁扣弹簧　8—支座

开机舱盖时，力 F 使锁紧扣，克服扭簧的弹力绕点 A（销轴）旋转，并与锁舌锥杆脱离配合。机舱盖在复位弹簧作用下弹离下锁装置，再拨动安全钩即可打开发动机舱盖。该形式的锁，由于结构简单、制造方便等优点，在轿车应用较多。

这种锁容易因振动而自行开启。尽管有安全钩起保护作用，但一旦安全钩不足以钩住发动机舱盖时，在风力的作用下仍可能使发动机舱盖突然掀起，使驾驶人视野完全丧失而发生危险事故。为了解决这类问题，部分轿车上采用了两个联动的柱销锁，用一个手柄操纵。既解决了安全问题，又解决了因振动或风力使发动机舱盖两端上翘的问题，如图 4-1-11 所示。

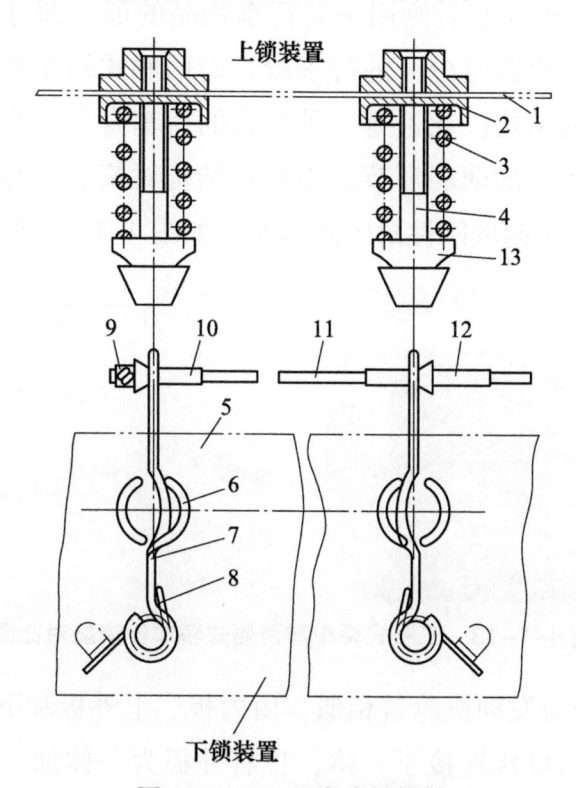

图 4-1-11　组合式柱销锁

1—内板　2—冠状螺母　3—复位弹簧　4—锁紧锥杆　5—锁板　6—导套　7—锁扣弹簧
8—扭簧　9—拉索端扣　10—导向限位套　11—拉索　12—护套　13—导向套

（3）卡板锁（card lock）锁止状态时，卡板 6 伸入锁环 7（安装在发动机舱盖上）中，辅助挂钩 8 也卡在发动机舱盖内板的孔中。解锁时，拉动操纵手柄，拉索使卡板 6 逆时针转动而脱离锁环，发动机舱盖在弹力作用下弹起一定高度，用手扳动辅助挂钩 8，使其逆时针转动而脱离发动机罩内板的锁孔，即可打开发动机舱盖，如图 4-1-12 所示。

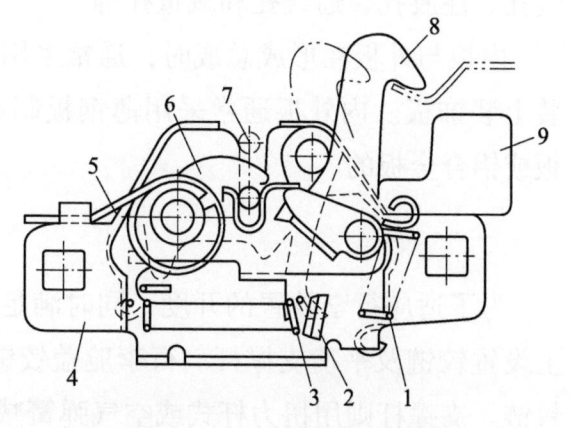

图 4-1-12　卡板锁示意图

1—辅助挂钩弹簧　2—锁紧手柄　3—复位弹簧
4—锁体　5—举升弹簧　6—卡板　7—锁环
8—辅助挂钩　9—辅助挂钩离合器

二、行李舱盖

1. 行李舱盖的结构与组成

轿车行李舱是指乘客室后侧用于装行李物品的那一部分,通常也称为后车身。三厢式轿车有与乘客室分开的行李舱,而两厢式轿车的行李舱与乘客室合为一体,成为相通的结构。无论哪一种形式的后车身,都有一个宽大的行李舱盖或背门,这是后车室的薄弱环节。因此在结构对策上,都是将开口周围(行李舱框架或背门框架)制成刚性封闭式断面,如图4-1-13所示。

图 4-1-13 三厢式轿车与两厢式轿车行李舱对比图

行李舱盖的结构与发动机舱盖相似,由内板、上外板和下外板三块板制件构成。上、下外板采用焊接连接于一体,也有外板为一体加工成形的形式。内板上焊接用于安装铰链、锁及支撑杆等附件的加强板,并设计有各种形状的加强筋,以增加强度和刚度。同时在内板上还加工有各种功能的孔,如定位孔、排气孔、注胶孔、通线孔和减重孔等。

内板与外板在形成总成时,通常采用胶粘后翻边咬合的形式,表面涂漆后安装上装饰板。内外板通常采用薄钢板制造,为了提高防腐性能,也有用镀锌钢板或铝合金板的。

2. 行李舱盖的铰链

为了适应行李放置的开度,同时满足行李舱盖最大的开启角,应在行李舱盖上设置铰链及平衡支撑杆。行李舱盖铰链常用臂式(见图4-1-14)或四连杆式铰链。支撑杆则用扭力杆式或空气弹簧减振支撑杆。

(1)臂式铰链 铰链装在行李舱盖与车身之间,如图4-1-15所示,当行李舱锁被打开时,行李舱盖便在扭杆弹簧作用下,自动弹开到最大位置,为放置或取出行李提供保障。随着汽车舒适性的提高,用空气弹簧减振支撑杆的方案日益增多，这样可减轻开闭时的冲击，如图4-1-16所示。

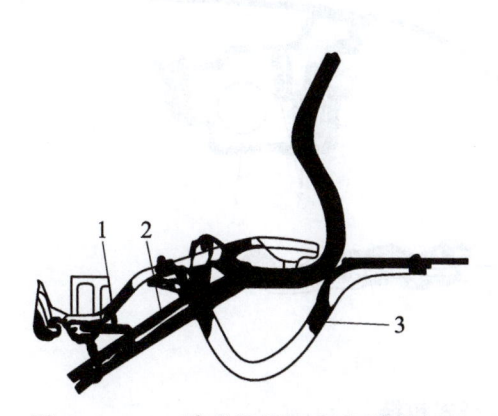

图 4-1-14　臂式铰链及扭杆弹簧结构

1—扭杆弹簧　2—连接杆　3—臂

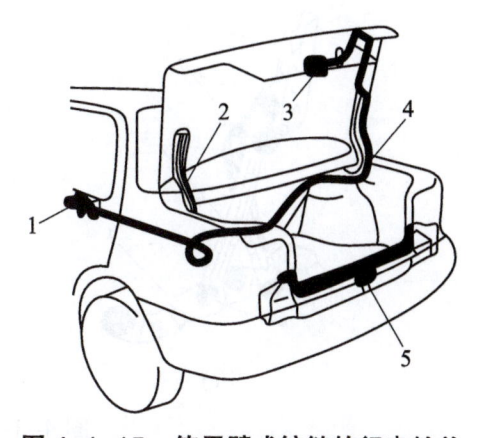

图 4-1-15　使用臂式铰链的行李舱盖

1—开启控制杆　2—铰链　3—舱盖锁
4—开启拉索　5—锁环

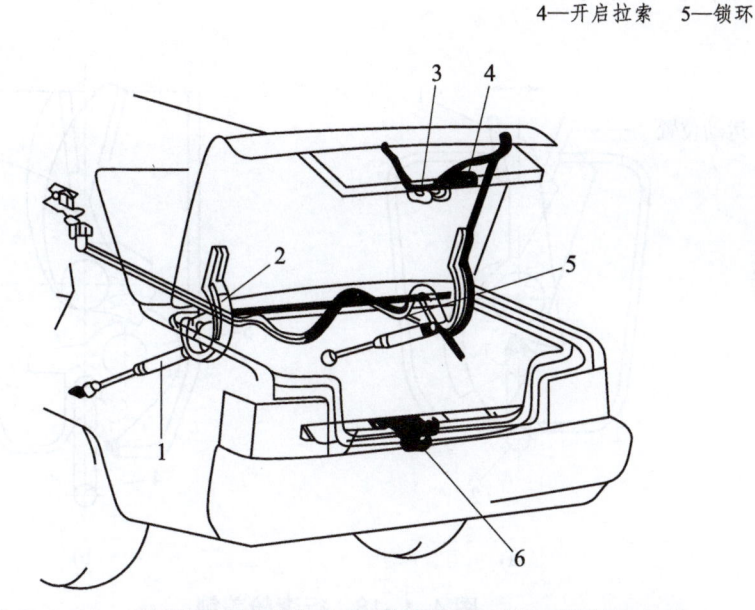

图 4-1-16　采用臂式铰链与空气弹簧减振支撑杆的行李舱盖

1—空气弹簧支撑杆　2—铰链　3—行李舱盖锁　4—电磁铁　5—开启拉索　6—锁环

（2）四连杆式铰链　四连杆式铰链可确保行李舱盖最大的开度。开启时，可用空气弹簧支撑杆助力并支撑；关闭时，行李舱盖在挡泥板与密封凸缘之间合拢，如图4-1-17所示。

3. 行李舱盖锁

行李舱盖锁的基本要求是操作方便，锁闭可靠。通常采用钩扣式和卡板式两种形式，如图4-1-18所示。

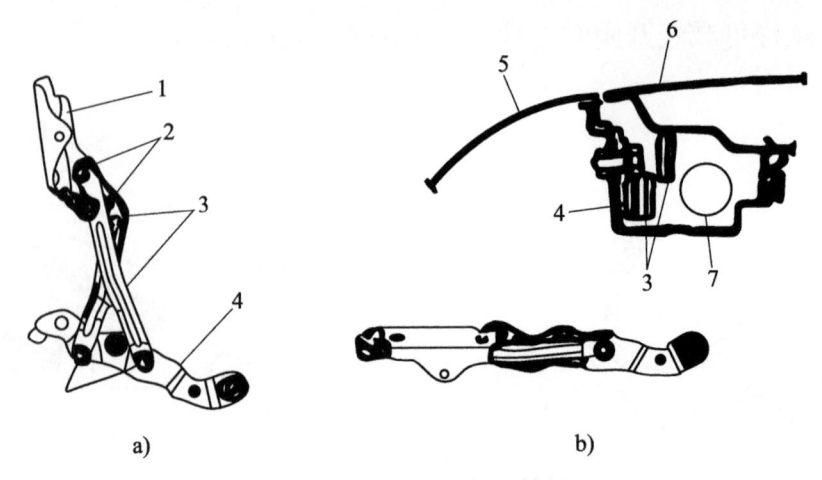

图 4-1-17 四连杆式铰链

a）开启状态 b）关闭状态

1—行李舱盖侧铰链 2—铰链 3—连杆 4—车身侧铰链 5—后挡泥板 6—行李舱盖 7—空气弹簧支撑杆

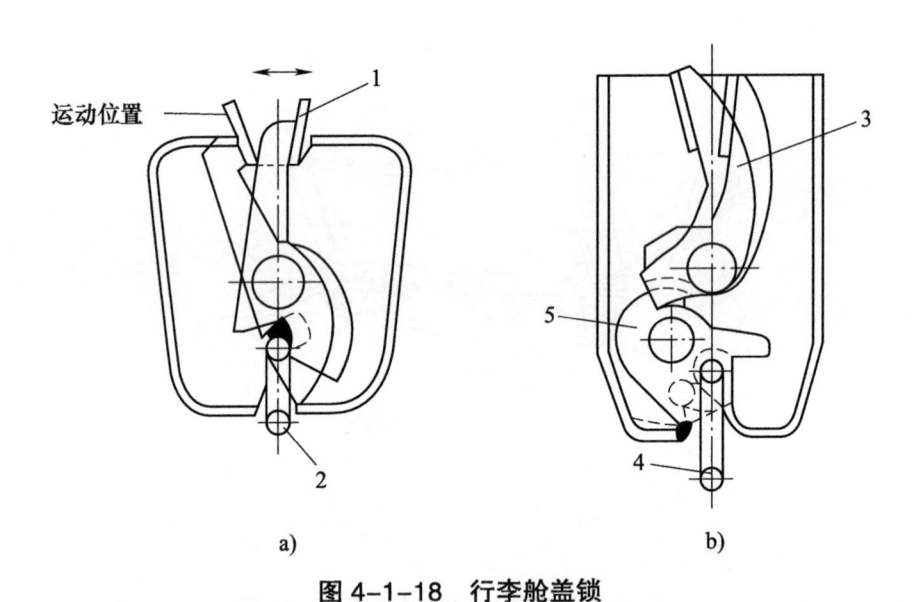

图 4-1-18 行李舱盖锁

a）钩扣式 b）卡板式

1—锁紧钩 2、4—锁扣 3—锁紧杠杆 5—卡板

钩扣式锁主要由锁紧钩和锁扣等组成；卡板锁主要由锁紧杠杆、卡板和锁扣等零件组成。这两种结构都比较简单，其中卡板式门锁的操纵性及可靠性要好一些。

行李舱盖锁的开启方式有拉索方式和电磁式自动锁两种。

学习任务二　车身前后翼子板与后围

翼子板是遮盖车轮的车身外板，是汽车上的大型覆盖件之一。因旧式车身该部件形状及位置似鸟翼而得名。同时，其外形主要是由车身整体外形设计要求及车轮运动空间要求决定的。

翼子板主要由外覆盖件和内板加强件组成。内板加强件采用树脂或电阻点焊等形式将其连接成一体。

一、前翼子板

前翼子板安装在前轮处，为独立的部件。大多用螺栓与车身壳体相连，后端与前围支柱相连，前端与散热器支架的延长部分及前照灯支架相连，侧面与挡泥板相连，如图4-2-1所示。因此，维修时需拆卸很多部件才可进行前翼子板的拆卸。而部分车辆翼子板的紧固螺栓不可见，因为多被树脂密封胶粘住，拆卸时需先用暖风枪将胶烘烤融化后才可见紧固螺栓。有些车辆的前翼子板用有一定弹性的塑性材料做成，塑性材料具有缓冲性，安全性较高。

图4-2-2为捷达轿车前翼子板安装图，前翼子板的后端通过中间板和前围支柱连接，侧面与发动机舱盖处的挡泥板相连，前部与散热器固定架延长部分相连。前翼子板一般由厚度为0.6~0.8mm的高强度钢板拉延成形。影响前翼子板周围边界形状的因素有前照灯形状和布置、中部车身外覆盖件分布情况、前门的运动轨迹，以及内侧发动机舱盖的形状、尺寸及侧缝线等。

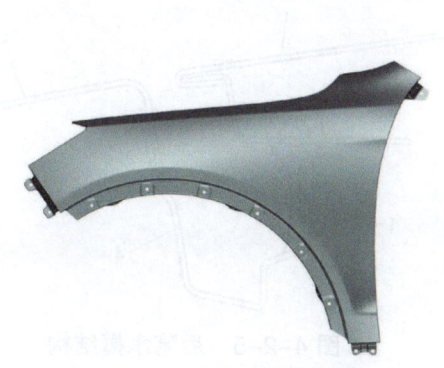

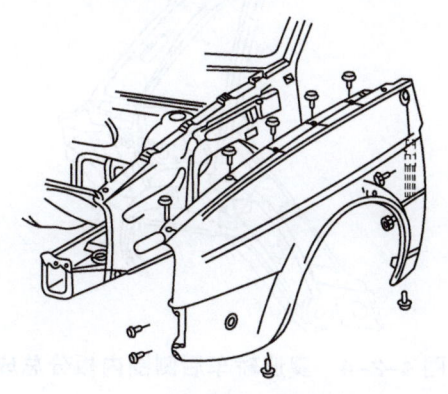

图4-2-1　汽车前翼子板　　　　图4-2-2　捷达轿车前翼子板安装图

在前翼子板与发动机挡泥板之间，通常安装有翼子板内衬，其形状复杂多样，材料多为塑料，通过卡扣和螺栓等与挡泥板及翼子板相连接，如图4-2-3所示。

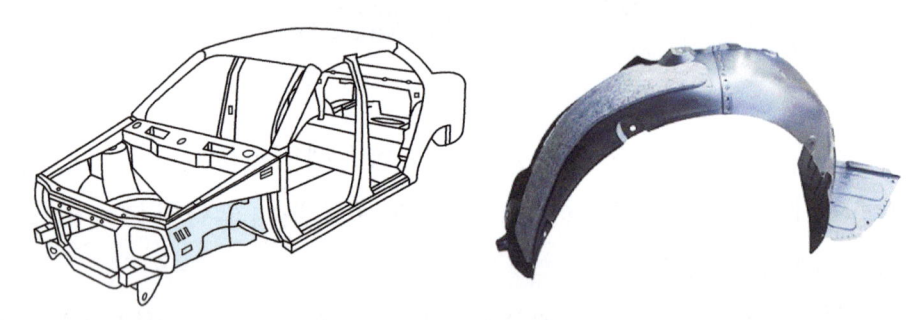

图 4-2-3　前翼子板内衬安装图

二、后翼子板

轿车的后翼子板又称为后侧围外板。后侧围外板通常与车身后侧围内板焊接成一体，图4-2-4所示为奥迪轿车的后侧围内板示意图，是车身骨架中较大的一个分总成，可靠地支撑着乘客区的后部。

独立的后翼子板除与侧围连接外，前方下部与车门配合，利用翻边与后支柱内板点焊固定，翻边处可以固定后门洞密封条。其上部分别与顶盖连接板配合，点焊形成刚性连接。其下部轮口周边则与轮罩翻边咬合并涂胶粘接。有些车在翼子板后部适当的位置开设车内自然通风的出风口。后方上部与行李舱盖配合处，设置有流水槽，流水槽的翻边与后风窗下横梁及后围板一起构成闭合的翻边，用于固定行李舱密封条，如图4-2-5所示。后翼子板上通常还设有加油口，用加油口盖密封，并设有铰链、限位器、锁及密封装置等附件。后翼子板常用的内衬结构、材料与前翼子板内衬相同为塑料材料。

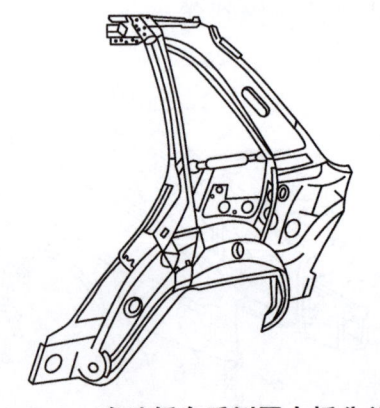

图 4-2-4　奥迪轿车后侧围内板分总成　　　　图 4-2-5　后流水槽结构

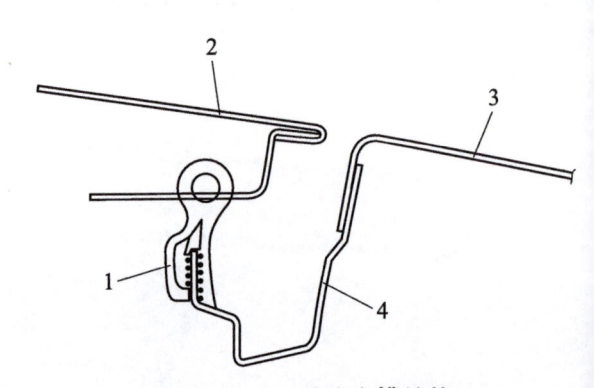

1—密封条　2—行李舱盖　3—后翼子板　4—流水槽

三、后围板

后围板（back panel）是轿车最后部的外覆盖件，包括连接板、加强板、锁销加强板和托架等构件，构成行李舱和车身的最后部分，也为尾灯及后保险杠提供安装配合面及相应的固定位置。它是车身骨架中承受横向荷载的主要零件之一，如图 4-2-6 所示。

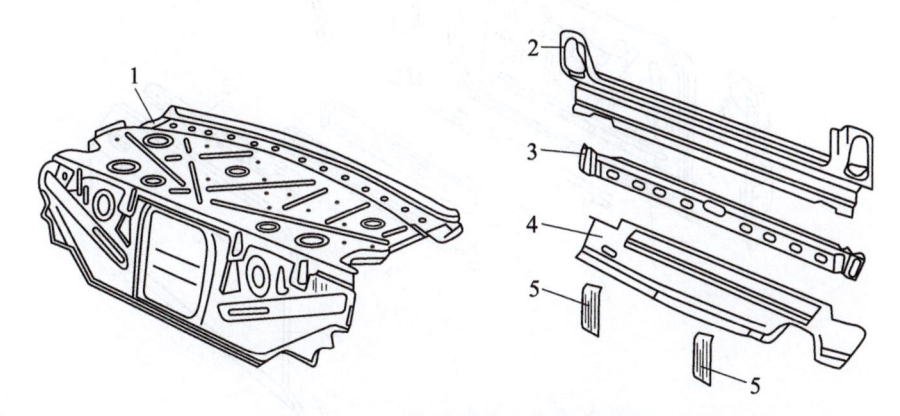

图 4-2-6　典型轿车后围板总成
1—后隔板　2—上连接板　3—加强板　4—下连接板　5—托架

后围板一般设计成封闭梁式结构。内外连接板利用翻边点焊成一体，翻边两端与流水槽连接，并装配密封条，其他部位两端与后翼子板点焊连接。锁销加强板则根据锁的工作要求点焊在后连接板上。

学习任务三　汽车车门

车门是汽车的主要组成部分，它位于汽车的侧面，是乘客上下车辆的通道，同时在汽车行驶时对乘客起到保护作用。车门的质量主要体现在车门的防撞性能、密封性能和开合便利性等。车门的防撞性能尤为重要，当车辆发生侧面碰撞时，其缓冲距离很短，容易对车内乘客造成伤害。

轿车的车门主要由车门本体、车门附件和内饰盖板三部分组成。车门本体包括车门内板、车门外板、车门窗框、车门加强横梁和车门加强板。车门附件包括车门铰链、车门开度限位器、门锁机构及内外手柄、车门玻璃、玻璃升降机、密封条、相关的电控装置、按钮及开关等组成。内饰盖板包括固定板、芯板、内饰蒙皮及内扶手等。车门通过车门铰链与门柱相连，车门铰链通过螺栓连接或焊接方式固定在立柱或车门框上，如图4-3-1所示。

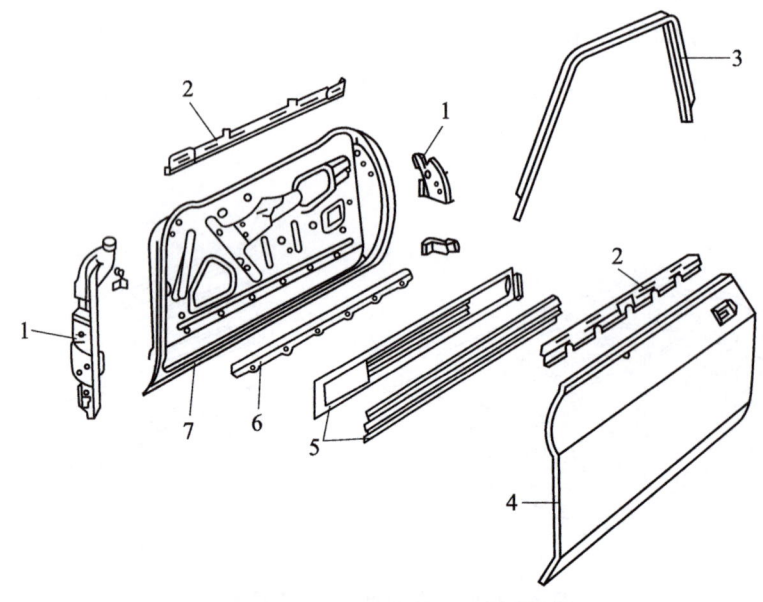

图4-3-1　汽车车门分解图

1—安装铰链和门锁的加强板　2—玻璃横向夹持板　3—玻璃窗框　4—门外板
5—加强板　6—玻璃升降导板　7—门内板

一、车门的类型

1. 按车门数量分类

车门的数量与轿车的用途和形式有密切关系，常见的有二门、三门、四门、五门等多种类型。二门、四门形式常用在折背式（三厢式）、直背式、溜背式和短背式等多种车型的车身上，主要根据车身的大小、允许乘员的数量决定车门的数量。

对于二厢式车身或单厢式车身，多数在车身后部设有车门，使大件物品可以进出。如果将后座椅叠起，那么后部的空间可放大件行李物品，通常将这一类的形式称为"掀背式"，又称三门式、五门式轿车。

2. 按车门开闭方式分类

（1）旋转式车门　旋转式车门（revolving door）指车门开关时，围绕固定轴线或按一定规律旋转的车门。按车门开启方向有顺开门、对开门两类。顺开门是车门铰链布置在车门的前端，车门开启时顺着车的前进方向旋转。这种车门布置比较安全，如果在车辆行驶中门锁失灵而使车门打开或者乘员误开车门，会因空气流动的压力作用而使车门不易打开，从而减小发生危险的可能性。对开门的前门为顺开式，后门铰链是紧固在后支柱上的，后车门开启时是向后旋转，这种布置便于三排座轿车的中排座椅和后排座椅的乘员上下车，如图4-3-2所示。

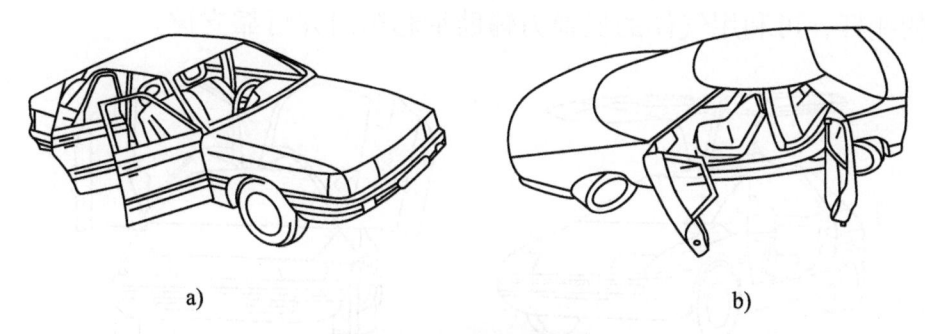

图 4-3-2　旋转式车门

a）顺开门　b）对开门

（2）推拉式车门（滑门）　推拉式车门（sliding door）的支撑与滑动主要依靠安装在车门上、中、下的三个导轨及与之配合的滚柱。在车门打开初期，车门销先向外移动，再向车身后方水平滑动。因此，车门打开后占用场地空间小，停车占用场地面积小，同时相应增大车内空间，如图4-3-3所示。

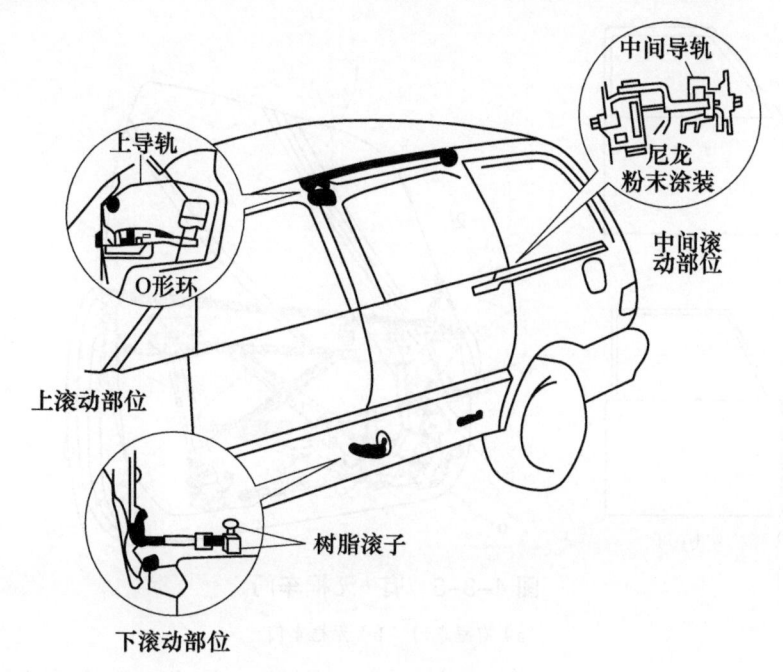

图 4-3-3　推拉式车门

（3）飞翼式车门　飞翼式车门（flying wing door）分为旋翼式和上开式，该设计大多用于运动型轿车。这是一种车身低、流线形好，为了方便上下车而采用的结构形式，如图4-3-4所示。

飞翼式车门向上方弹起，车门打开后的形态像正在飞翔中的海鸥翅膀，所以称为"飞翼式"。普通的铰链机构很难承受将车门举起的质量，因此采用封入高压气体的托杆，可利用气体的反弹力辅助举起车门并可靠支撑。

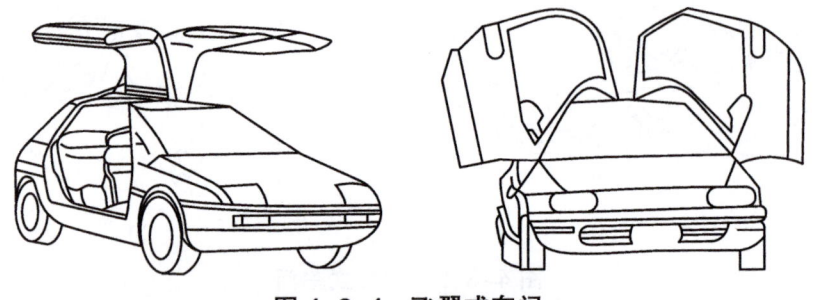

图4-3-4　飞翼式车门

3. 按车门窗框分类

按有无窗框车门可分为有框车门与无框车门，如图4-3-5所示。大多数轿车是有框的，其刚性、密封性好。无框式车门多用于敞篷车和硬顶车。在一辆轿车上也可能出现前门没有窗框、后门有窗框的布置形式。

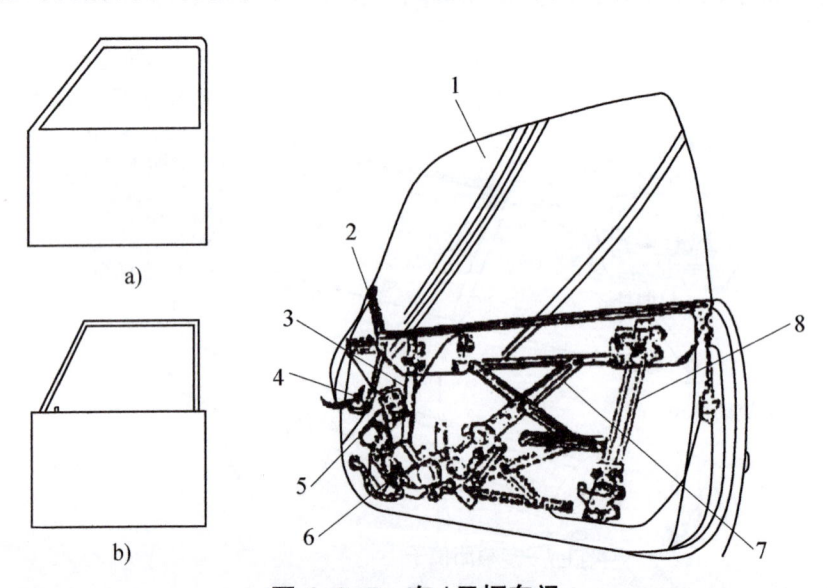

图4-3-5　有/无框车门

a）有框车门　b）无框车门

1—车窗玻璃　2—车窗玻璃支架　3—窗玻密封条导槽　4—线束　5—线束插接器　6—玻璃升降器电动机　7—玻璃升降器托臂　8—玻璃升降器支架

二、车门壳体

车门壳体的骨架部分包括外板、内板、窗框和加强板。

1. 车门外板

车门外板（outer door panel）俗称车门皮，其形状基本上是根据车身外形来确定。由厚度为 0.6~0.8mm 的薄钢板（多数为高强度钢板，也有使用镀锌板、铝合金板或玻璃钢的）冲压而成，通常在外板上冲制一些孔，用以安装外手柄、锁止机构及装饰条，如图 4-3-6 所示。

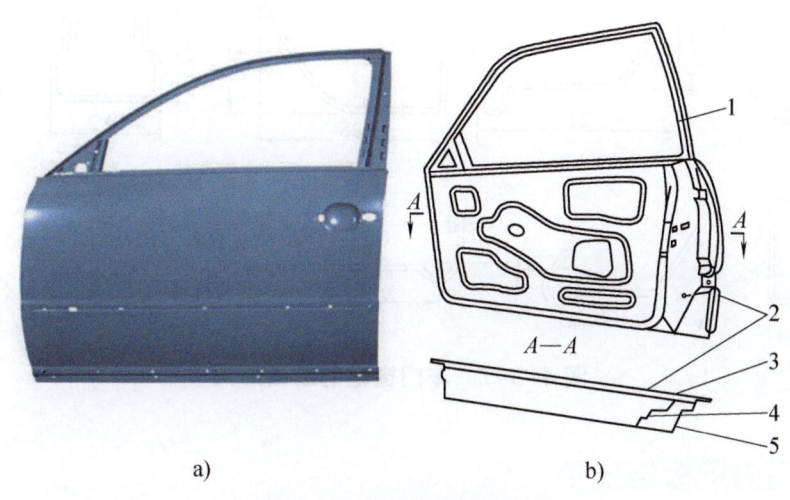

图 4-3-6 典型车门外板
a) 外形图 b) 结构图
1—窗框 2—车门外板 3—外加强板 4—加强板 5—车门内板

2. 车门内板

车门内板（inner door panel）是车门主要受力部件。大多数附件装在车门内板上，所以内板的形状复杂，刚度和强度都较高，并且在一些重要位置还需焊上加强板。车门内板通常为薄钢板冲压件，整体为盘形结构，与车门外板组装后，其凹陷的空间内可容纳玻璃和玻璃升降器等机构。

车门内板有整体冲压的，也有分块冲压后焊接成形的。整体冲压的车门内板刚度大，免去焊接的麻烦，尺寸精度高，但需要大型冲压设备，生产成本较高。车门内板也有用螺栓与外板总成紧固在一起的。

3. 窗框

窗框（window frame）大多数是用薄钢板冲压、滚压或用其他方法加工后焊接而成，也有极个别的车形将滚压成形的车窗框通过螺栓固定在车门板上。为了实现良好的玻璃定位、玻璃运动导向及密封，车门窗框设计成不同的结构，如图 4-3-7 所示。

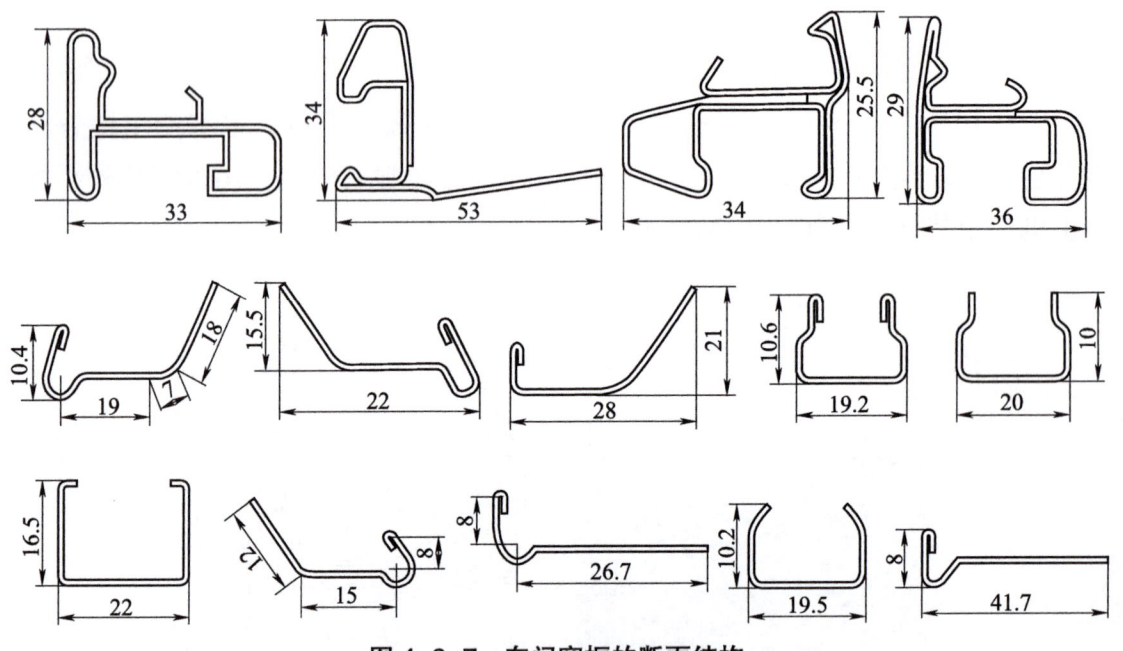

图 4-3-7　车门窗框的断面结构

三、车门内护板与扶手

车门内护板除可装饰车门外，还具有车门开关方便、支撑肘腕、隔声、防尘、防水及车辆冲撞时保护人体的功能。

按其基材部分是否成形，可分为平板内护板（无成形）和成形内护板两种。前者按包围车门的范围分为半包围和全包围两种；后者按成形部分和深度分为部分成形（只是部分浅拉延）和整体成形（包括把手在内）。现代轿车大多采用整体成形内护板。

在车门内护板与车门内板之间，通常用密封胶粘贴一层塑料膜，用来防止灰尘、隔声及减小振动等。

车门扶手装于内护板的车室一侧，起扶手作用，并作为车门开关的把手。因此要有供手肘扶靠的部位和手握的部位。一般车门扶手有装配式和整体式两种，如图 4-3-8 所示。

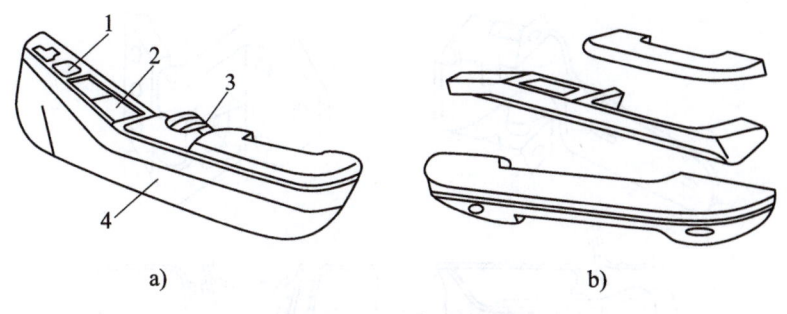

图 4-3-8　车门扶手

a）整体式　b）装配式

1—电气开关　2—扶手杂物盒　3—门锁内手柄　4—扶手底座

四、车门铰链与开度限位器

车门铰链是决定车门与车身间相对位置及控制开闭运动的装置，主要由门铰链和销轴构成。

车门铰链有内铰链（又称隐铰链）和外铰链。现在大部分轿车都使用内铰链，在某些特殊车身结构中也有外铰链的形式。

1. 内铰链

车门内铰链（inner hinge）通常采用合页式、臂式及四连杆式三种。

合页式铰链的轴线在门柱以外，两个合页分别固定在车门和车身门柱上，合页之间用销轴定位和连接，如图 4-3-9 所示。

臂式的铰链轴安装在门柱内，所以要求门柱粗大。其优点为轴线相对车门的位置较远，开门时能使门往外移，因而不易与门框或车身其他部分干涉。

合页式铰链相比臂式铰链，其重量轻，刚度与结构都优于臂式铰链，且易于装配，是现代轿车广泛采用的型式，如图 4-3-10 所示。

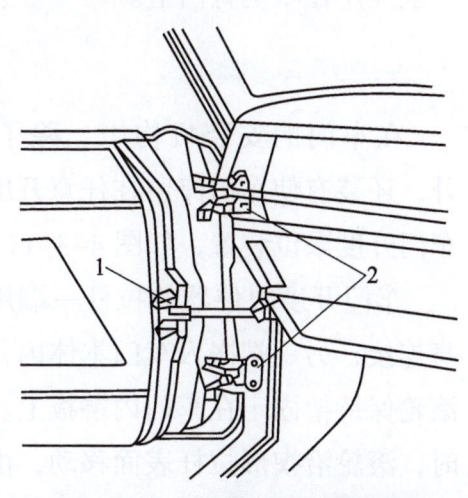

图 4-3-9　合页车门铰链的安装

1—限位器　2—上、下铰链

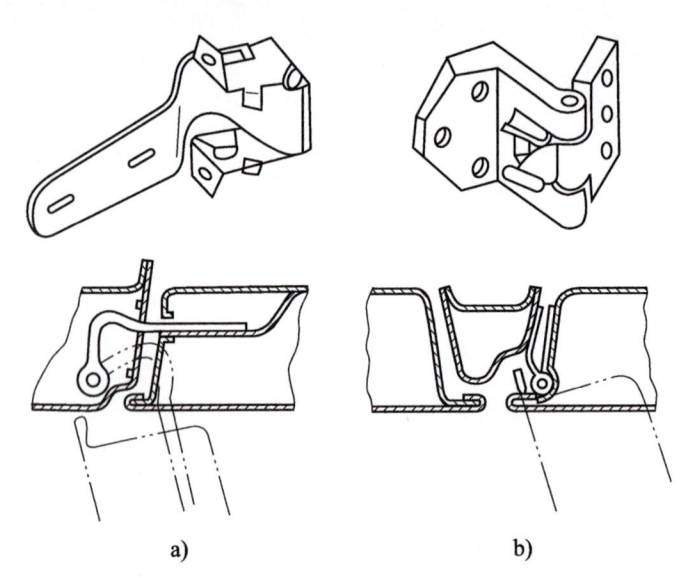

图 4-3-10 合页式铰链和臂式铰链安装情况对比

a）臂式铰链　b）合页式铰链

2. 外铰链

外铰链（outer hinge）一般采用合页式结构。合页的回转侧向外突出，用两个螺栓固定在车门上（为阳侧），铰链支撑部位为阴侧，插入车身的支柱，也用两个螺栓固定。外铰链的结构与功能较简单，结构暴露于车门外表，有碍外观，一般应用在车辆背门上。

3. 车门开度限位器

在车门的安装机构中，除了车门铰链外，还装有使车门停留在任意开度的阻尼和车门开度限位装置，如图 4-3-11 所示。

车门开度限位器的拉杆一端用销钉与车身连接，另一端嵌入车门本体内，用螺栓将滚轮保持架固定在车门内端板上。打开车门时，滚轮沿楔形拉杆表面移动，由于拉杆的楔形设计，滚轮移动时要压缩弹簧，从而形成开启阻尼，使车门能停在某一开度。但只有当滚轮位于半开或全开凹坑处时，才能可靠锁止。

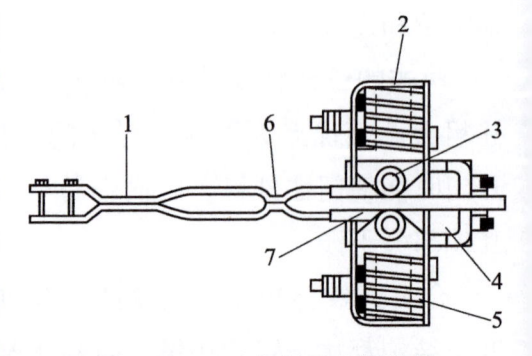

图 4-3-11 车门开度限位器

1—拉杆　2—弹簧　3—滚轮
4—橡胶缓冲限位块　5—滚轮保持架
6—半开限位凹坑　7—全开限位凹坑

车门开度限位器除采用滚子及压缩弹簧的形式外，还有靠阻尼橡胶来保持车门位置的，其作用原理与前述相似，如图 4-3-12 所示。

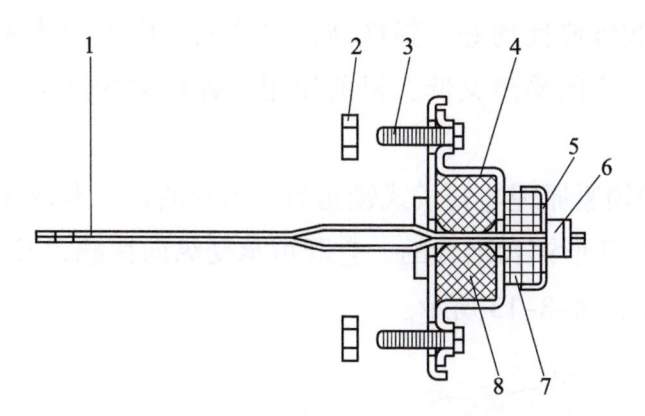

图 4-3-12　橡胶阻尼式车门开度限位器
1—拉杆　2—螺母　3—螺栓　4—外壳　5—挡板
6—调整装置　7—缓冲块　8—阻尼橡胶块

五、车门锁

车门锁是汽车车门非常重要也是使用最频繁的专用安全部件。它一方面直接关系到汽车行驶时乘客的安全，另一方面也是汽车的防盗安全装置。为此，对车门锁在操作性、安全性、可靠性、强度及装饰性等诸方面均有较高的要求。

1. 手动式门锁

（1）舌簧式门锁　操纵内手柄旋转，通过杆件机构带动锁止钩脱开限位块，此时车门可打开。松开内手柄，在弹簧的作用下，锁止钩又恢复到原位，使车门处于锁止状态。拉动外手柄并按动按钮，同样也可带动内部杆件机构使门打开。

（2）棘轮式门锁　棘轮式锁的内部有一套由锁钩（棘爪）和棘轮组成的控制机构。棘爪借助卷簧的弹力使棘轮处于锁止状态。当提起内锁止按钮或用钥匙开门时，均可解除棘爪对棘轮的锁止，而使车门能够顺利打开或关闭。

（3）转子式门锁　转子与定位器挡块啮合，保持车门锁紧状态。棘轮与转子装在同一根轴上，通过一系列杠杆机构可以从门内、外操纵锁钩，使其脱开棘轮，则门可打开。当放松按钮时，锁钩上的弹簧趾在弹簧的作用下将锁钩卡进棘轮顶住一个齿，使棘轮和转子只能在一个方向，即关闭门的方向转动，因此门不能被打开。由于对齿轮与齿条的啮合间隙要求较高，车门的安装精度也较高。该形式通常用于城市客车上。

（4）卡板式门锁　在各类机械式门锁中，卡板式（又称叉销式）门锁受力平稳、冲击性小。零件多为钢板冲压加工后装配而成，结构紧凑。生产工艺性、可靠性、耐久性和维修性均好，强度高，定位准。由于锁体部件也可用增强树脂制造，既轻巧，启闭噪声又低，目前使用于各种类的汽车，占据了车门锁结构的主导地位。

卡板式门锁的锁紧原理与转子式锁相似。不同的是，卡板式门锁是以 U 形卡板与车身立柱上的环形锁扣结合的，它既可承受纵向荷载，又可承受横向荷载，工作安全可靠，如图 4-3-13 所示。

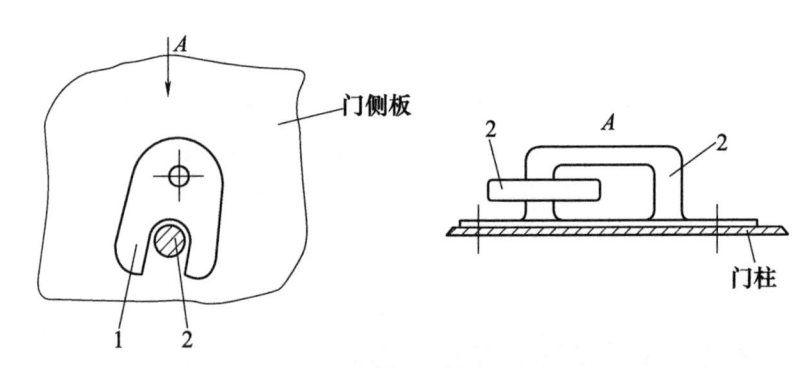

图 4-3-13　卡板式门锁

1—卡板　2—锁扣

卡板式门锁由锁环、锁体（包括卡板）、内外手把、锁芯及锁定按钮等组成。工作时，利用锁体上的叉形卡板与锁环的脱开或啮合来实现车门的开闭。车门开启时，锁环与卡板是分开的；当关闭车门时，固定在门框上的锁环与锁体上的卡板相碰撞，使卡板、棘爪同时旋转到位，卡板被棘爪定位，锁环被卡板锁止。

卡板和棘爪的啮合与分离是依靠各自弹簧力的作用。当关闭车门的时候，锁环推动卡板绕卡板轴旋转，卡板弹簧被压缩。同时，卡板的旋转带动棘爪转动，使棘爪弹簧被拉伸，呈锁定状态。当锁定状态被解除时，外力推开棘爪，卡板与棘爪在各自弹簧恢复力的作用下脱开，呈解锁状态，如图 4-3-14 所示。

（5）凸轮锁　凸轮式门锁具有旋转的凸轮，开有特殊形状缺口的锁片装在车门支柱上，凸轮通过轴和摇臂与车门外手柄相连。

关门时，凸轮与锁片的上部先接触，并克服弹簧的力矩顺时针方向转动。当凸轮开始进入缺口后，缺口上部右端作用于凸轮上的反作用力线正好通过凸轮的旋转轴心，因而不会使凸轮转动，这是第一挡锁止；再进一步关紧车门，缺口下部作用在凸轮上的反作用力线也正好通过凸轮的旋转轴心，这是第二挡锁止。

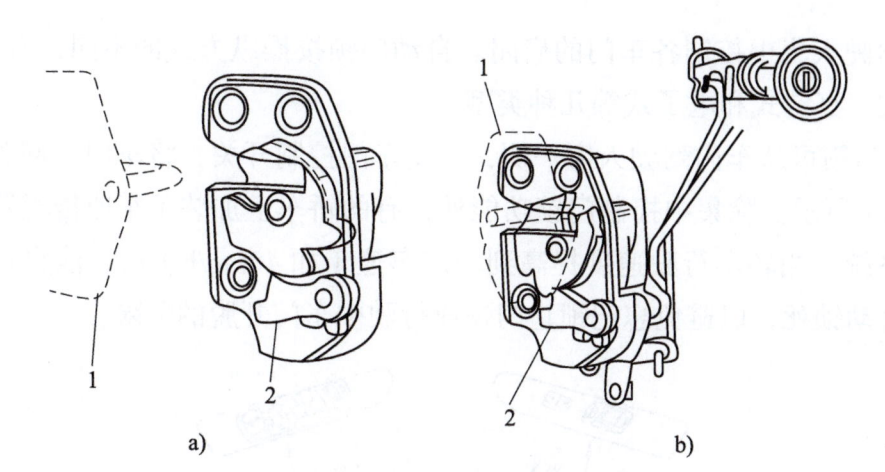

图 4-3-14　卡板式车门锁动作状态
a）解锁状态　b）锁紧状态
1—锁环　2—棘爪

开门时，掀起车门手柄，克服弹簧的力矩使凸轮顺时针方向转动，即可脱出缺口。

车锁的手柄和锁芯大多制作成一体。车门锁的外手柄可分为旋转式、按钮式和掀拉式等几种类型。其中，掀拉式外手柄置于车门外蒙皮的凹槽内，空气阻力小、安全性好，美观大方并与车身浑然一体，如图4-3-15所示。而门锁内手柄主要有旋转式和掀拉式两种类型。同时，有些车门锁的安全锁止操纵机构也装在内手柄上，如图4-3-16所示。

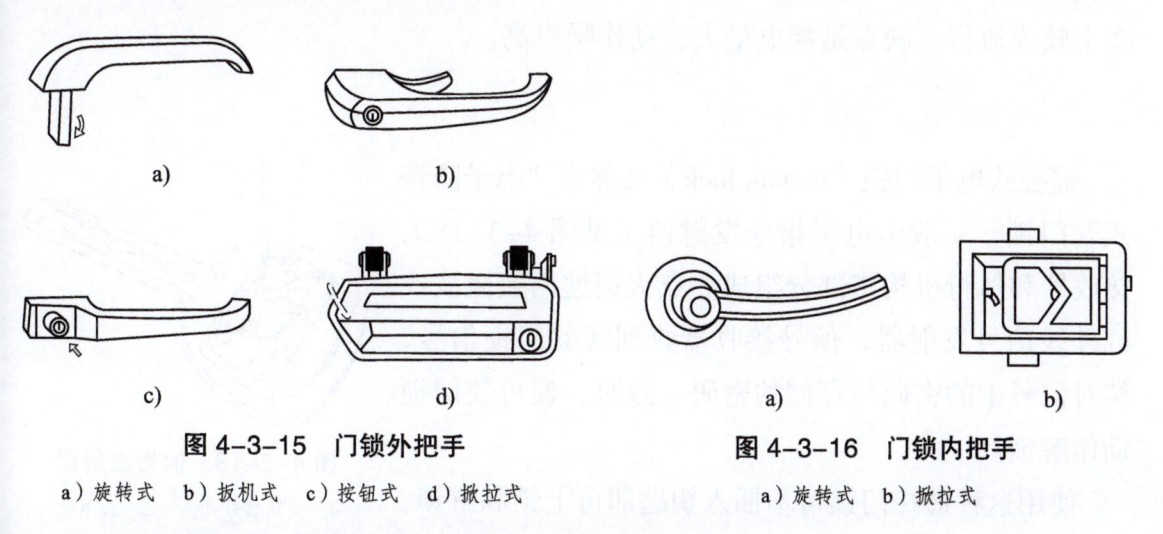

图 4-3-15　门锁外把手
a）旋转式　b）扳机式　c）按钮式　d）掀拉式

图 4-3-16　门锁内把手
a）旋转式　b）掀拉式

2. 自动门锁

自动门锁（automatic lock）在现代轿车上应用普遍。手动式门锁与自动门锁的主要区别在操纵方式上。前者需使用钥匙或手柄将车门锁打开或锁紧，而后者可由驾驶人集中控制各车门的启闭。自动门锁按操纵方式的不同，有电磁式、电动机式、真空式和电子式等几种类型。

自动门锁可从车内驾驶人席一侧，手动车门控制开关，将车门全部关闭，如图 4-3-17 所示。除集中控制门锁功能外，有的轿车上加装了车速传感器及相应的电控系统。当轿车行驶速度提高到一定车速（如 40km/h）后，能自行通电将全部门自动锁死，以避免忘记锁止门锁或行驶中车门开脱的危险。

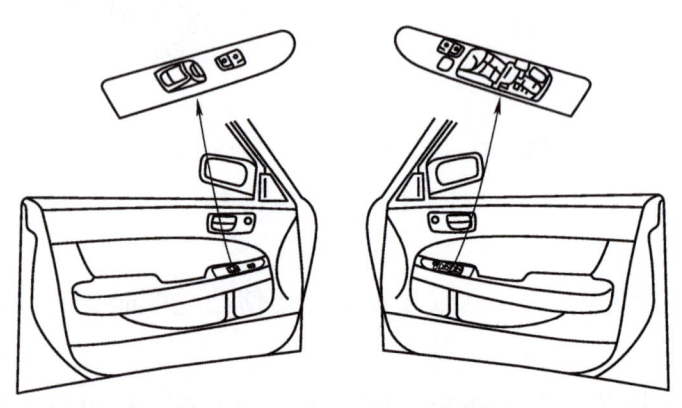

图 4-3-17　手动车门控制开关

门锁的开启及锁止也有依靠电磁阀驱动的。它以不同方式向电磁阀的线圈送电，可使电磁阀拉杆与中间位置向相应的方向移动，拉动联动杆相应动作，从而使车门锁被开启或锁止。电磁式自动门锁摩擦阻力小，操作方便可靠，在轿车上较为流行。缺点是耗电量大，动作噪声高。

3. 遥控式电子门锁

遥控式电子门锁（remote lock）又称为"电子防盗式"门锁，一般由电子指令发射器（见图 4-3-18）、接收器和执行机构三部分组成。点火钥匙内装微波或红外线信号发射器，信号接收器收到解除门锁信号，核对信号中的密码与存储的密码一致时，便可使门锁动作解锁。

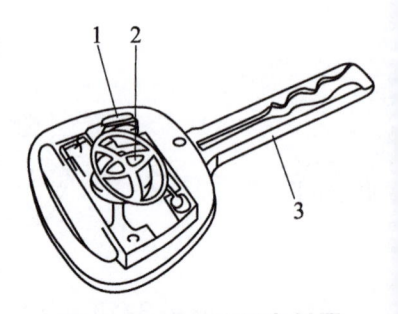

图 4-3-18　信号发射器
1—发送信号开关　2—锂电池
3—钥匙

使用这种遥控门锁可不插入钥匙即可上锁和解锁，信号接收器的接收范围为 1~3m。由于每辆轿车的遥控式电子门锁具有各自不同的电信号，因而它比机械式门锁具备更强的防盗功能。这种电子遥控式门锁目前已广泛使用在各类轿车中。

使用车钥匙内藏式信号发射器发出解锁或锁止信号后，由后窗接收天线将接收到的信号经分配器送到信号接收器。接收器分辨出锁止或解锁信号，经车门控制继电器输送至控制电动机，操纵门锁总成执行发射器给出的信息，如图4-3-19所示。

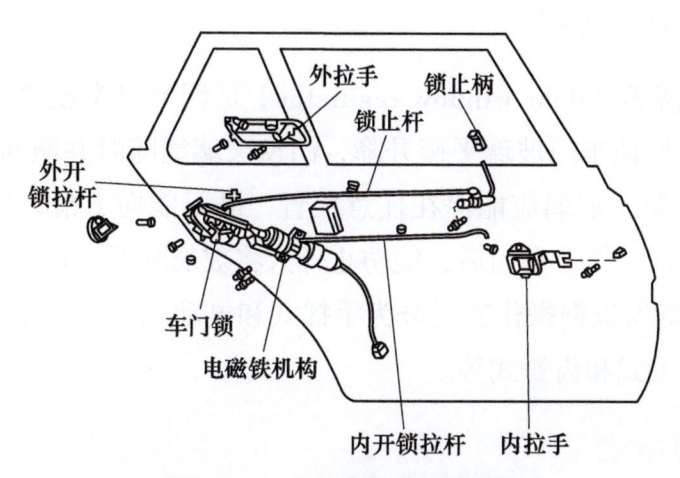

图4-3-19 接收信号的流程图

除上述可由发射器给出遥控信号外，当车辆久置或在发射器丢失的情况下，可使用车内主开关，将信息直接输入接收器，以控制车门启闭。

4. 中央门锁

中央门锁（central door lock）系统主要由中央门锁控制模块、车门开关、门锁芯开关、门锁电动机、防盗报警灯及警报器等组成，如图4-3-20所示。

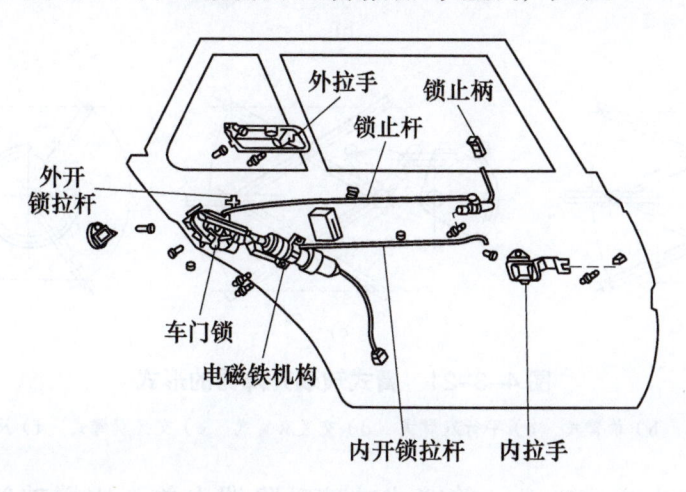

图4-3-20 中央门锁系统

中央门锁系统测量开门锁钥匙的电阻,如果电阻值不对,则防盗系统将发出警报。利用中央门锁系统,当驾驶人侧车门锁扣被按下或用钥匙锁门时,汽车能自动锁定其他车门及行李舱门。

六、车门玻璃升降器

车门玻璃升降器(door window regulator)是调节门窗玻璃开度大小的专用部件。其功能是保证车门玻璃平衡升降,门窗玻璃能随时并顺利地开启和关闭。当摇手柄不转动时,玻璃应能停在任意位置,既不能向下滑,也不能由于汽车的颠簸而上下跳动。锁上车门后,能防止外人将玻璃降下而进入车内。

车门玻璃升降器根据操作方式分为手摇式和电动式两种。按结构不同,分为臂式、钢绳式、带式和齿簧式等。

1. 臂式玻璃升降器

臂式玻璃升降器又分为单臂式和双臂式两种形式。其中双臂式又可分为交叉双臂式、平行双臂式和反向双臂式三种,如图 4-3-21 所示。

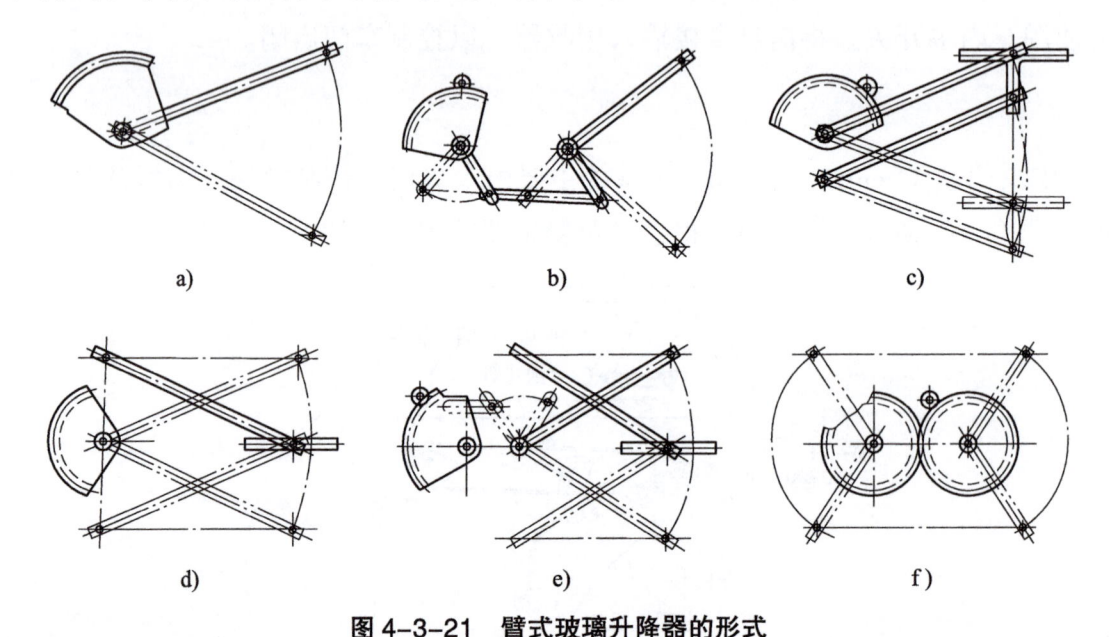

图 4-3-21 臂式玻璃升降器的形式

a)单臂式 b)单臂式 c)平行双臂式 d)交叉双臂式 e)交叉双臂式 f)反向双臂式

(1)单臂式玻璃升降器 单臂式玻璃升降器由单点支撑玻璃,其运动轨迹为一道弧线,在水平方向产生分力,水平位移较大,会影响玻璃升降的平稳性,所以要求玻璃导轨要平直。但由于其结构简单,与车门关联比较少,被广泛应用于形状规整的矩形窗框或有避让要求的后车门上，如图 4-3-22 所示。

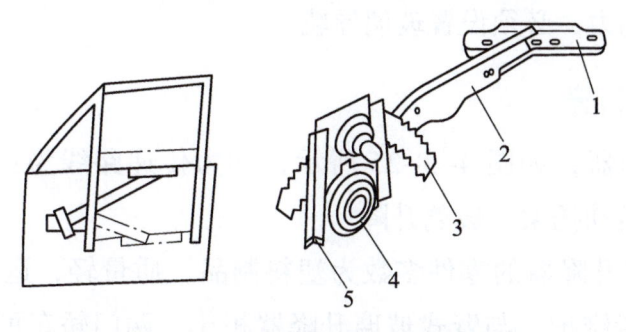

图 4-3-22　典型单臂式玻璃升降器

1—玻璃托槽　2—升降臂　3—扇形齿轮　4—平衡弹簧　5—固定板

（2）双臂式玻璃升降器　由两臂端部滚轮的两个支撑点支撑玻璃升降。在玻璃上下移动过程中，支撑中心始终接近或重合于玻璃质心，荷载变动小，因此其运动平稳、升程较大、升降速度快。该结构适用于尺寸大而形状不规整的车门玻璃，如图 4-3-23 所示。

在交叉的双臂中，一根是可动的升降臂，另一根是与之保持相对角度的平衡臂。两个交叉臂像钳子一样动作，两臂的端部在玻璃托槽中移动，使玻璃托槽平行地升降运动，推动玻璃的升降。

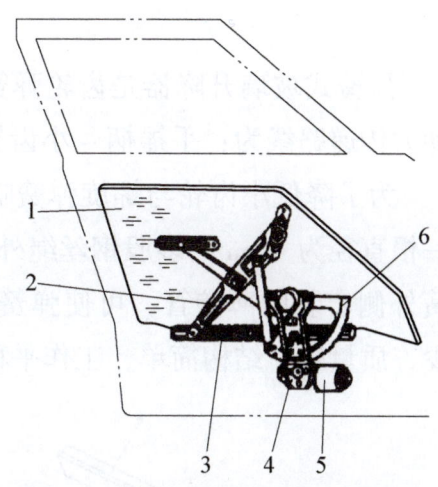

图 4-3-23　电动交叉双臂式升降器

1—玻璃　2—升降臂　3—托槽　4—齿轮箱　5—电动机　6—扇形齿轮

2. 钢绳式玻璃升降器

钢绳式玻璃升降器是通过摇转手柄时驱动机构牵拉钢索来驱动玻璃托架移动的，如图 4-3-24 所示。其动力传递路线为：插手柄小齿轮 – 扇形齿轮 – 卷筒钢丝绳 – 玻璃托架 – 玻璃升降。钢绳式结构的优点是：手柄位置可自由布置，钢绳的松紧度可利用张紧轮进行调节，结构简单，加工容易，体积小，质量轻。由于玻璃装配在运动托架上，玻璃

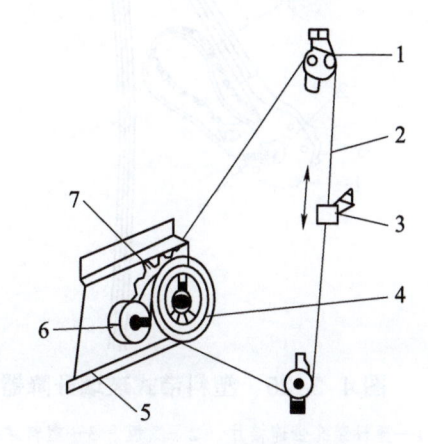

图 4-3-24　钢绳式升降器

1—滑轮　2—钢绳　3—玻璃托架　4—钢绳卷筒　5—座板　6—小齿轮　7—扇形齿轮

的质量始终能与钢绳平行,玻璃升降过程均十分顺畅。但由于这种升降机对自身倾斜没有保持能力,必须设置玻璃导轨。

3. 带式玻璃升降器

带式玻璃升降器,如图4-3-25所示,动力传递路线为:手摇柄-穿孔带轮-塑料带孔-运动托架-玻璃升降。

由于带式玻璃升降器的零件多数为塑料制品,质量轻,运动平稳,无噪声,无须对其进行润滑维护。与臂式玻璃升降器相比,两门轿车可减轻质量约3kg,四门轿车可减轻约5kg,耐久性试验可达25000次以上。

4. 齿簧式玻璃升降器

齿簧式玻璃升降器是齿轮弹簧式玻璃升降器的简称,如图4-3-26所示。其动力传递路线为:手摇柄-小齿轮-螺旋弹簧-玻璃托架-玻璃升降。

为了降低小齿轮与螺旋弹簧啮合时的摩擦力,在螺旋弹簧的内孔中除了穿有一根直径为4mm的多股钢丝绳外,还在其表面缠绕了约2mm厚的羊毛。螺旋弹簧外侧套装的薄壁管,可使弹簧沿管内壁滑动。与臂式玻璃升降器相比,零件少,质量轻,结构简单,工作平稳无噪声,免维护。

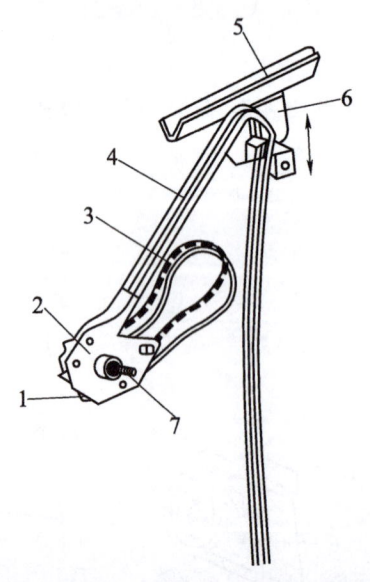

图4-3-25 塑料带式玻璃升降器

1—塑料穿孔带连接片 2—底板 3—塑料穿孔带
4—塑料穿孔带导向槽 5—玻璃安装槽板
6—运动托架 7—手摇柄轴

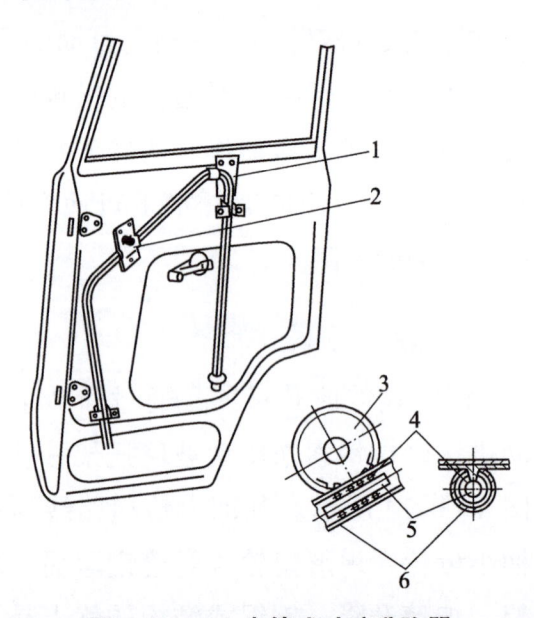

图4-3-26 齿簧式玻璃升降器

1—玻璃托架 2—摇摆器 3—齿轮
4—弹簧 5—多股钢丝绳
6—钢丝绳导向管

5. 电动式玻璃升降器

电动式玻璃升降器由可逆直流电动机和减速器取代摇手柄，可通过控制按钮实现集中控制。

电动式玻璃升降器使用的电动机为永磁铁直流电动机。电压方向可正反向切换，电动机轴可正反向旋转，电动机轴端设有蜗轮蜗杆机构作为一级减速，在蜗轮轴上的小齿轮驱动升降器扇形齿轮进行二级减速，进一步带动升降臂。

主开关是控制各车窗电源的总开关。主开关置于 OFF 时各座椅旁的车窗停止动作，不再具有对动力车窗的控制功能。

各座椅旁的车窗开关有两挡，第一挡为手控制，第二挡为自动控制。所谓手控制是指车窗在按动开关的时间内上下动作，可使车窗停止在任意位置；所谓自动控制，就是一旦按下开关，车窗便全开或全闭，不需要一直按着开关，以方便交高速公路费等活动。

七、车门密封条

密封条（sealing stripe）用来保持车身的门、窗玻璃等可动部分及前后窗、三角窗等不动部分的密封。密封条的形状与断面应适应不同的使用部分及不同功能的要求，如图 4-3-27 所示。

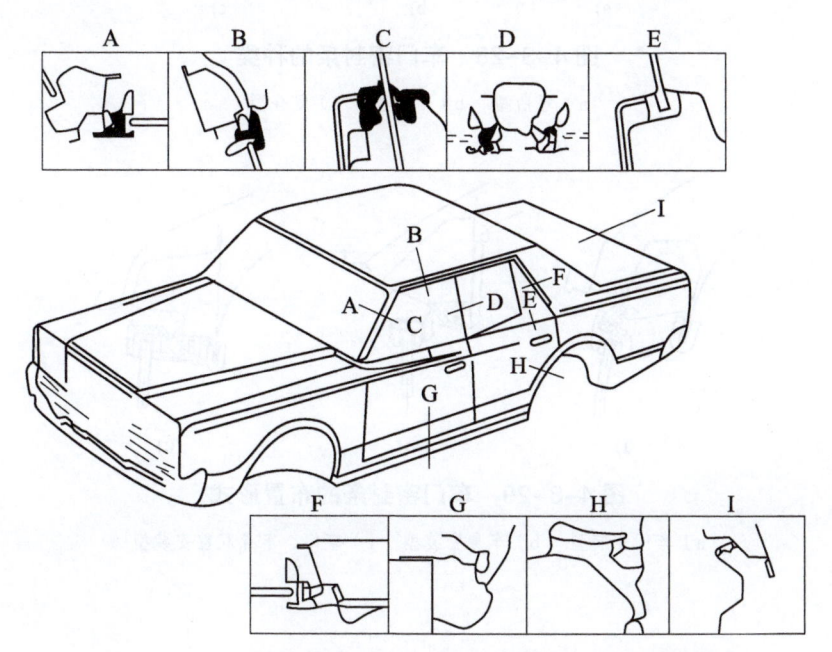

图 4-3-27 不同密封部位设置不同断面形状的密封条

设置不同断面形状的密封条有以下目的：

1）保持车内避风雨、防尘且隔热隔声。

2）当车身受到振动与扭曲时密封条还起到缓冲、吸振和保持玻璃的作用。

3）对门窗交接的边缘起装饰作用。

早期的密封条常使用天然橡胶。后来乙烯丙烯橡胶和丁腈橡胶等人工合成橡胶成为主流，也有采用聚氯乙烯树脂的。对于前后窗、三角窗等固定窗缘部分，也可采用多种黏结形式（如直接黏结法或橡胶带黏结法）的。

车门密封条的基本断面形状有三种：弯曲型、压缩型和复合型，如图4-3-28所示。而不同部位使用的密封条形状则复杂得多。车门密封条的布置形式有车门安装型（密封条固定在车门的四周）、车身安装型（密封条固定在门洞周围的骨架上）、车门、车身双重安装型（在车门四周及门洞周围双侧均安装密封条），如图4-3-29所示。

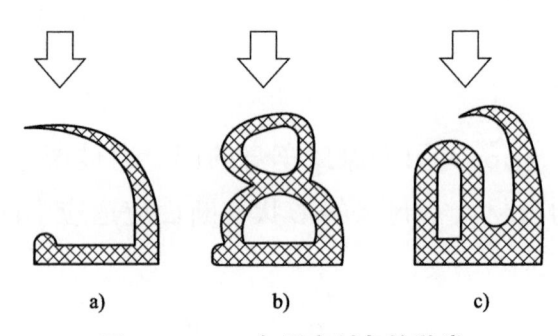

图 4-3-28　车门密封条的种类

a）弯曲型　b）压缩型　c）复合型

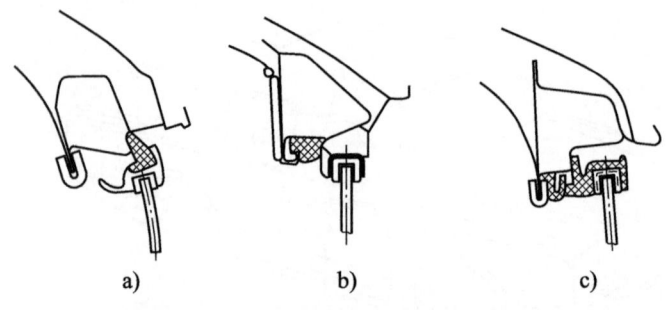

图 4-3-29　车门密封条的布置形式

a）车门安装型　b）车身安装型　c）车门、车身双重安装型

模块五 车身塑料与修复

学习目标

1）熟悉汽车塑料的种类和特性，并能正确描述它在汽车上的应用。
2）熟悉汽车保险杠的类型、组成及作用。
3）能够正确掌握汽车保险杠固定方法与更换工艺。
4）能够正确描述塑料部件的维修原则。
5）正确掌握塑料种类的辨别方法。
6）能够正确选择塑料件的维修方法。
7）能够规范使用焊接法进行塑料件的修复。

▶ 汽车塑料与修复

学习任务一　车身塑料的应用

从最初的内饰件和小零件，发展到目前可替代金属来制造各种机械配件和车身板件，塑料在汽车上的应用发展非常快。用塑料替代金属，既可获得汽车轻量化的效果，又可改善汽车的某些性能，如耐磨、防腐、减振和减小噪声等。随着汽车工业的发展，塑料的应用越来越受到重视。

一、塑料的组成

塑料（plastics）是以单体分子为原料，通过加聚或缩聚反应聚合而成的高分子化合物。工业用塑料由合成树脂及填料、增塑剂、稳定剂、润滑剂和色料等添加剂组成，其抗形变能力中等，介于纤维和橡胶之间。

塑料的主要成分是树脂（resin）。其约占塑料部件重量比的40%~100%。塑料的基本性能主要取决于树脂自身的特性。

1. 合成树脂

合成树脂是塑料的主要成分。它的种类、性质及加入量对塑料的性能起到很大的影响。大部分塑料是以所加树脂的名称来命名的。工程上常用的合成树脂有酚醛树脂、环氧树脂、氨基树脂、有机硅树脂、聚氯乙烯和聚苯乙烯等。

2. 添加剂

加入添加剂是为了改善塑料的性能，扩大其使用范围。它包括填料、增塑剂、稳定剂、固化剂和着色剂等。

填料主要起到强化作用，同时也能改善或提高塑料的某些性能，如加入云母、石棉粉及氧化硅可以增加塑料的电绝缘性、耐热性、硬度和耐磨性。增塑剂用于提高塑料的可塑性与柔软性。稳定剂可以提高塑料在光和热作用下的稳定性，以延缓老化。固化剂可以促使塑料在加工过程中硬化。着色剂可以使塑料制品的色彩美观。

二、塑料的分类

塑料的基础原料是由石油提炼出来的合成物，其种类很多，因添加的材料不同而不同。汽车常用塑料一般分为热塑性塑料、热固性塑料与弹性体塑料三种。

1. 热塑性塑料

热塑性塑料在成型前即处于高分子状态。加热时，材料会软化并熔化，可塑造成型，冷却后即成型并保持即得形状。而且，这个过程具有重复性，可反复多次加热。其特点是：加工成型方便，具有较好的力学性能。但它的耐热性、刚性较差，容易变形。

热塑性塑料数量较大，约占全部塑料的80%，汽车工业中常用的有聚乙烯（PE）、聚氯乙烯（PVC）、聚四氟乙烯（PTFE）、聚苯乙烯（PS）、聚丙烯（PP）、聚甲醛（POM）和聚甲基丙烯酸甲酯（PMMA）等，如表5-1-1所示。

表 5-1-1　汽车常用热塑性塑料特性与应用

塑料类型	缩写	特性	应用
聚丙烯	PP	较好的强度和化学耐腐蚀性	保险杠、车内饰板
聚乙烯	PE	耐老化和耐化学腐蚀	燃油箱、清洗液储液壶
聚氯乙烯	PVC	耐腐蚀	底部防腐层、车内饰板

热塑性塑料可以粘结或热整形，因此理论上可进行维修。但是实际上有些厂家不允许对任何热塑性塑料进行维修。例如，不允许维修由聚乙烯（PE）制成的塑料容器。但是由聚丙烯（PP）制成的保险杠和门槛饰板可以维修。另外，因热塑性塑料加热后容易熔化，理论上可进行焊接修理。

2. 热固性塑料

热固性塑料（thermosetting plastic）是把分子量1000以下的一次树脂加热熔化，浇入模具中加热，使一次树脂连接而成高分子树脂的成型品。即一次固化后成型，不再受热软化，不可反复塑制。它的特点是：耐热性好，受压不易变形，但力学性能差。

汽车常用的热固性塑料有环氧树脂（EP）、酚醛树脂（PE）、氨基树脂（UF）和片状模塑料（SMC）等。热固性塑料只能进行黏结修理，如表5-1-2所示。

表 5-1-2　汽车常用热固性塑料特性与应用

塑料类型	缩写	特性	应用
聚氨酯	PU	减振、弹性较好、导热性较弱	密封剂、能量吸收装置
环氧树脂	EP	耐热、强度高、耐腐蚀	点火线圈、印制电路板
聚酯树脂	UP	耐热、强度高、耐腐蚀	黏结剂
片状模塑料	SMC	耐热、强度高且尺寸稳定	行李舱盖、侧围

3. 弹性体塑料

弹性体塑料（elastomer plastics）是一种形状稳定，但具有弹性变形特性的塑料。它在使用过程中不允许维修，只能更换新件。

汽车常用的弹性体塑料有聚氨酯（PU）、硅（SI）和聚酯（PET），如表5-1-3所示。

表 5-1-3　汽车常用弹性体塑料特性与应用

塑料类型	缩写	特性	应用
聚氨酯	PU	减振、弹性较好、热导性差	座垫、车顶内衬
硅	SI	较好的弹性、耐热性	发动机舱盖板、安全带
聚酯	PET	抗拉强度、刚度较好	织物、安全带、安全气囊

三、塑料的特性

塑料具有优良的物理及化学性能，主要有以下几点：

1）质量轻。塑料的相对密度一般只有 1.0~2.0g/cm³，可以大幅度减轻汽车的重量，降低油耗。

2）化学稳定性好。一般的塑料对酸、碱、盐和有机溶剂都有良好的耐腐蚀性。

3）比强度高。比强度是指单位质量的强度。尽管塑料的强度要比金属低，但塑料密度小、质量轻，以等质量相比，其比强度要高。

4）电绝缘性好。大多数塑料有良好的电绝缘性，汽车电器零件广泛采用塑料作为绝缘体。

5）耐磨、减摩性好。大多数塑料的摩擦系数较小，耐磨性好，能在半干摩擦甚至无润滑的条件下良好地工作。

6）吸振性和消声性好。采用塑料轴承和塑料齿轮的机械，在高速运转时，可平稳地转动，大大减小噪声，降低振动。

7）力学性能较差。

8）耐热性和导热性较差。一般只能在100℃以下长期工作。

9）容易吸水，吸水后性能恶化。

10）易老化、易燃烧且温度变化时尺寸稳定性差等。

四、塑料在汽车中的应用

由于塑料具有诸多金属和其他材料所不具备的优良性能，因此在汽车上应用很广。常用于制作各种结构零件、耐磨减摩零件和隔热防振零件等。图5-1-1所示为目前使用于汽车上塑料的种类和使用部位。但依车型的不同，使用的部位也会不同，具体应参考各种车型的车身损伤修复手册。汽车常用塑料的种类及应用见表5-1-4。

表5-1-4　汽车常用塑料的种类及应用

代号	树脂名称	耐热温度/℃	使用部位
AAS	丙烯腈、丙烯酸橡胶、苯乙烯重合体	80	车外后视镜
ABS	丙烯腈、丁二烯、苯乙烯重合体	80	散热器隔栅
BMC	整体、造型、复合物	150	舱盖饰条

（续）

代号	树脂名称	耐热温度/℃	使用部位
PC	聚碳酸酯	160	前照灯
PMMA	聚甲基、丙烯聚甲酯（丙烯酸）	80	后组合灯
PP	聚丙烯	80	保险杠
PE	聚乙烯	80	翼子板内衬
PUR	热硬化性聚氨酯	80	保险杠
PVC	聚氯乙烯	80	仪表板
SMC	片状模塑料	180	挡泥板
TSOP（TPO）	丰田超级烯聚合物、热塑性弹性体	80	保险杠
TPU	氨基甲酸乙酯、热塑性弹性体	80	装饰条

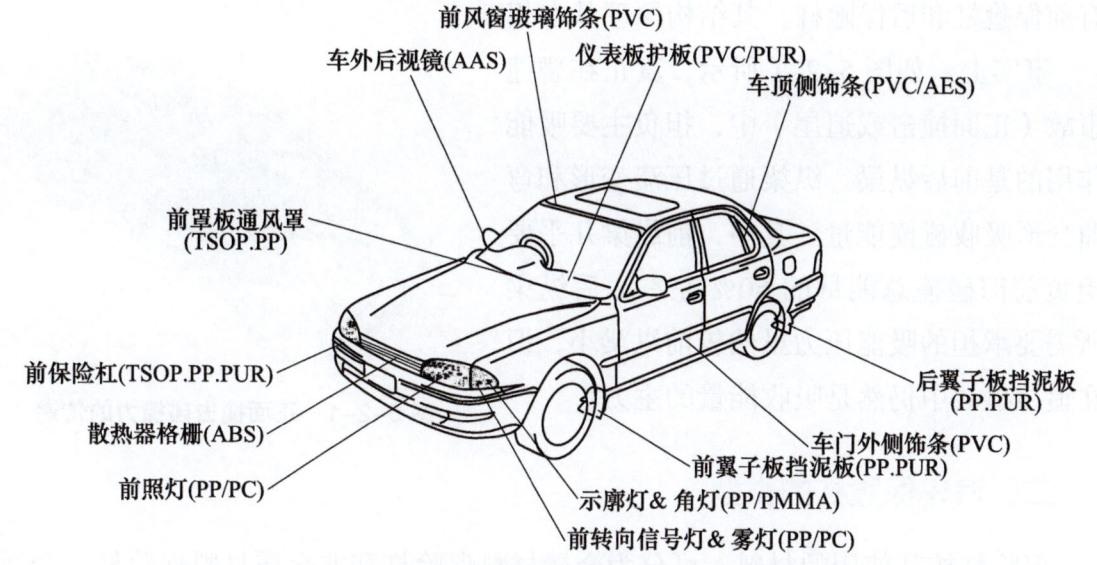

图 5-1-1　目前使用于汽车上塑料的种类和使用部位

学习任务二　车身塑料保险杠的更换

20世纪80年代以前，汽车前后保险杠是以金属材料为主。用厚度为3mm以上的钢板冲压成U形槽钢，表面作镀铬处理，与车架纵梁铆接或焊接在一起，与车身有一段较大的间隙，十分不美观。

随着汽车工业的发展和工程塑料在汽车工业的大量应用，汽车保险杠作为一种重要的安全装置也走向了革新的道路。目前，汽车前后保险杠除了保持原有的保护功能外，还要追求与车体造型的和谐统一，追求本身的轻量化。轿车的前后保险杠都是塑料制成的，称为塑料保险杠。

一、汽车保险杠的作用

保险杠（bumper）的主要作用是：当轿车前后端与其他物体相撞时，不仅能有效地保护车身，而且还有利于减轻被撞人和物的损伤程度。保险杠作为车身外部装饰，与散热器面罩相互配合，起到美化轿车外形的作用。同时，随着汽车向高速化发展，保险杠的形状、尺寸及安装位置等与车身造型的相互配合，是降低整体空气阻力，提高汽车空气动力学性能的重要因素。一般汽车保险杠有前保险杠和后保险杠，其结构原理基本相同

事实上，如图5-2-1所示，真正在碰撞事故（正面撞击或追尾）中，担负主要吸能作用的是前后纵梁，纵梁通过压溃变形和弯曲变形吸收碰撞能量。其中，前纵梁几乎要担负前部碰撞总能量的60%左右，后纵梁所需要承担的吸能压力虽然较前纵梁小，但在追尾事故中仍然是吸收能量的主力。

图 5-2-1　正面撞击碰撞力的传递

二、汽车保险杠的类型

保险杠按其使用的材料，可分为金属材料保险杠和非金属材料保险杠。金属材料保险杠一般用高强度钢板冲压而成。这种钢板既有较高的强度，又有良好的冲压性能。与一般热轧钢板相比，其厚度可以减薄，从而降低材料消耗和减小质量，一般用于客车和货车。非金属材料保险杠采用模压塑料板材及改性聚丙烯材料，也可用玻璃纤维增强塑料，这些材料的力学性能接近冷轧钢板，密度仅为钢材的1/5，此类非金属材料保险杠一般用于轿车。

保险杠按其使用功能，可分为非吸能式保险杠和吸能式保险杠。非吸能式是一种最简单的结构形式，在工业发达国家，塑料保险杠在轿车上的使用率急剧增加，这种保险杠主要起装饰作用，一般用于普通轿车上。而吸能式保险杠的

安全保险性能好，安全系数高，且与车身造型相协调，多用于高级轿车上。

综上所述，轿车上所用的保险杠分为三大类：一类是由金属材料制成的钢制保险杠，另一类是由塑料等非金属材料制成的整体成型树脂型保险杠，最后一类是安全系数较高的吸能式保险杠。

三、汽车保险杠的结构组成

1. 普通钢制保险杠

普通钢制保险杠（steel bumper）也称为刚性保险杠，常以厚度为2mm的钢板冲压成形，表面进行镀铬处理，如图5-2-2所示。保险杠通过螺栓安装在车身保险杠支架上，如图5-2-3所示。考虑到安全和美观，也有将保险杠的两端埋入车身侧围的。这类保险杠多用于载货汽车、客车和皮卡。

有的轿车在保险杠上贴上橡胶保护带，如图5-2-4所示，也有在保险杠前端设置超控器（防撞块）和护板保护带的。普通钢制保险杠的结构比较简单，但在局部碰撞时会影响到整个车身。

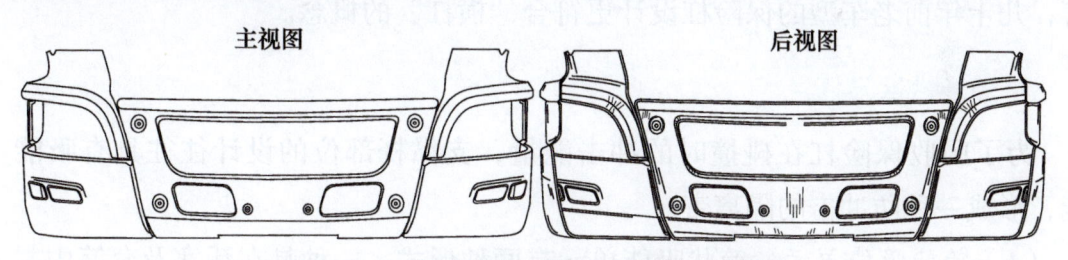

图5-2-2 普通钢制保险杠主视图、后视图

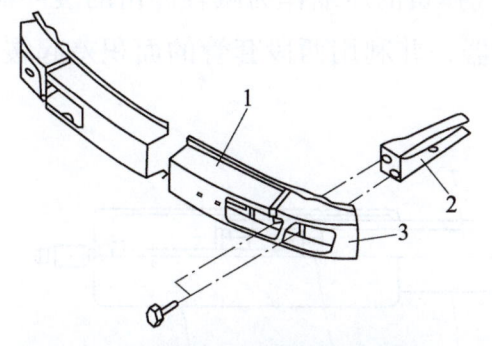

图5-2-3 普通钢制保险杠安装图
1—钢制保险杠 2—连接支架 3—侧罩

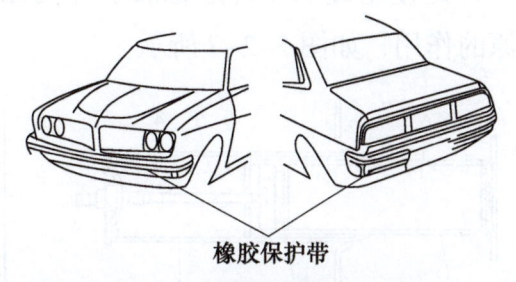

图5-2-4 表面贴上橡胶保护带

2. 低能量吸收型保险杠

低能量吸收型保险杠（low-energy absorbing bumper）是在钢制加强板的外

面以树脂材料制成的面罩（壳体外皮）。撞击时，由面罩和加强板的变形来吸收能量。面罩材料大多以聚丙烯（PP）为主，还有改性增强尼龙玻璃钢等，如图 5-2-5 所示。图 5-2-6 所示为制有加强板的面罩结构。

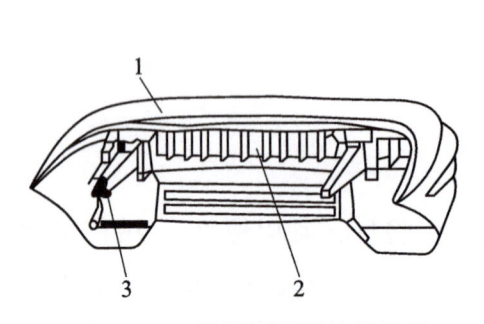

图 5-2-5　带树脂面罩的低能量吸收型保险杠

1—面罩　2—加强板　3—连接支架

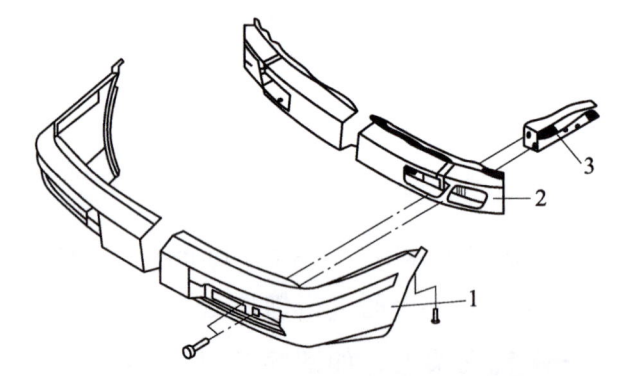

图 5-2-6　制有加强板的保险杠面罩

1—保险杠外皮　2—加强板　3—支架

近年来，由于造型设计的发展，以及行人保护的需要，大多数轿车的前保险杠采用保险杠与散热器面罩（也称为散热器格栅或中网）一体式设计。相比而言，几十年前老车型的保险杠设计更符合"横杠"的概念。

3. 吸能性保险杠

为了吸收保险杠在碰撞时的冲击能量，支撑杆部位的设计往往具有吸能功能，形成一种防冲击的隔离带。

（1）筒状吸能单元　筒状吸能单元有两种形式：一种是在活塞及套筒中封入油和空气，利用油的阻尼吸收冲击，以空气弹簧的压缩作为减轻冲击的缓冲器；另一种是使用硅油（硅酮橡胶）作为阻尼器，并利用两段套管的面积差起缓冲复原的作用，如图 5-2-7 所示。

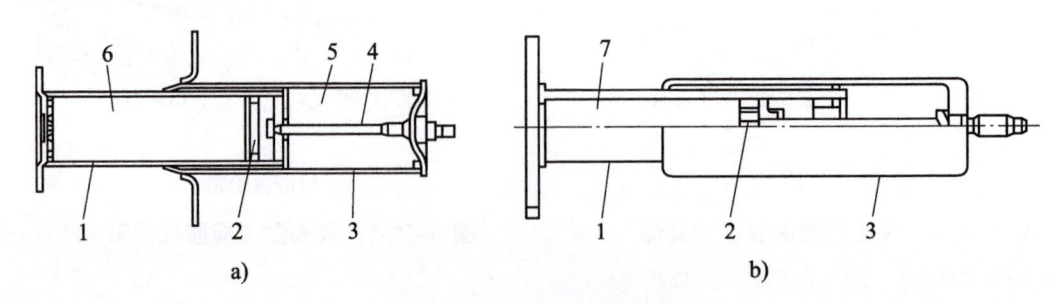

图 5-2-7　筒状吸能单元

a）流体减振器　b）硅酮橡胶减振器

1—活塞外壳　2—活塞　3—气缸外壳　4—调节阀轴　5—机油　6—气体　7—硅酮橡胶

（2）直接吸收式保险杠　在靠车身一侧，是强度比较高的钢制保险杠加强板，将合成泡沫塑料或发泡橡胶等吸收冲击能量好的材料填充于加强板与面罩之间，构成具有一定能量吸收功能的保险杠。当汽车受到轻度冲击时，靠填充材料受冲击压迫后的瞬间变形直接吸收能量，如图5-2-8所示。

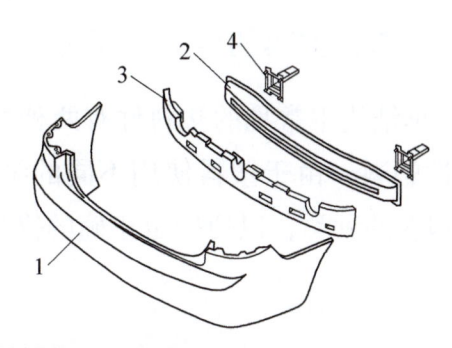

图 5-2-8　带泡沫缓冲垫的前、后保险杠
1—塑料保险杠壳体　2—防撞梁　3—泡沫缓冲垫　4—吸能支架

另外，在树脂型保险杠内侧设置若干纵横向加强筋，在承受冲击时，这些筋肋压缩，也可吸收能量。

加强板也称为保险杠加强横梁，可以将任何形式的偏置和正面碰撞产生的能量尽可能均匀地分布到两个纵梁。当汽车与其他车辆或障碍物发生低速碰撞时，如常见的停车场碰撞、市区路况频繁发生的低速追尾事件等，前保险杠加强横梁对保护翼子板、散热器、发动机罩和灯具等部件也可起到一定的保护作用，如图5-2-9所示。

图 5-2-9　前保险杠加强横梁

4. 整体成型树脂型保险杠

现代汽车中主要采用的是与车身造型一体化的树脂型保险杠（integral bumper），保险杠材料使用聚丙烯树脂，质量轻，容易注射成型，所以应用广泛。

学习任务三　车身塑料件的修复

一、车身塑料的种类与鉴别

汽车结构中常见的塑料件有两种类型的塑料：一种是热塑性塑料，另一种是热固性塑料。由于塑料使用不同的维修方式，所以，在维修塑料件时，要准确识别塑料的种类，以便确定正确的修理方法。

1. 编号识别法

识别塑料件背面的国际标准符号和 IOS 码，或者利用汽车维修手册查询。有的生产商编写的汽车维修手册上标注了每个塑料部件的种类，但也有部分生产商只给出该车应用塑料的类型，如图 5-3-1 所示。

2. 外观鉴别法

一般热塑性塑料有结晶和无定形两类。结晶性塑料外观呈半透明、乳浊状或不透明，只有在薄膜状态呈透明状，硬度从柔软到角质。无定形一般为无色，在不加添加剂时为全透明。热固性塑料通常含有填料，且不透明，如不含填料时为透明。弹性体具橡胶状手感，有一定的拉伸率。

图 5-3-1　塑料件背面的标记

3. 加热鉴别法

根据对塑料件进行加热后的现象判断塑料的种类。热塑性塑料加热时软化，易熔融，且熔融时变得透明，常能从熔体拉出丝来，通常易于热合。热固性塑料加热至材料化学分解前，保持其原有硬度不软化，尺寸较稳定，至分解温度炭化。弹性体加热时，直到化学分解温度前，不发生流动，至分解温度材料分解炭化，如图 5-3-2 所示。

图 5-3-2　塑料加热鉴别法

4. 粘结测试法

进行焊条黏附测试或用试凑法在零部件的隐蔽部位或损坏部位进行焊接测试。试用不同的焊条，直到发现一种焊条能够粘结在塑料件上，也就确定了塑料的基本材料。

5. 挠性测试法

用手弯曲塑料件，与塑料件样本的挠性进行比较，然后确定最符合基本材料特性的塑料种类。一般热固性塑料在弯折后不能完全恢复形状，而热塑性塑料弹性好，较容易恢复形状。

二、车身塑料件的维修原则

汽车实际维修过程中，虽然可以对大量损坏的塑料部件进行维修，但通常应更换这些部件。做出这项决定的原因是，所用维修方法和每次维修的成本核算常常不可预见。但是，无论对于事故车辆维修还是二手车修复来说，塑料部件维修都是成本较低的备选方案。塑料部件的损坏通常分为三种类型：轻度损坏、中度损坏和严重损坏。

轻度和中度损坏通常仅指表面损伤，鉴定损伤情况时通常无须拆卸部件。严重损坏时，大多数情况下不仅部件表面损坏，位于其后的变形元件也可能已损坏。确定整个损伤范围时需要拆卸相关部件。严重变形或变形元件损坏时，建议不要进行维修，此时应更换部件。就是说，只有造成轻度和中度损坏时才能维修塑料部件。其中包括车身面板刮痕、裂缝及穿孔，但位于其后的结构部件未损坏。

对待"更换或维修"，同时要考虑维修成本与维修时间。不包括喷漆的维修费用不超过新部件成本的 50% 时，可以进行维修（无法提供或短期内无法提供新部件时例外）。

维修成本的核算公式：

$$\frac{1}{2}N > R \times L + M$$

式中　N——一个新部件的成本；

　　　R——维修所用时间；

　　　L——小时工资，用于维修时的计算；

　　　M——维修使用材料的成本。

三、车身塑料件损伤常用的修理方法

1. 热塑成型

这种方法仅适用于热塑性塑料，适于维修凹痕。裂缝、穿孔或刮痕无法用这种方法进行维修。由于这种方法迅速简单、干净且成本低廉，因此经常采用。

使用这种方法时，通过加热使塑料软化，然后将有凹痕的塑料件通过按压等方法恢复原状，如图 5-3-3 所示。

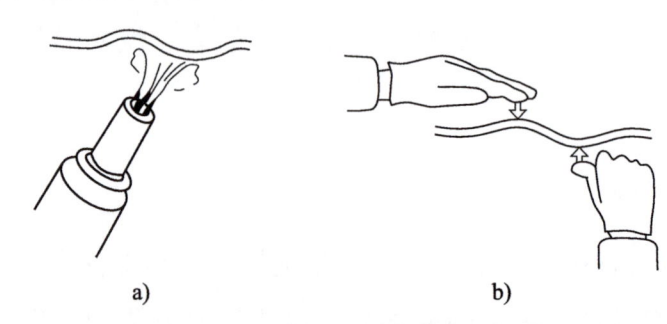

图 5-3-3 通过加热来维修塑料件
a）加热 b）校正

2. 粘结修复

粘结修复（bonding repair）最适于作为维修解决方案。带有底漆的黏结剂适用于所有塑料部件，因此无须识别塑料种类。粘结修复也适用于修理穿孔、刮痕和裂缝。这种维修解决方案因强度较高而很受欢迎，且具有很好的喷漆附着性。

进行塑料件粘结维修时，需使用塑料件维修套件，如图 5-3-4 所示。塑料件维修套件包括塑料黏结剂、塑料底漆、清洁剂和稀释剂、涂敷枪、网状加强织物和加固条。此外，维修塑料部件时还需要一个红外线灯，借助这个红外线灯将维修部位加热 15min，以便为后继处理（喷漆）做好准备。

黏结剂　　塑料底漆　　清洁剂　　涂敷枪　　网状加强织物

图 5-3-4 塑料件维修套件

（1）塑料黏结剂　塑料黏结剂以双组分聚氨酯为基础制成。它的优点是适用于车辆上的所有塑料类型。因此无须浪费时间识别塑料类型。这种黏结剂具有很好的研磨特性，能够附着在所有车漆上。

（2）塑料底漆　塑料底漆以合成树脂为基础制成。它适用于车辆上的所有塑料和车漆类型。底漆的风干时间非常短，大约为10min。通过喷嘴进行操作可达到最佳处理结果。底漆为填料和面漆提供了附着基础。

（3）清洁剂和稀释剂　清洁剂和稀释剂的风干时间非常短，而且具有突出的清洁作用。

（4）涂敷枪　涂敷枪用于涂敷塑料黏结剂。

（5）网状加强织物　网状加强织物用于维修穿孔和裂缝，可加固维修部位。除网状加强织物外，在裂缝端部还使用加固条，这样可以更好地固定维修部位，并提高所维修塑料部件的扭转刚度。

3. 焊接修复

塑料部件焊接问题较大，并非所有类型的塑料都能进行焊接。因此需要识别塑料种类，但不一定都能识别出来。此外，穿孔维修难度也很大，因此很少采用这种方法。

塑料焊接主是采用热空气焊接法。焊接时一般都用热空气焊炬（热风枪、热空气焊炬）。采用一个陶瓷或不锈钢电热元件来产生热风，热风的温度为230～340℃。热风通过喷嘴吹到焊件及焊条上，加热塑料接缝，使其软化，同时将加热的塑料焊条压入接缝即可。在焊接过程中塑料的焊接收缩量较金属略大，所以在焊接下料时应多留焊接余量。

热空气塑料焊接焊炬配有不同种类的焊嘴，其应用范围不同，如图5-3-5所示。定位焊焊嘴用于断裂板件的定位焊，这种焊接在必要情况下可以轻松取出，

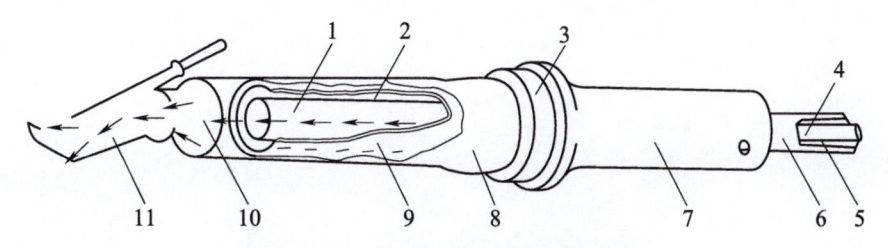

图5-3-5　典型的热空气塑料焊炬

1—加热元件　2—加热腔　3—固定螺母　4—电源　5—压缩空气或惰性气体　6—空气管
7—把手　8—外套管　9—内套管　10—热空气　11—焊嘴

以便重新定位；圆形焊嘴用于充填小的孔眼或形成短焊缝，以及用于难以靠近部位的焊接和尖角部位的焊接；快速焊焊嘴用于直而长接缝的焊接，这种焊嘴可以夹持焊条，可以对焊条预热，并将焊条放入焊道，因而可进行快速焊接。

四、车身塑料件修理中的注意事项

1）仔细阅读所有的标签说明和警告。

2）切割、打磨或研磨塑料件时，最好使用吸尘式打磨装置并佩戴呼吸器、防护眼镜和橡胶手套，避免吸入打磨粉尘和树脂蒸气。

3）用玻璃纤维树脂或硬化剂修理时，要戴上橡胶手套和呼吸器，避免与皮肤接触。

4）打磨时穿戴好工作服，防止粉尘粘到皮肤上。

5）如果树脂或硬化剂接触到皮肤，用硼砂皂和热水或酒精进行清洗。

6）进行修理操作时始终佩戴防护镜。

7）修理工作区域必须保持通风良好。

模块六 车身板件连接技术

学习目标

1）熟悉车身传统焊接的方法、特点与工作原理。
2）能够正确描述 CO_2 气体保护焊的原理、特点及应用。
3）正确掌握 CO_2 气体保护焊设备和工具的构成及作用。
4）能规范地对 CO_2 气体保护焊进行参数调整。
5）正确掌握 CO_2 气体保护焊的基本焊接方法。
6）熟悉车身板件其他连接方式的种类及特点。
7）能够正确描述螺纹连接、铆接和粘接的基本原理及特点。

▶ 车身板件连接技术

学习任务一 车身传统焊接技术

车身的焊接在汽车钣金修理中应用广泛,即通过适当的手段,使两个分离的金属物体结合并连接成一体的连接方法。它们是汽车车身维修的前提条件,维持着汽车的安全性能和使用性能,使车身具有较高的强度和华丽的外表,提高了汽车的安全性,保证了汽车的正常行驶。

焊接不仅应用于各种钢材的连接,而且还可以解决铝、铜等有色金属及钛、锆等特种金属材料的连接,因而在机械制造、汽车制造、航天技术、电子技术及建筑等部门广泛应用。

一、常用焊接工艺的分类

1. 压焊

焊接过程中,必须对焊件施加压力(加热或不加热),这种焊接的方法称为压焊(pressure welding)。常用的压焊方法有电阻点焊(凸焊、点焊、缝焊)、摩擦焊和扩散焊等。电阻点焊是车身上应用较多的焊接方法,如图6-1-1所示。

2. 熔焊

焊接过程中,将焊件接头加热至熔化状态,不加压力完成焊接。

1)气焊:利用可燃气体与氧气混合燃烧的火焰所产生的高热熔化焊件和焊丝而进行金属连接的一种焊接方法。

2)电弧焊:利用电弧放电时产生的热量(5000℃)熔化焊条和焊件,从而获得牢固接头的焊接过程。按照电极是否熔化,分为熔化极电弧焊和非熔化极电弧焊。

3. 钎焊

焊接过程中,采用比母材熔点低的金属材料作钎料,将焊件和钎料加热到高于钎料熔点且低于母材熔点的温度,利用液态钎料润湿母材,填充接头间隙并与母材相互扩散,从而实现连接焊件。

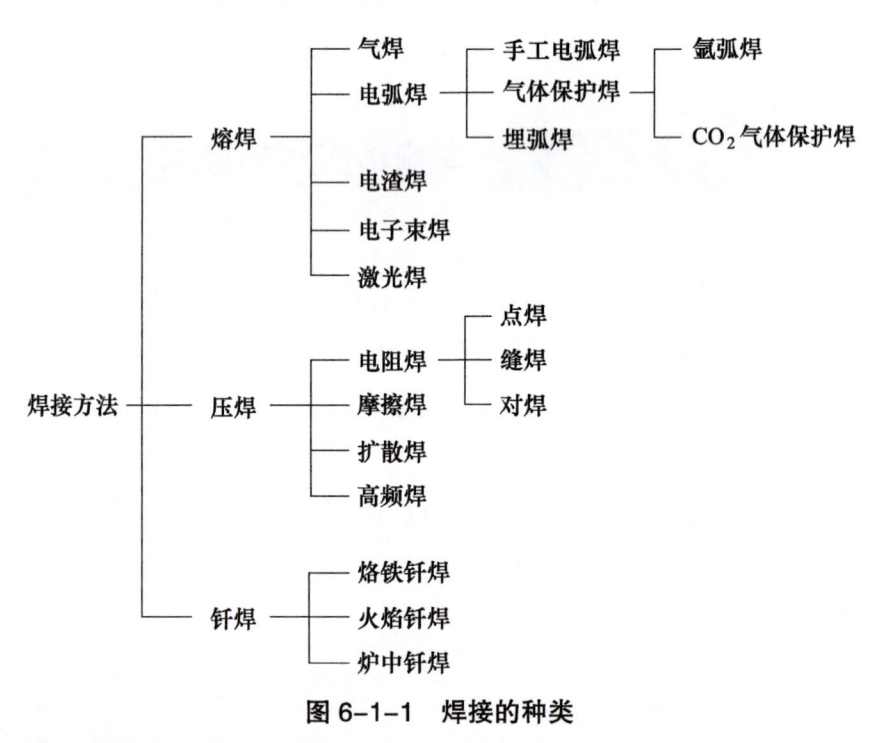

```
焊接方法 ─┬─ 熔焊 ─┬─ 气焊
         │        ├─ 电弧焊 ─┬─ 手工电弧焊
         │        │         ├─ 气体保护焊 ─┬─ 氩弧焊
         │        │         │              └─ CO₂气体保护焊
         │        │         └─ 埋弧焊
         │        ├─ 电渣焊
         │        ├─ 电子束焊
         │        └─ 激光焊
         ├─ 压焊 ─┬─ 电阻焊 ─┬─ 点焊
         │        │         ├─ 缝焊
         │        │         └─ 对焊
         │        ├─ 摩擦焊
         │        ├─ 扩散焊
         │        └─ 高频焊
         └─ 钎焊 ─┬─ 烙铁钎焊
                  ├─ 火焰钎焊
                  └─ 炉中钎焊
```

图6-1-1 焊接的种类

二、氧乙炔焊

氧乙炔焊(oxyacetylene)属于熔焊的一种,它利用可燃气体(乙炔)和助燃气体(氧气),在焊炬的混合室内混合,喷出并点燃后,通过发生剧烈的氧化燃烧（约3000℃）来熔化焊件金属和焊丝，并使它们熔合的一种焊接方法，因此也有气焊之称。

氧乙炔焊炬的热量不容易集中，并且由于焊接的过程中，加热的面积较大及金属热传导等原因，不仅会使构件发生较大的变形，而且会改变原有金属材料的性质，使材料力学性能劣化而影响焊接件的寿命。氧乙炔焊具有加热均匀、设备简单和操作方便等优点。但氧乙炔焊同样具有加热面积大、热影响区宽和焊后构件变形大等缺点。因此，在现代汽车车身维修中用得较少。

氧乙炔焊接设备主要有气瓶、焊炬、减压器、回火防止器和橡胶软管等，如图6-1-2所示。

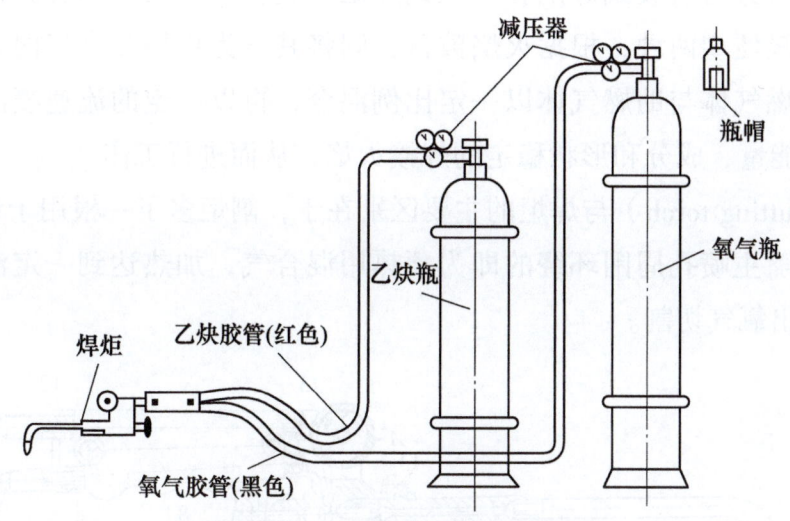

图6-1-2　氧乙炔焊接设备的组成

1. 气瓶

乙炔瓶和氧气瓶是用来分装气体的容器，二者在结构、尺寸、外形和颜色等许多方面都有区别。

一般气瓶（gas cylinder）包括氧气瓶和乙炔瓶。氧气瓶是用于储存氧气的一种高压容器，瓶身为天蓝色，容积一般为40L。氧气瓶应避免阳光直射和剧烈振动，应直立放置，严禁沾染油脂，在瓶内氧气仅余0.1~0.15MPa的压力时应立即更换。

乙炔瓶和氧气瓶相比有些区别。乙炔瓶瓶身为白色且瓶径较粗，用较薄的钢板焊接而成。因为乙炔不能直接以高压冲入钢瓶内，故瓶内充以多孔材料，如石棉和活性炭等。将液态丙酮渗透这些材料，利用乙炔能溶解于丙酮的特性，类似吸水纸那样,通过丙酮吸收并大量液化乙炔。在瓶内乙炔仅余 0.05~0.1MPa 的压力时即应更换。

乙炔瓶工作压力为 147MPa,使用时应避免振动、高温和 10m 以内的明火等。放置时瓶体应直立,否则会因丙酮溢出而发生火灾甚至爆炸事故。

2. 焊炬

焊炬(俗称焊枪)(welding torch)是气焊的主要工具,如图 6-1-3 所示。由乙炔气瓶和氧气瓶分别输出气体,通过焊炬按适当比例混合,并以一定流速喷射,才能在焊嘴出口形成足够焊接要求的稳定火焰。根据可燃气与氧气的混合方式,焊炬可分为射吸式焊炬和等压式焊炬两类;根据尺寸和质量,焊炬可分为标准型和轻便型两种;根据火焰数目,则将其分为单焰和多焰两类。焊炬的作用是使可燃气体与助燃气体以一定比例混合,再以一定的流速喷出,并燃烧而生成一定能量、成分和形状稳定的焊接火焰,从而进行工作。

割炬(cutting torch)与焊炬的主要区别在于,割炬多了一根用于切割的氧气通道。切割嘴主喷孔周围环绕的即为预热用混合气,加热达到一定温度时,再用主喷口送出氧气切割。

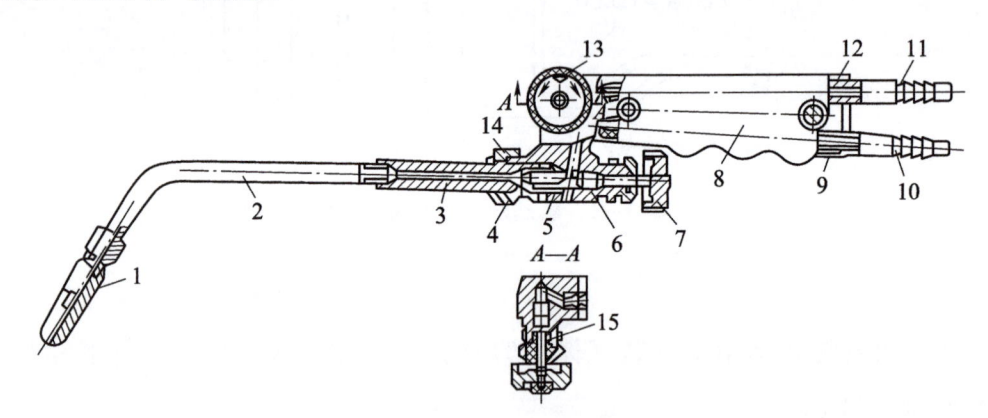

图 6-1-3 焊炬构造图

1—焊嘴 2—混合气管 3—射吸管 4—喷嘴 5、15—乙炔阀针 6—主体 7—氧气调节阀 8—手柄 9—氧气进气管 10—氧气接头 11—乙炔接头 12—乙炔进气管 13—乙炔调节阀 14—喷射管螺母

低压(射吸式)焊炬的工作原理是:由于氧气的压力较高,而乙炔的压力较低,当氧气通过喷射管从喷嘴喷出时,利用高压氧的射吸作用,吸出在喷嘴周围的低压乙炔并按一定比例混合,以一定的流速经混合气体通道从焊嘴喷出,如图 6-1-4 所示。低压焊炬工作压力在 0.001MPa 以上即可使用,其通用性强,在低压、中压情况下,乙炔都可使用。

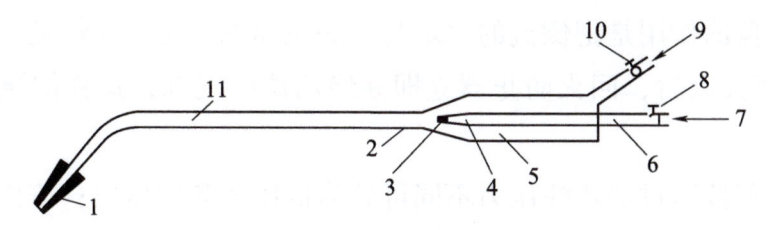

图 6-1-4　低压焊炬的工作原理图

1—焊嘴　2—射吸管　3—喷嘴　4—喷射管　5—乙炔通道　6—氧气通道　7—氧气　8—氧气调节阀
9—乙炔　10—乙炔调节阀　11—混合气体通道

3. 减压器

减压器（decompressor）又称为压力调节器或气压表，它的作用是将储存在气瓶内的高压气体减压到所需的压力并保持稳定。如氧气瓶内氧气的工作压力在 0.1～0.4MPa 范围内，乙炔瓶内乙炔的工作压力应不大于 0.15MPa。

减压器的工作原理是：气体经入口进入高压室，当高压室内的气体经活门与活门座间的缝隙流入装有弹性薄膜的低压气室时，由于其体积的膨胀而使压力降低，如图 6-1-5 所示。

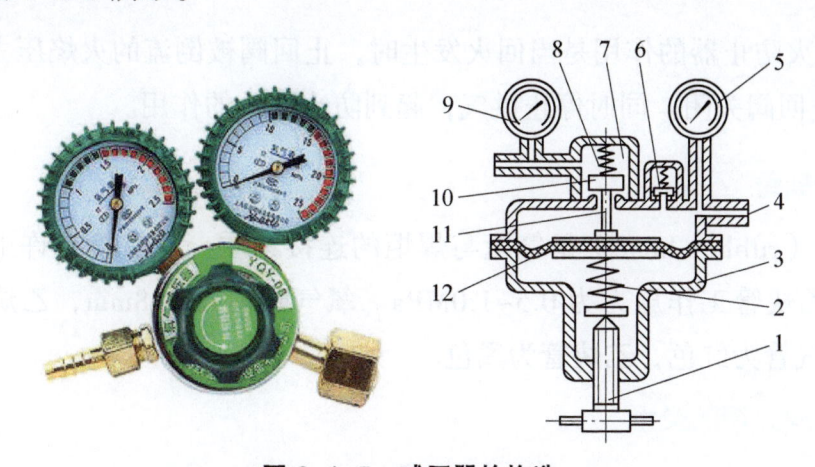

图 6-1-5　减压器的构造

1—调节螺栓　2—调压主弹簧　3—壳体　4—低压出口　5—低压表　6—减压器安全阀　7—高压气室
8—调压副弹簧　9—高压表　10—阀门　11—推杆　12—减压膜片

4. 回火防止器

在气焊过程中，有时会发生混合气体火焰倒流的现象，这种现象称为回火。产生回火的主要原因是混合气体从焊炬的喷射孔喷出的速度小于混合气体的燃烧速度。为了防止火焰倒流燃烧而引起乙炔瓶爆炸事故，必须在乙炔软管与乙炔瓶之间安装回火防止器（backfire preventer）。

回火防止器的作用是把倒流的火焰与乙炔瓶隔绝，防止火焰进入乙炔瓶。同时，当发生回火以后，回火防止器立即断绝乙炔的气源，这样倒流的火焰就能自行熄灭。

回火防止器按通过的乙炔压力不同可分为低压式和中压式；按作用原理不同可分为水封式和干式（见图6-1-6）；按构造不同可分为开式和闭式；按装置部位不同又可分为集中式和岗位式。

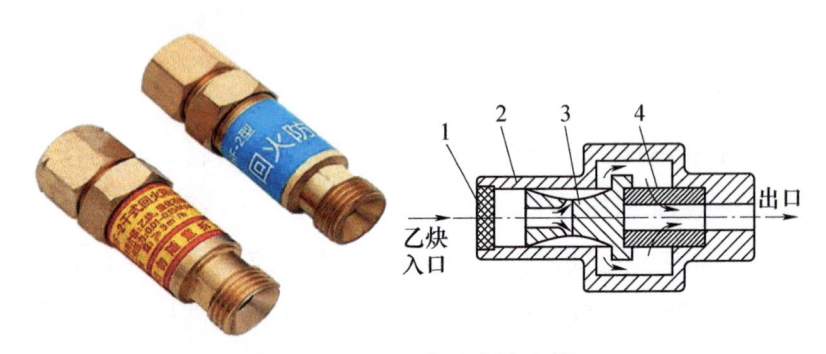

图6-1-6　干式回火防止器

1—过滤网　2—壳体　3—滑阀　4—粉末冶金过滤网

干式回火防止器的作用是当回火发生时，止回阀被倒流的火焰压力推动到阀座上，使止回阀关闭。同时停止供气，起到防止回火的作用。

5. 橡胶软管

橡胶管（rubber hose）是气瓶与焊炬的连接物质。氧气管允许工作压力为1.0MPa，乙炔管工作压力为0.5~1.0MPa。氧气管内径为8mm，乙炔管内径为10mm。氧气管为红色，乙炔管为黑色。

6. 氧乙炔火焰的类型

（1）中性焰（标准火）（neutral flame）　氧、乙炔比例为1:1（按体积计算），焰心呈尖锥形，白色而明亮，轮廓清楚。焰心温度较低，一般为800~1200℃；内焰呈蓝白色，内焰处在焰心前2~4mm部位，燃烧最剧烈，温度较高，可达3000~3200℃，这个区域最适合焊接。

中性焰在燃烧时生成的一氧化碳及氢气，能与金属中的氧作用，使熔池中的氧化铁还原，焊缝质量比较优良，如图6-1-7所示。

（2）碳化焰（还原焰）（carbonizing flame）　碳化焰的氧气少于乙炔的含量，焰心较长，呈蓝白色。内焰呈淡蓝色，它的长度与碳化焰内乙炔的含量有

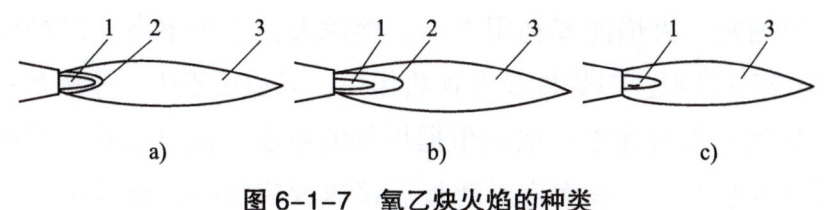

图 6-1-7 氧乙炔火焰的种类
a）中性焰　b）碳化焰　c）氧化焰
1—焰心　2—内焰　3—外焰

关。外焰带有橘红色。碳化焰3层火焰之间没有明显轮廓。碳化焰的最高温度为2700~3000℃。

（3）氧化焰（oxidizing flame）　氧气多于乙炔的含量，整个火焰具有氧化性，焰心短而尖，内焰很短，几乎看不到。外焰呈蓝色，火焰挺直，燃烧时发出急剧的"嘶嘶"声。氧化焰的最高温度可达3100~3400℃。

过多的氧气和铁发生反应生成氧化铁，使钢的性质变坏、脆化，熔池的沸腾现象也比较严重。一般材料的焊接，绝不能采用氧化焰。但可用于焊接黄铜和锡青铜。气割时，通常使用氧化焰。

7. 气焊工艺参数的选择

1）焊丝直径：焊丝直径要根据焊件的厚度及焊缝在空间的位置来确定。如果焊丝直径偏细，则容易造成焊件还未熔化而焊丝却已熔化下滴的现象，容易引起熔合不良及焊丝落点不准或焊波高低不平。如果焊丝直径偏粗，又容易造成由于焊件加热时间过长，从而引起热影响区偏宽及焊波粗糙而降低焊缝质量。

2）火焰能率：火焰能率是指在单位时间内所获得的热量。火焰能率取决于焊炬型号和焊嘴号码。厚度大、熔点高和导热性好的焊件选择的火焰能率较大。焊接小件、薄件或是立焊、仰焊等，火焰能率较小。

3）焊炬的倾角：焊炬的倾角是指焊嘴的中心线与焊件平面的倾斜角度。其角度的大小由焊件的厚度和焊件的热物理性能来决定。在焊接厚度大、熔点高和导热性好的焊件时，焊嘴的倾角要大些；相反，焊接厚度小、熔点低和导热性差的焊件时，焊嘴的倾角要小些。

4）焊接方向可分为左焊法和右焊法：左焊法是由焊缝的右端向左边方向施焊。用这种方法使两侧的母材都均匀熔融，能获得高度和宽度均匀的焊缝。操作简单、容易掌握，适用于薄板或低熔点工件的焊接，如图6-1-8所示。

右焊法是由焊缝的左端向右边方向施焊。用这种方法可使焊缝缓慢冷却，形成的焊缝组织细密，火焰能率利用率高，熔深大，生产率高。但操作技术难度较大，一般不容易掌握。对焊件没有预热作用，只适用于中、厚板焊接。

5）焊接速度：焊接速度一般应根据焊件的厚度、坡口尺寸、材料性能及技能熟练程度自行掌握。一般而言对薄板焊接速度应快些，而对中、厚板应适当放慢焊接速度。

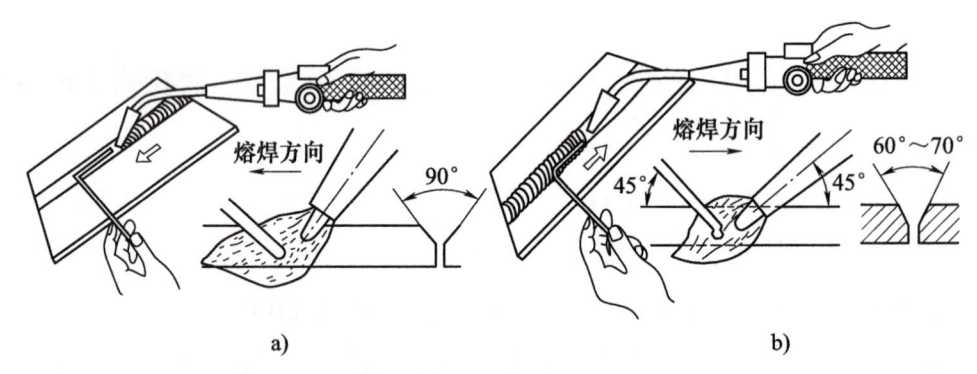

图 6-1-8 焊接操作方法
a）左焊法　b）右焊法

三、焊条电弧焊

焊条电弧焊（arc welding）是用手工操作焊条进行焊接的电弧焊方法。焊条电弧焊利用焊机提供的焊接电流在焊条与板件之间产生的电弧的热量，使焊条金属与母材熔化形成焊缝，如图 6-1-9 所示。

焊接时，被焊金属为一电极，焊条为另一电极，被焊金属称为板件或母材。焊接时因电弧的高温和吹力作用使板件局部熔化，在被焊金属上形成一个椭圆形充满液体金属的凹坑，这个凹坑称为熔池。随着焊条的移动，

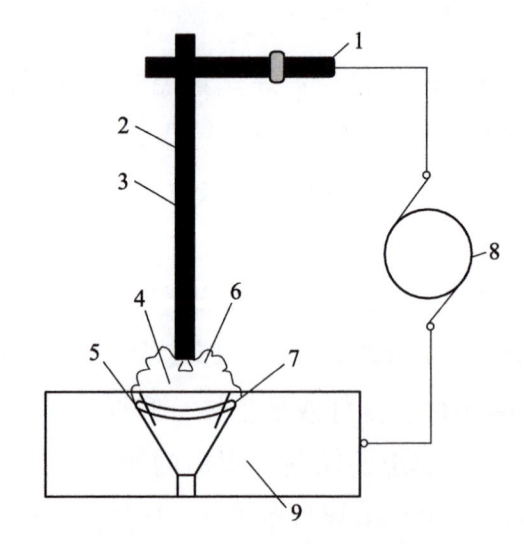

图 6-1-9 焊条电弧焊原理
1—焊钳　2—焊条　3—药皮　4—电弧　5—焊缝金属
6—起保护作用的气体　7—熔池　8—电焊机　9—焊件

熔池冷却凝固后形成焊缝。焊缝表面覆盖的主要是由熔化的焊条药皮形成的黑色渣壳，称为熔渣。焊条熔化末端到熔池表面的距离称为电弧长度。从板件表面至熔池底部的距离称为熔透深度，如图 6-1-10 所示。

图 6-1-10　焊条溶化和焊缝形成的过程

1—药皮　2—焊丝　3—保护气　4—渣壳　5—焊缝

1. 焊接电弧

1）焊接电弧（welding arc）：焊接电弧是由焊接电源供给的，在电极与板件间气体介质中产生的强烈而持久的放电现象。焊接电弧温度高达 5730~7730℃，能有效地将电能转变为热能、光能和机械能，从而熔化金属并进行焊接。

2）焊接电弧的产生过程：在焊接时，通常先将焊条的末端与板件表面相接触，然后很快地将焊条拉开，使之保持 3~4mm 的间隙，则电弧就在这个间隙中引燃了。

焊接电弧在焊条与板件之间维持稳定燃烧的条件有两个：一是焊机保持正常工作状态，即持续向焊条和板件供电；二是焊条熔化末端与板件间保持合适的距离，即电弧长度不能太短或者太长。

2. 焊条

1）焊条（welding rod）：焊条是指涂有药皮的供焊条电弧焊用的熔化电极。焊条电弧焊的焊条既作为电极，又在熔化后作为填充金属进入熔池，与母材金属熔合形成焊缝金属。焊条的药皮熔化后成为熔渣，起着隔离、清除和保护作用。所以，焊条不但影响电弧的稳定性，还直接影响焊缝金属的化学成分和力学性能，如图 6-1-11 所示。

2）焊条由焊芯和药皮组成。被药皮包裹着的金属称为焊芯，它是通过特殊冶炼而成的钢丝。

药皮指压涂在焊芯上的涂层。药皮通常是由各种矿石粉、铁合金粉和有机物、化工产品等混合而成的。

图 6-1-11　焊条与焊条燃烧

3）焊条的规格：焊条以焊芯的直径为公称直径，根据焊芯材质和直径决定焊条的长度。

3. 焊接引弧

引弧（arc striking）是规范地进行焊条电弧焊操作前的基本技能。尤其在定位焊中，使用引弧更为频繁，如图 6-1-12 所示。

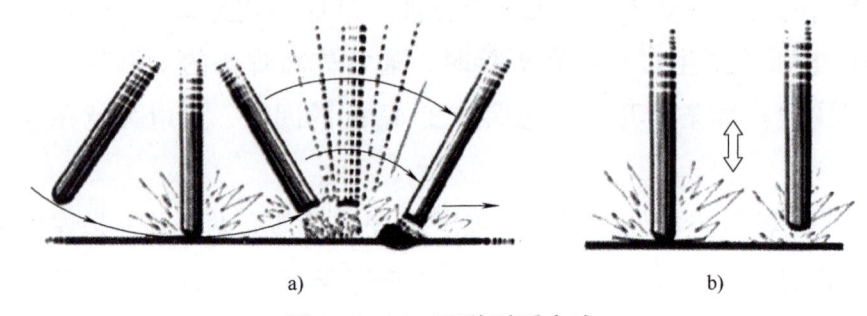

图 6-1-12　两种引弧方法
a）划擦法　b）直击法

1）划擦法引弧：划擦法是将焊条端部在焊件表面轻轻擦过，产生电弧后，迅速提起并控制焊条与板件距离，从而进行操作。

划擦法引弧比较容易掌握，但容易损坏焊件表面。在对焊件表面要求严格的情况下，不宜采用划擦法引弧。

2）直击法引弧：直击法是将焊条垂直于焊缝，用焊条端部直接敲击焊缝位置，产生电弧后，迅速提起并控制焊条与板件距离，从而进行操作。

直击法引弧的敲击力、落点和提起焊条的速度较难控制。因此，这种引弧法较难掌握，容易出现焊条粘结在焊件上的现象。此时，可迅速摆动焊钳，使焊条脱离焊件，待焊条冷却后将焊条扳下。

直击法引弧容易使焊条端部的药皮脱落，失去保护而使焊点产生气孔，故采用时要加以注意。

实际操作中，可能导致电弧不引燃的原因有：电焊机无电流输出，焊件表面不清洁、有污物；焊钳与焊条、地线与焊件或导线接头等处接触不良，致使导电回路不通。

4. 焊接运条

实际焊接过程中，根据焊件厚度、焊缝位置、接头形式及焊接电流大小等，应采用不同的运条方式，如图 6-1-13 所示。

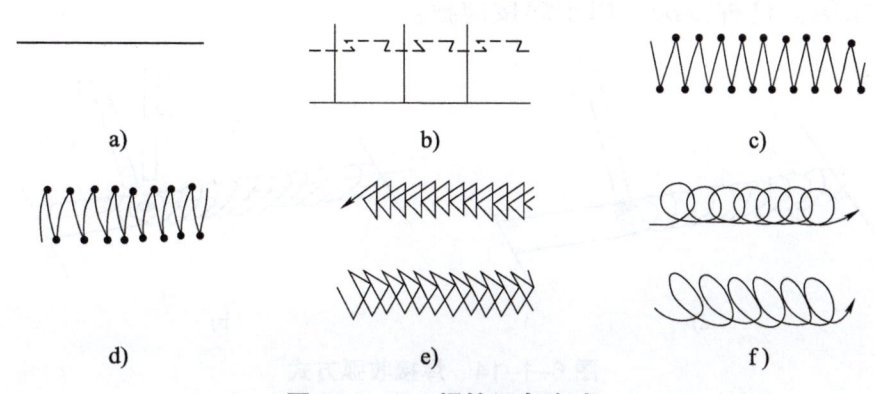

图 6-1-13 焊接运条方式

a）直线形运条法　b）直线往复运条法　c）锯齿形运条法
d）月牙形运条法　e）三角形运条法　f）环形运条法

1）直线形运条法：焊条只做直线运动的方式，适用于板厚为 3~5mm 且不开坡口对接平焊、多层焊的第一层和多层多道焊。

2）直线往复运条法：焊条末端沿焊缝纵向做来回直线摆动，适用于薄板和接头间隙较大的焊缝。

3）锯齿形运条法：焊条末端做锯齿形连续摆动的前移运动，并在两边转折点处稍停片刻，适用于较厚钢板的全位置焊接。

4）月牙形运条法：焊条末端做月牙形左右连续摆动的前移运动，并在两边转折点处稍停片刻，适用于较厚钢板的全位置焊接。

5）三角形运条法：焊条末端做连续的三角形前移运动，分为正三角形运条法和斜三角形运条法。正三角形运条法适用于开坡口的对接接头和 T 字形接头焊缝的立焊。斜三角形运条法适用于平焊、仰焊的 T 字形接头，以及有坡口的横焊缝。

6）环形运条法：焊条末端连续做圆圈前移运动，分为正环形运条法和斜环形运条法。正环形运条法适用于厚件的平焊；斜环形运条法适用于平焊、仰焊的T字形接头，以及横焊位的对接接头。

5. 焊接收弧

1）画圈收尾法：焊条在收尾处做画圈运动，待填满弧坑时拉断电弧。

2）后移收尾法：焊条在收尾处停止不动，压低电弧并后移。同时改变焊条角度，待填满弧坑后，再拉断电弧，如图6-1-14所示。

3）反复断弧收尾法：收尾时，在较短时间内反复数次引燃和熄灭电弧，直至将弧坑填满。这种方法多用于焊接薄板。

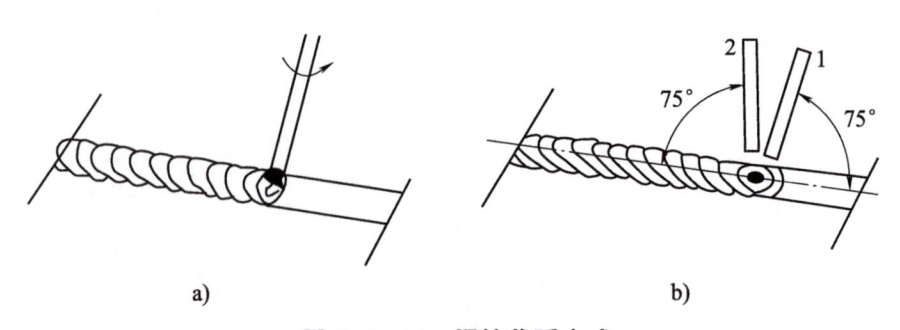

图6-1-14　焊接收弧方式

a）画圈收尾法　b）后移收尾法

6. 焊接位置

1）平对接/平搭接点焊操作：采用蹲式操作，板件平放在高于地面100mm的位置，焊条与板件保持垂直状态，或向焊接前进方向倾斜10°~20°。

2）立对接/立搭接点焊操作：立焊操作比平焊操作困难，主要原因是熔池及熔滴在重力作用下易下淌，飞溅物较多。操作时如果不按照规定穿戴劳保用品，易被高温飞溅物烫伤。操作时大臂可轻轻地贴在肋部、大腿和膝盖等位置，随着焊条的熔化和缩短，胳膊自然前伸，起到调节作用。板件位置与操作者的眼睛等高，焊条与板件的左右两侧成90°夹角，与垂直线方向成75°~85°夹角。

3）横对接/横搭接点焊操作：施焊时应从左侧向右侧施焊，为克服重力作用的影响，要保持合适的焊条角度和运条方法。采用较小的焊条直径和焊接电流，短弧焊接，以保证焊接质量。焊接时，板件位置与操作者的眼睛等高，焊条与垂直线方向成75°~85°夹角，向焊接方向倾斜5°~10°。

当横焊操作时，由于熔化金属受重力作用，容易有下淌倾向，使焊点上边出现咬边，下边出现焊瘤、熔合不良、未焊透和夹渣等缺陷。

4）仰对接/仰搭接点焊操作：仰焊的难度最大。由于重力作用，熔化金属与熔渣坠落倾向很大，同时重力会阻碍熔滴过渡，因此一定要进行短弧操作。焊接电流一般比平焊时小 10%~15%，还应注意控制熔池的体积和温度，电弧停留时间要短。操作时，视线要选择最佳位置，下蹲并保证上半身稳定，要由远而近地运条。板件位置在操作者的头顶斜上方 200mm 处，焊条向焊接方向倾斜 5°~10°。

7. 焊接质量检验

焊缝中产生的不符合设计及工艺要求的缺陷叫作焊接缺陷，主要包括外形尺寸不符合要求、咬边、弧坑、塌陷与烧穿、焊瘤、夹渣、未焊透与未熔合、气孔和裂纹等形式。

1）焊缝外形尺寸不符合要求：焊缝外形尺寸不符合要求主要表现为：焊缝成形不良，焊缝不直，焊缝太宽、太窄，焊缝表面高低不平，焊波不均匀，焊缝余高过高或过低。

2）咬边：由于焊接方式不正确或者操作工艺不当，熔化形成凹陷或沟槽缺陷称为咬边。咬边减小了焊缝的有效截面，降低了接头的强度。

3）弧坑：焊后在焊缝表面或焊缝背面形成的低于母材表面的局部低陷部分叫作弧坑。弧坑的出现不仅影响焊缝的外观，使该处的强度严重降低，而且在弧坑内很容易产生气孔、夹渣和微小裂纹等缺陷。

4）塌陷与烧穿：塌陷指焊缝金属透过背面而使上部凹陷背面凸起的缺陷，烧穿则是直接将板件烧透形成孔洞。塌陷与烧穿等缺陷，不仅影响焊缝外观，而且使该处的焊缝强度显著降低，同时还可能造成根部凸瘤。

5）焊瘤：在焊接过程中，熔化金属流淌到焊缝之外未熔化的母材上所形成的金属瘤叫作焊瘤。焊瘤不仅影响焊缝外表的美观，而且其覆盖下的母材常有未焊透等缺陷。

6）夹渣：焊后残留在焊缝中难以清除的熔渣称为夹渣。夹渣对接头的性能影响比较大。因为夹渣多数呈不规则状，会降低焊缝的塑性和韧性。其尖角会引起很大的应力集中，尖角顶点常导致裂纹产生。焊缝中的针形氧化物和磷化物夹渣会使焊缝金属变脆，降低力学性能。氧化铁及硫化铁夹渣容易使焊缝产生脆性。

7）未焊透与未熔合：母材和焊缝金属之间或焊缝金属相互之间局部未熔合而留下的空隙称为未焊透。熔焊时，焊道与母材之间或焊道与焊道之间未完全熔化结合的部分称为未熔合。在焊接过程中出现未焊透或未熔合等现象，不仅使焊接接头力学性能降低，而且在缺口和端部形成应力集中点，承载后往往会引起裂纹。

8）气孔：在焊接过程中，熔池金属中的气体在金属冷却前，未能来得及逸出，而在焊缝金属中形成的孔穴，称为气孔。气孔也会严重降低焊缝的强度。

9）裂纹：在焊缝或热影响区因开裂而形成的缝隙称为焊接裂纹。焊接裂纹是一种危害最大的缺陷，不仅降低焊接接头的强度，还会引起应力集中，使焊接结构承载后造成断裂，使产品报废，甚至会引起严重的事故。

学习任务二　CO_2 气体保护焊

惰性气体保护焊是惰性气体将焊接部分覆盖，促使电弧稳定，利用电弧热熔融焊接部分的金属和焊条，使之成为焊缝的焊接方法。

现在国内多数汽车修理厂采用的是半自动二氧化碳弧焊机。焊机的焊丝送给和二氧化碳气体的输送都是自动进行的，而沿焊缝的施焊是手工操作的。可以使用 $\phi 0.6mm$、$\phi 0.8mm$、$\phi 1.0mm$ 的焊丝，对厚度在 0.8~4mm 的工件（如低碳钢、低合金钢和不锈钢等）进行空间全位置的对焊、搭焊和角焊等，并能对铸铁进行补焊。

一、CO_2 气体保护焊的基本原理

CO_2 气体保护焊是焊丝利用 CO_2 作为保护气体的熔化极电弧焊方法，简称 CO_2 焊。它采用 CO_2 气体作为保护介质，焊接时 CO_2 把电弧及熔池与空气机械地隔离开来，从而避免了有害气体成分的侵入，以获得质量良好的焊缝。

保护气体 CO_2 从气瓶出来，经管路进入枪体，从喷嘴喷出，形成一个连续而稳定的 CO_2 保护气罩，笼罩着从喷嘴到焊件这一段空间，将此处的空气排走，从而保护气罩内的焊丝、熔滴、电弧、熔池和刚刚凝固而成的焊缝，如图 6-2-1 所示。

焊机的直流电弧与电源的正极输出端电缆线接在焊枪的导电嘴上，使焊丝末端成为电弧的正极。电源的负极输出端由地线电缆接在焊件上，熔池就成为电弧的负极。从电源的正极→电缆→导电嘴→焊丝→电弧正极→电弧→熔池（电

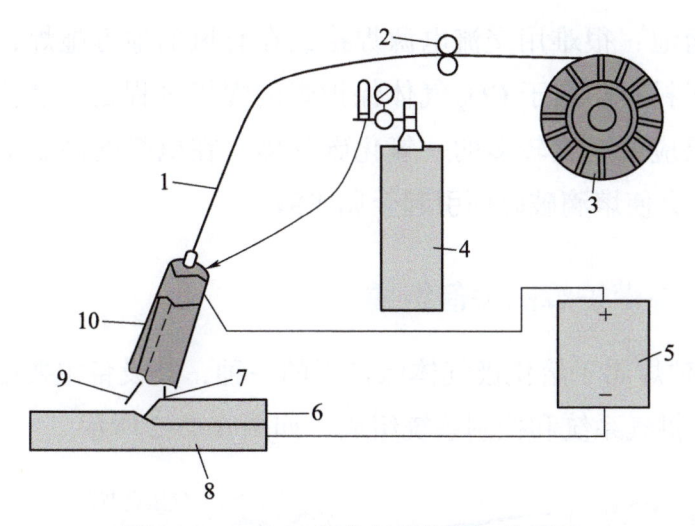

图 6-2-1　CO_2 气体保护焊的工作原理

1—焊丝　2—送丝滚轮　3—焊丝圈轴　4—CO_2 气瓶　5—焊机电源　6—焊接金属
7—CO_2 气体　8—母材　9—电弧　10—焊枪喷嘴

弧负极）→母材→地线电缆→电源的负极，形成一个完整的闭合焊接电路。

焊接时，焊丝从送丝机构中的送丝辊轮挤压着送入导电嘴，带电之后向电弧输送，焊丝不断地被电弧熔化，又不断得到补充，从而使电弧长度保持相对稳定。焊丝不断地熔化成熔滴，落入熔池，凝固形成焊缝。由于 CO_2 是具有氧化性的活性气体，与惰性气体和以惰性气体为基础的活性混合气体保护电弧焊相比，其熔滴过渡、冶金反应等方面表现出许多特点。

二、CO_2 气体保护焊的特点

与常规的焊接相比，CO_2 气体保护焊有许多优点。不管是在高强度钢构件及整体式车身的修理中，还是在车身外部覆盖件的修理中，都可以使用惰性气体保护焊。

惰性气体保护焊有下列优点：

1）操作方法容易掌握。

2）CO_2 气体保护焊可使焊接板件 100% 熔化。

3）电弧平稳，熔池小，便于控制，溅出物少。

4）惰性气体保护焊更适合有缝隙和不密合的地方。

5）一般车身钢板都可以用一根通用型的焊丝来焊接。

CO_2 气体保护焊的缺点是：易产生飞溅、气孔和未熔合等焊接缺陷，焊接时

不易观察焊缝熔池，很难用交流电源焊接或在有风的地方施焊，不能焊接容易氧化的有色金属材料。由于CO_2气体保护焊的焊接过程是在氧化性气氛中进行的，因此冶金反应会产生较多的一氧化碳气体，在电弧的高温下，反应产生的气体急剧膨胀，会使熔滴破碎而引起金属飞溅。

三、CO_2气体保护焊的设备组成

CO_2气体保护焊属于熔化极气体保护焊的一种，其设备主要由焊接电源、焊枪、送丝系统、供气系统和控制系统组成，如图6-2-2所示。

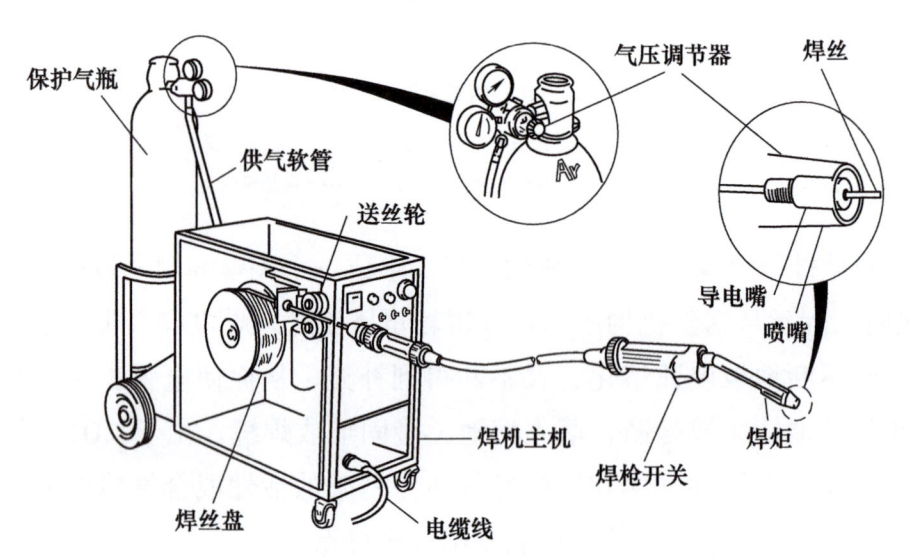

图6-2-2 CO_2气体保护焊机构造

1. 焊接电源

焊接电源（power supply）即CO_2气体保护焊焊机，为焊接提供所需的电流和电压，如图6-2-3所示。通常使用直流电源进行焊接。焊接所需电流通常为100~500A，电源的负载持续率为60%~100%，空载电压为55~85V。

图6-2-3 CO_2气体保护焊焊机

2. 焊枪

气体保护焊的焊枪（welding torch）分为半自动焊焊枪（手握式）和自动焊焊枪（安装在机械装置上）。半自动焊焊枪通常有两种形式：鹅颈式和手枪式。鹅颈式焊枪适合小直径焊丝，它使用灵活方便，特别适合于紧凑部位、难以达到的拐角处和某些受限制区域的焊接。因此，在车身维修焊接作业中，应用广泛的是鹅颈式焊枪，如图6-2-4所示。

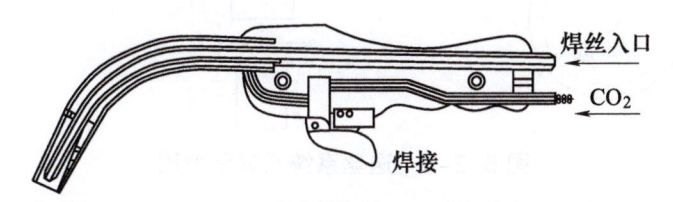

图6-2-4　鹅颈式焊枪结构示意图

在焊枪内部装有导电嘴（材料为纯铜或铬铜等）。焊枪还有一个向焊接区输送保护气体的通道和喷嘴。喷嘴和导电嘴根据需要都可方便地更换。此外，焊接电流通过导电嘴等部件时产生的电阻热和电弧辐射热一起，会使焊枪发热，故需要采取一定的措施冷却焊枪，如图6-2-5所示。

3. 送丝系统

送丝系统（wire feeding system）通常由送丝机（包括电动机、减速器、送丝轮）、送丝软管和焊丝盘等组成。盘绕在焊丝盘上的焊丝经过送丝轮送往焊丝。

图6-2-5　CO_2气体保护焊焊枪

CO_2气体保护焊通常采用推丝式。这种送丝方式的焊枪结构简单轻便，操作维修都比较方便。但焊丝送进的阻力较大。随着软管的加长，送丝稳定性变差。一般情况下，送丝软管长为3.5~4m，而用于铝焊丝的软管长度不超过3m，如图6-2-6所示。

焊接时，如图6-2-7所示，送丝机构保证送丝速度均匀，无打滑现象，且送丝速度能在一定范围内均匀调节。焊丝从焊丝盘中出来，经校直轮校直后，送丝滚轮和压紧轮挤压产生的送丝力使焊丝进入焊枪的导电嘴并输出，进行焊接工作。送丝的压紧力可以通过调节螺母来调节。

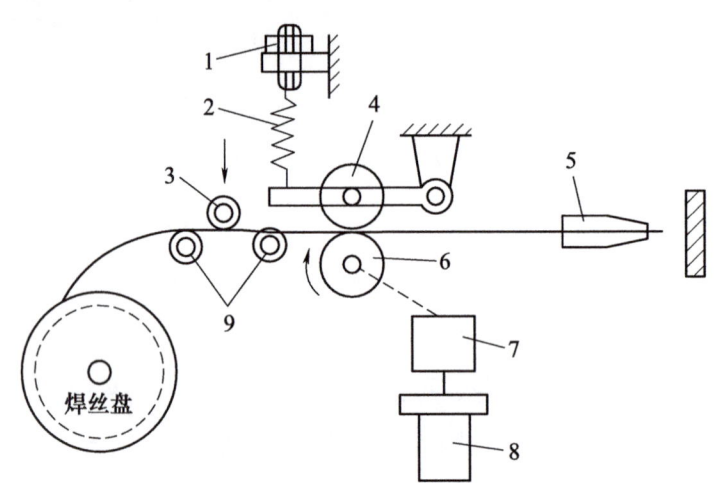

图 6-2-6　送丝系统原理示意图

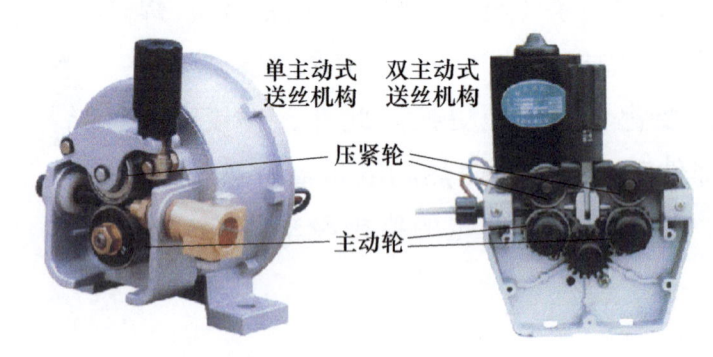

1—调节螺母　2—压紧弹簧　3—校直调节轮　4—压紧轮　5—焊枪导电嘴
6—送丝滚轮　7—减速器　8—电动机　9—校直支撑轮

图 6-2-7　送丝机构

4. 供气系统

供气系统（air supply system）通常由高压气瓶（气源）、减压阀、流量计和气阀组成。CO_2 供气系统通常还需要安装预热器和干燥器，以吸收气体中的水分。熔化极活性气体保护焊还需要安装气体混合装置，先将气体混合均匀，然后再送入焊枪，如图 6-2-8 所示。

1）高压气瓶（high-pressure air cylinder）：无缝钢质高压气瓶采用高强度合金钢压制而成，是额定压强等于或大于 8MPa 的气瓶，用于存储高压气体。在使用过程中，

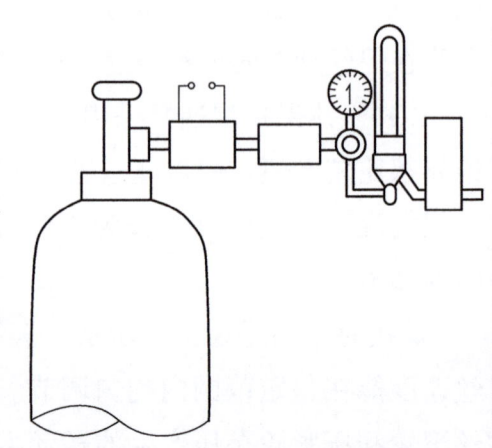

图 6-2-8　供气系统示意图

应注意轻拿轻放,并避免过热或过冷。

2)预热器(preheater):当打开 CO_2 气瓶阀门时,瓶中的液态 CO_2 不断汽化成 CO_2 气体,这一过程要吸收大量的热量。另外,经减压后气体的体积会膨胀,也会使气体温度下降。为了防止 CO_2 气体中的水分在气瓶出口处及减压表中结冰,使气路堵塞,在减压之前要将 CO_2 气体进行预热。这种预热气体的装置称为预热器。预热器应尽量装在气瓶的出气口处,如图 6-2-9 所示。

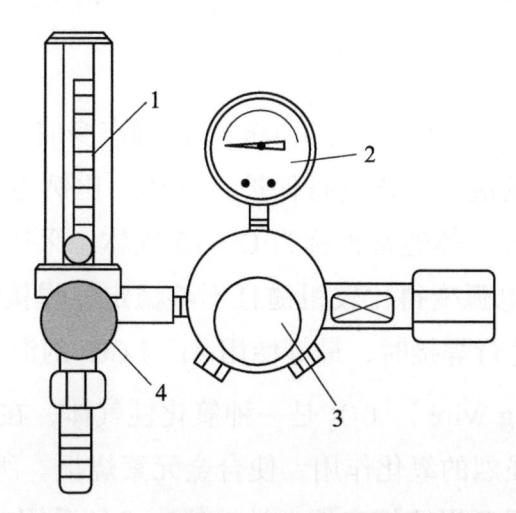

图 6-2-9 预热器、减压器和流量计组合件
1—流量计 2—气压表 3—减压及预热装置 4—开关

预热器的结构比较简单,一般采用电热式,将套有绝缘瓷管的电阻丝绕在蛇形纯铜管的外围即可。预热器采用 36V 交流电供电,功率为 100~150W。在开气瓶之前,应先将预热器通电加热一段时间。

3)干燥器(dryer):为了最大限度地减少 CO_2 气体中的水分含量,供气系统中一般设有干燥器。如果 CO_2 纯度较高,能满足焊接生产的要求,亦可不设干燥器。

4)减压阀(pressure relief valve):减压阀可以用来调节气体压力,也可以用来控制气体的流量。一般情况下,可采用较低压力的乙炔压力表(压力调节范围为 10~150kPa),或带有流量计的压力阀。

5)流量计(flowmeter):流量计用来标定和调节保护气体的流量大小。

6)气阀(air valve):气阀是用来控制保护气体通断的元件。根据不同的要求,可采用机械气阀的通断,或用电磁气阀开关控制系统来完成气体的准确通断。

5. 控制系统

控制系统（control system）由焊接参数控制系统和焊接过程程序控制系统（自动焊）组成。

焊接参数控制系统主要包括焊接电源输出调节系统、送丝速度调节系统和气体流量调节系统。它们的作用是在焊前或焊接过程中调节焊接电流或电压、送丝速度、焊接速度和气流量的大小。

6. 焊接材料

（1）CO_2气体/混合气体（C—25 gas） 修理车身时，焊接一般用纯二氧化碳或二氧化碳和氩气的混合气来进行保护，气体的比例为：75%的氩气和25%的二氧化碳，这种混合气体通常被称为C—25气体。采用气体保护可使焊接熔深加大。但是CO_2使电弧变得比较粗糙且不够稳定，焊接时的溅出物增加。所以，在较薄的材料上进行焊接时，最好使用Ar与CO_2的混合气。

（2）焊丝（welding wire） CO_2是一种氧化性气体，在电弧高温区分解为一氧化碳和氧气，具有强烈的氧化作用，使合金元素烧损。所以，CO_2焊时为了防止气孔、减少飞溅和保证焊缝较高的力学性能，必须采用含有Si、Mn等脱氧元素的焊丝。

CO_2焊使用的焊丝既是填充金属又是电极，所以焊丝既要保证一定的化学性能和力学性能，又要保证具有良好的导电性能和工艺性能。

四、焊接工艺参数的选择

气体保护焊的规范参数包括电源极性、焊丝直径、电弧电压、焊接电流、气体流量、送丝速度和焊丝伸出长度等。

1. 电源极性

当气体保护焊焊接一般材料时，采用直流反接，即焊枪为正极，板件为负极。在大多数焊机上，都会对此做出明确的标识。

2. 焊丝直径

气体保护焊的焊丝直径一般根据板件厚度和焊接位置进行选择。在汽车维修焊接中，常采用$\phi 0.8mm$的焊丝进行焊接。

3. 电弧电压和焊接电流

对于一定直径的焊丝来说，在气体保护焊中，采用较低的电弧电压。当采用较小的焊接电流焊接时，焊丝熔化所形成的熔滴把母材和焊丝连接起来，呈短路状态，称为短路过渡。大多数气体保护焊工艺都采用短路过渡焊接。当电弧电压较高、焊接电流较大时，熔滴呈小颗粒飞落，称为颗粒过渡。$\phi 0.6 \sim \phi 1.2mm$ 的焊丝主要采用短路过渡，随着焊丝直径的增大，飞溅颗粒的数量就相应增加。当采用 $\phi 1.6mm$ 的焊丝时，飞溅就会非常严重。

焊接电流与电弧电压是关键的工艺参数。为了使焊缝成形良好、飞溅减少，减少焊接缺陷，电弧电压和焊接电流要相互匹配，通过改变送丝速度来调节焊接电流。

在小电流焊接时，电弧电压过高，金属飞溅将增多；电弧电压过低，则焊丝容易伸入熔池，使电弧不稳。在大电流焊接时，若电弧电压过高，则金属飞溅增多，容易产生气孔；电压太低，则电弧太短，使焊缝成形不良。

焊接电流和电压的调节是通过焊机面板上的"电流调节器"旋钮来实现的，档位数字越大，焊接时的电流和电压就越大。

4. 气体流量

保护气流量应根据焊接电流、焊接速度、焊丝伸出长度及喷嘴直径来选择。直径小于等于1mm 的焊丝相应流量为5~15L/min，直径大于1mm 的焊丝相应流量为 15~25L/min。

气体流量的调节方法：逆时针方向打开气瓶上的总阀，然后逆时针打开流量计上的气体出口阀。流量计管内的小浮球对应管壁上的数字，就是气体流量数值。需要加大就逆时针转动出口阀手轮，需要减小就顺时针转动出口阀手轮。

5. 送丝速度

当采用二氧化碳气体保护焊时，必须选用与焊接电流、电压相匹配的送丝速度，才能获得稳定的焊接过程，并控制焊缝的良好成形。可通过面板上的"送丝速度调节器"旋钮进行调节，旋钮对应的速度值越大，焊接时的送丝速度就越快。

6. 焊丝伸出长度

焊丝伸出长度是指焊接时焊丝伸出导电嘴的长度，它取决于焊丝直径，如

图 6-2-10 所示。一般焊丝伸出长度以焊丝直径的 10 倍且不大于 15mm 为宜,即导电嘴到喷嘴的距离大约为 3mm,焊丝伸出导电嘴 5~8mm,如图 6-2-11 所示。

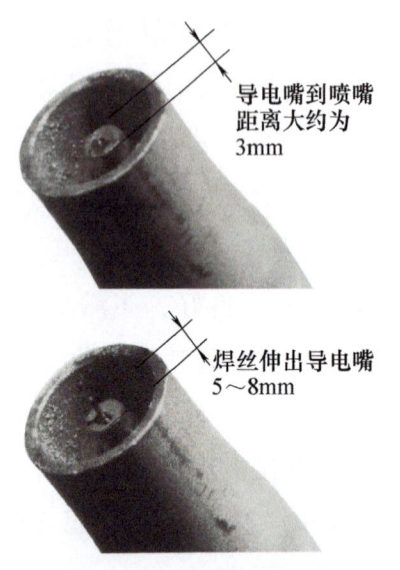

图 6-2-10 焊丝伸出长度

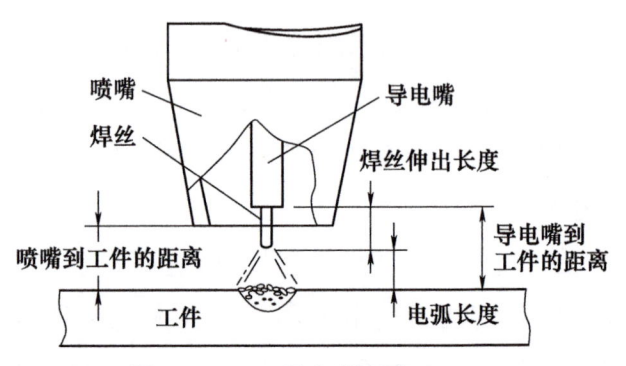

图 6-2-11 导电嘴距离

焊接时,按照焊枪与焊材之间的角度,可分为两种焊接方式,即正向焊接和逆向焊接,如图 6-2-12 所示。正向焊接的熔深较小且焊缝较平,逆向焊接的熔深较大,并会产生大量的熔敷金属。采用这两种方法时,焊枪角度都应该在 10°~30°之间,如图 6-2-13 所示。

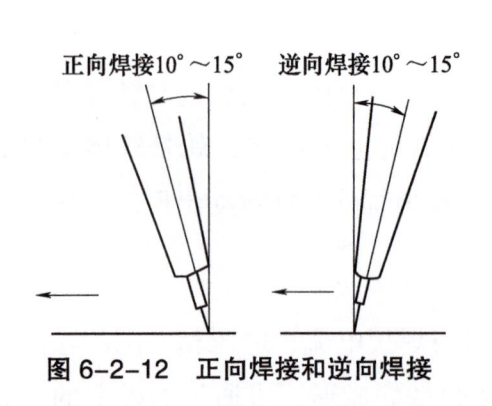

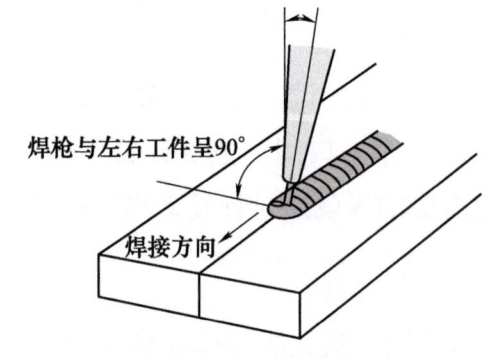

图 6-2-12 正向焊接和逆向焊接

图 6-2-13 焊枪角度

五、CO_2 气体保护焊的焊接位置与方法

1. CO_2 气体保护焊的焊接位置

1)平焊(downward welding):平焊一般容易进行,而且它的焊接速度较快,

能够得到最好的焊接熔深。对从汽车上拆卸下的零部件进行焊接时,应尽量将它放在能够进行平焊的位置,如图6-2-14所示。

2)横焊(horizontal welding):水平焊缝焊接时,应使焊炬向上倾斜,以避免重力对熔池产生影响。

3)立焊(vertical welding):垂直焊缝焊接时,最好让电弧从接头的顶部开始,并平稳地向下拉。

4)仰焊(overhead welding):仰焊最难进行,熔池过大,熔融金属会落入喷嘴而引起故障。在进行仰焊时,一定要使用较低的电压,同时还要尽量使用短电弧和小的焊接熔池。将喷嘴推向工件,以保证焊丝不会向熔池外移动。最好能够沿着焊缝均匀地拉动焊炬。

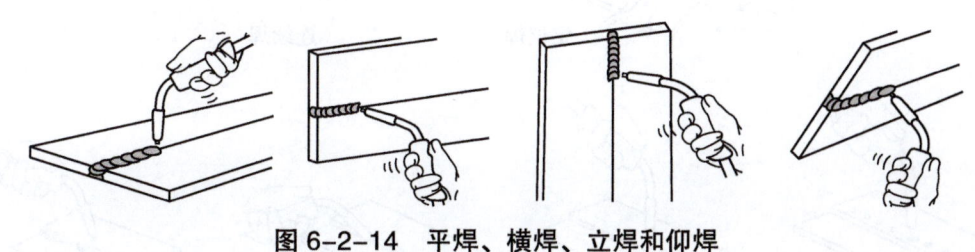

图6-2-14 平焊、横焊、立焊和仰焊

2. CO_2气体保护焊的焊接方法

1)定位焊(position welding):其实际上是一种临时点焊,在永久焊接前,用一种很小的临时点焊来取代定位装置或薄金属螺钉,对焊接的工件进行定位。各焊点的距离大小与母材厚度有关,一般其距离为母材厚度的15~30倍。

2)连续焊(continuous welding):操作时,焊枪缓慢、稳定地向前运动,形成连续的焊缝。操作中保持焊枪的稳定进给,以免产生晃动。采用正向焊法时,连续地匀速移动焊炬,并经常观察焊缝。焊炬应倾斜10°~15°,以便获得最佳形状的焊缝、焊接线和气体保护效果。导电嘴到板件之间应保持适当的距离,焊枪应保持正确的角度。焊丝过长,金属的焊接熔深将会减小。为了得到适当的焊接熔深,以提高焊接质量,应使焊枪靠近板件,平稳、均匀地操纵焊炬。这样可得到高度和宽度恒定的焊缝,而且焊缝上带有许多均匀、细密的焊波。

3)塞焊(plug welding):在进行塞焊时,应在外面的一个或若干个工件上打一个孔,电弧穿过此孔,进入里面的工件,这个孔被熔化的金属填满,将工件焊接在一起。

4）点焊（spot welding）：点焊法是当送丝定时脉冲触发时，将电弧引入被焊的两块金属板，将两块金属板焊接在一起。

5）搭接点焊（lap spot welding）：搭接点焊法是将电弧引入下层的金属板，并使熔融金属流入上层金属板的边缘，将两个板件焊接在一起。

6）连续点焊（continuous spot welding）：连续点焊就是一系列相连成重叠的点焊，形成连续的焊缝。如图 6-2-15 所示。

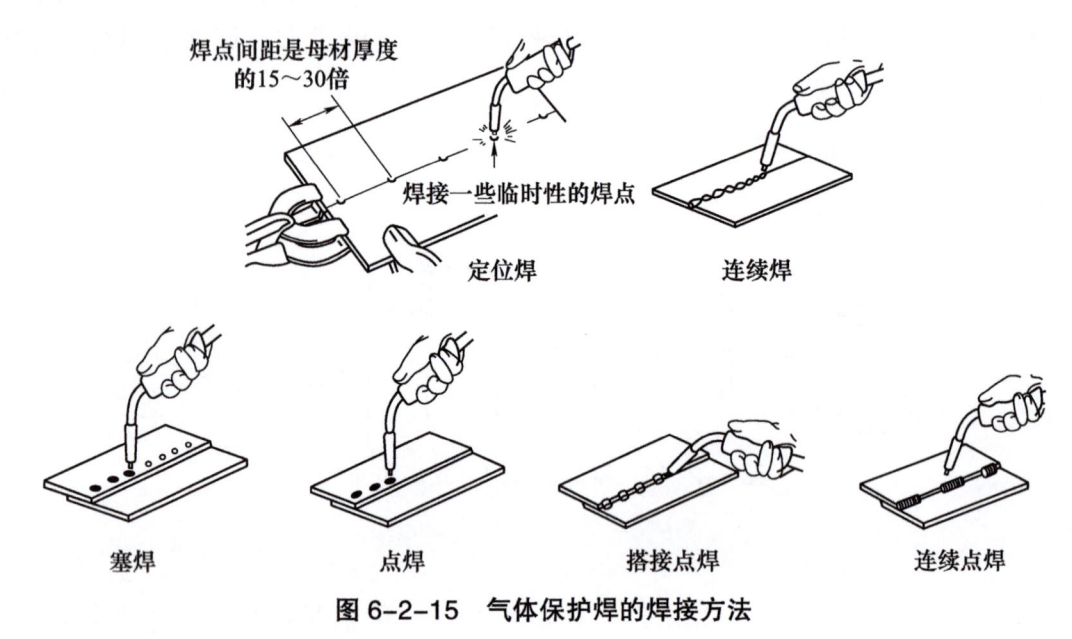

图 6-2-15　气体保护焊的焊接方法

学习任务三　车身板件其他连接方式

汽车车身维修中，会用到多种连接技术，以使需要连接的两个或多个板件获得可靠的连接。除了焊接方法之外，还有螺纹连接、铆接、粘结及粘铆接等。

一、螺纹连接

螺纹连接（threaded connection）具有安装容易、拆卸方便、操作简单等优点。螺纹连接有螺钉连接和螺栓连接两种，如图 6-3-1 所示。

1. 螺钉连接

普通螺钉形式包括机械螺钉、止动螺钉、自攻螺钉、自锁螺钉（用尼龙扣或

有头螺钉　定位螺钉
a)

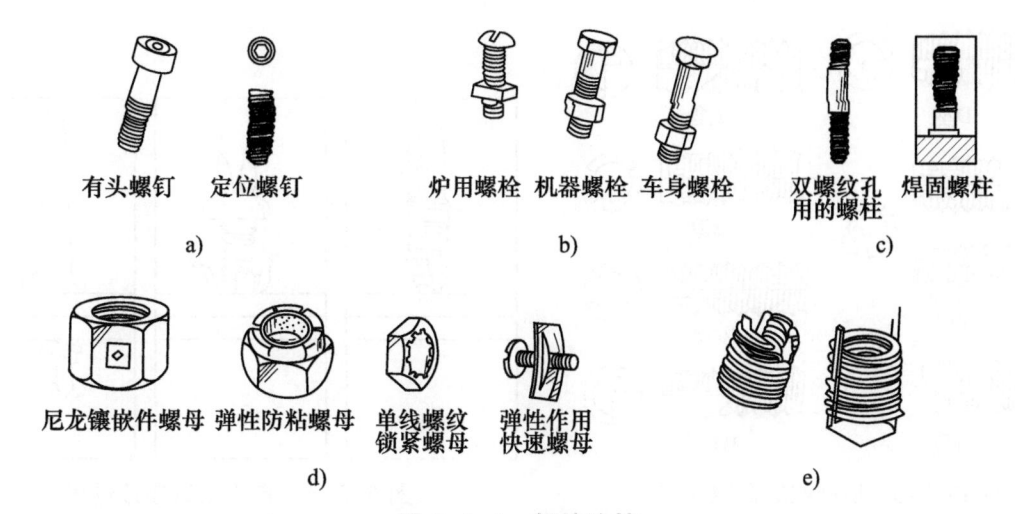

炉用螺栓　机器螺栓　车身螺栓
b)

双螺纹孔用的螺柱　焊固螺柱
c)

尼龙镶嵌件螺母　弹性防粘螺母　单线螺纹锁紧螺母　弹性作用快速螺母
d)

e)

图 6-3-1　螺纹连接

a）螺钉　b）螺栓　c）螺柱　d）螺母　e）螺纹镶嵌件

片压入相配的螺纹中防止松动）、预装配螺钉（带有锁紧垫圈，它能旋转，但不能脱开）和特殊钉头螺钉。

自攻螺钉有两种类型，即成型螺纹螺钉和切削螺纹螺钉。成型螺纹螺钉，它使螺钉附近的材料位移和变形，从而产生紧密的连接。如图 6-3-2 所示，A 型用于薄板零件；B 型用于薄板与厚板金属零件；BP 型的应用与 B 型相同，但常可用于偏心的孔；C 型螺纹与标准细牙机器螺钉相同，用于较薄材料；U 型用于永久性连接，不推荐用于拆卸处。切削螺钉，在每一螺钉中，前端的螺纹切削刃用于装配时切削相配的螺纹。这种螺钉适用于铝、锌、铅的压铸件，胶合板，石棉及其他合成材料，如图 6-3-3 所示。

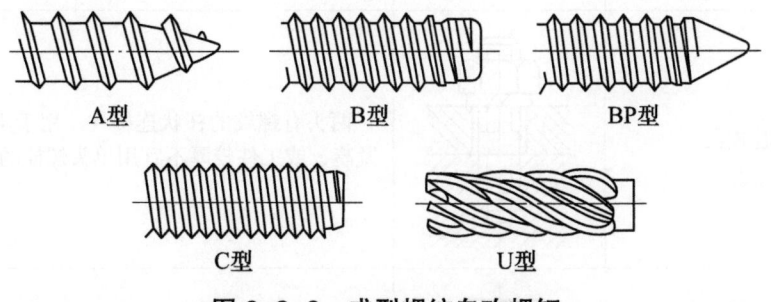

A型　B型　BP型

C型　U型

图 6-3-2　成型螺纹自攻螺钉

切削自攻螺钉尾部经淬硬处理的钻尖，能够起到很好的定位作用，而开槽的尖端有很强的切削功能，能快速完成切削攻丝，如图 6-3-3 所示。

拧入自攻螺钉的位置应便于提供良好的攻螺纹动作和紧固力。自攻螺钉几乎适应于一切车身材料，包括钢、铸铁、铝、锌、黄铜和塑料等，如图 6-3-4 所示。

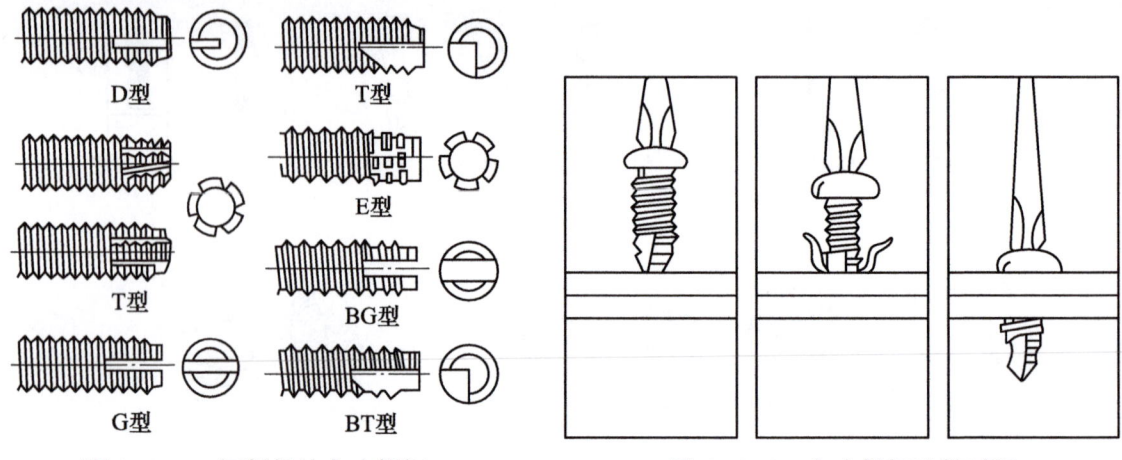

图 6-3-3　切削螺纹自攻螺钉

图 6-3-4　自攻螺钉连接过程

2. 螺栓连接

螺栓连接是将螺栓穿过零件孔，借拧紧螺母实现紧固的方法。各种螺栓连接形式见表 6-3-1。

表 6-3-1　螺栓连接

螺栓连接形式		图　示	特　点
螺栓（单头螺栓）连接	粗制螺栓连接		一般情况下，螺栓的杆径比孔径小 1~1.5mm，对螺栓孔的精度要求不高，在一般钢结构中应用较广
	精制螺栓连接		螺栓杆径略大于孔径，靠螺栓与孔的涨紧配合传递外力
	高强度螺栓连接		靠连接件之间的摩擦阻力来承受载荷。安装时，必须将螺母拧的很紧，使螺栓产生较大的预应力
双头螺柱连接			两头有螺纹的杆状连接件。用于不通孔、结构较紧凑，或工件较厚不宜用单头螺栓的场合
螺钉连接			不用螺母，直接将螺钉拧入被连接件螺孔中实现连接

二、冲压连接

冲压连接（punching connection）是利用材料相互变形的作用而形成连接的一种连接方法。用一个简单的圆形凸模，将被连接件压进凹模，在进一步压力作用下，凸模一侧的材料被挤压，使凹模内的材料向外"流动"，结果产生个无棱边、无毛刺的圆连接点。

冲压连接不会影响板件的抗腐蚀性，即使对表面有镀层或喷漆层的板件也同样能保留其原有的防锈能力，因为底层和漆层也随之一起变形。材料在连接点处被压实，所以被强化，不会出现力学上的应力集中现象。

冲压连接可单点连接，也可多点连接。单点冲压连接接头的静态强度是点焊的 70%，而且没有大的组织变化，不损坏表面保护层，经济性好。双点冲压连接接头的静态强度与点焊几乎相等，并且双点可以在一道工序内加工形成，动态强度比点焊高。因为没有应力集中，这也意味着冲压连接点的寿命比点焊长。

三、膨胀管胀接

膨胀管连接（胀接）（expanding connection）是利用罐子和管板变形来达到密封和紧固的一种连接方式。胀接有机械胀接、爆炸胀接和液压胀接等多种方法。不论采用哪种方法，都是通过扩胀管子的直径，使管子产生塑性变形，并通过管壁作用在管板孔壁上，使其产生弹性变形。利用管板孔壁的回弹对管子施加径向压力，使管子与管板的连接接头产生足够的胀接强度，同时具有较好的致密性。

胀管器的种类很多，有螺旋式、前进式、后退式和自动胀管器等。但由于它们的结构不同，因此使用方法与特点也不同。最基本的是前进式胀管器和后退式胀管器两类。胀管器的性能对胀接质量有直接影响，因此，必须掌握胀管器的工作原理和结构特点，以保证正确选用胀管器，进而保证胀接质量。从其结构和使用方法来看，后退式胀管器比较复杂，这里不再进行分析。

前进式胀管器有两种：一种是只能胀管不带扳边功能，称为普通前进式胀管器；另一种是既能胀管同时还能进行扳边，称为前进式扳边胀管器。

1. 前进式胀管器的结构

前进式胀管器由胀壳、胀杆和三个或三个以上对称排列的胀子所组成。前进式扳边胀管器是在前进式胀管器中，多加装了一个扳边辊子而构成。在胀接终止前，胀管器运行至根部时，正是由扳边辊子对管端进行翻边。使用不同形状的扳边辊子可得到不同形状的翻边，如图6-3-5所示。

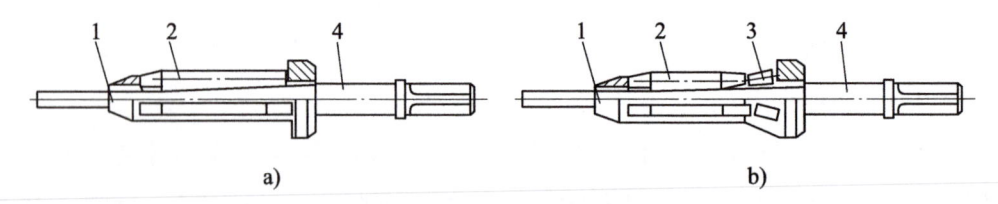

图 6-3-5　前进式胀管器
a）普通前进式胀管器　b）前进式扳边胀管器
1—胀壳　2—胀子　3—扳边辊子　4—胀杆

2. 前进式胀管器的工作原理

胀管操作时，将胀管器插入管内并向前推进，随着胀杆和胀子的旋转推进，对管子内壁不断进行碾压、扩张，使管子在直径方向上延展产生塑性变形。同时扩张力通过管子作用在管板孔上，使之产生微量的弹性变形。胀接结束时，管板孔回弹并抱紧塑性变形的管子，形成胀接接头，如图6-3-6所示。

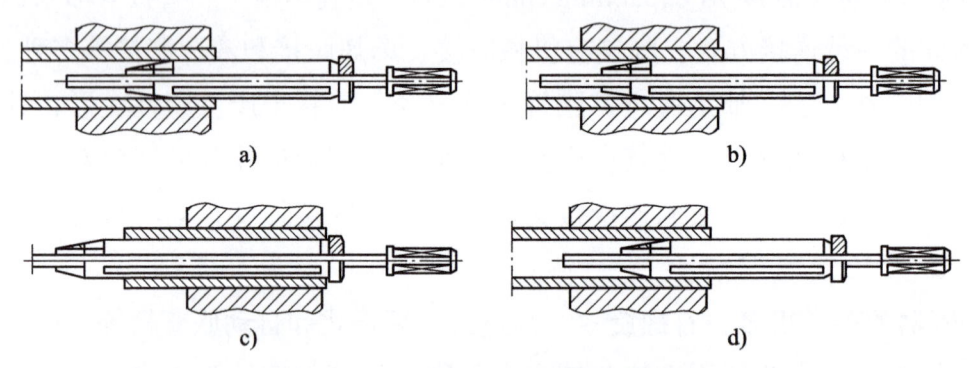

图 6-3-6　前进式胀管器的工作原理
a）初始定位　b）胀接进行中　c）胀接终了　d）退出

四、铆接

1. 铆接原理

利用铆钉将两个或两个以上零件连接在一起的工艺方法称为铆接（riveting）。这种连接方法在以前的冷作结构制造中曾得到广泛的应用。随着科技的进步，焊接技术不断发展，在很多范围内已基本替代了铆接。但是由于铆接应力均匀，铆接结构的弹塑性和韧性较好，特别是在承受冲击荷载和振动荷载方面有其独有的特点。另外，对于异种金属之间的连接、焊接性能较差的金属连接，铆接更是一种有效的连接手段。铆接也是钣金作业中连接金属零件常用的工艺方法。

在两板件上打孔后，把铆钉插入孔中，然后用铆钉工具拉出，把需连接的两块板件锁定在一起。铆接有相当高的强度，如使用了足够数量和强度的铆钉，形成的连接是非常牢固的。对于各种钣金件更换，如锈蚀孔修理，使用铆接连接是最简易、费用最少的连接方法。车身上不同材料之间或不能使用焊接的部位（如油箱附近），都是用铆钉连接，如图6-3-7所示。

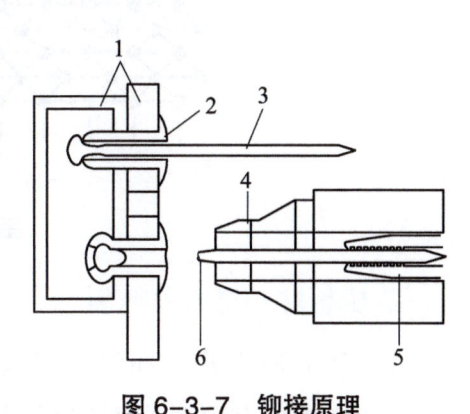

图6-3-7 铆接原理

1—工件　2—铆钉　3—钉杆　4—铆枪
5—拉爪　6—断开的钉杆

2. 铆接的种类

根据结构件的工作要求和应用范围的不同，铆接可以分为强固铆接、紧密铆接和密固铆接三类。

强固铆接要求铆钉能承受较大的作用力，保护结构件有足够的强度，而对焊接构件的致密性无特别要求。这类结构件有车辆、立柱和横梁等。

紧密铆接中铆钉不承受较大的作用力，但对结构件的致密性要求较高，以防止漏水或漏气。一般常用于对储存液体或气体的结构件进行铆接，这类结构件有水箱、气箱和贮藏容器等。

密固铆接既要求铆钉能承受较大的作用力，又要求构件有一定的致密性，这类结构件有压力容器等。

五、粘结

1. 粘结原理

粘结（bonding）即用黏结剂将相关材料粘结在一起的操作。黏结剂涂抹于两板材之间，靠黏结剂内部的黏合力及与板材间的黏附力，将两板材牢固地连接在一起。

连接强度的大小取决于黏结剂内部的黏合力及黏结剂与板材间的黏附力。黏附力的大小除与板材材质有关外，主要取决于板材表面的清洁。而黏合力的大小则取决于黏结剂的种类，如图6-3-8所示。

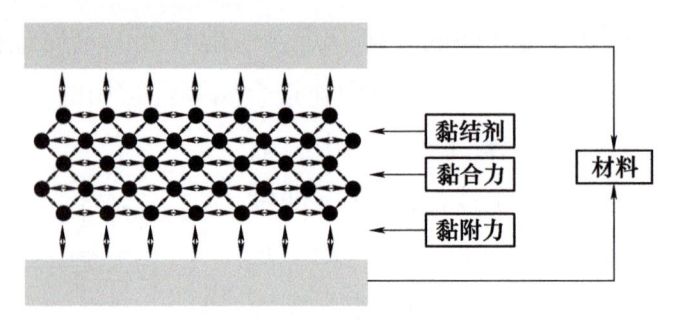

图 6-3-8　粘结原理

2. 钢板粘结常用黏结剂

1）环氧树脂胶：环氧树脂胶是一种人工合成的高分子树脂状化合物，它能与多种材料的表面形成不定程度的化学结合，产生较大的粘结力。因此用它配成的胶用途很广，能粘结各种金属，也能粘结许多非金属材料。在汽车钣金修理作业中，使用环氧树脂胶粘结，可以有效地代替钣金件的焊接和铆接。而树脂既保证了较高的粘结强度，也简化了修理工艺。环氧树脂胶的优点是黏附力强、固化收缩小、耐腐蚀、耐油、绝缘性好和使用方便，其缺点是韧性差。

2）酚醛树脂胶：酚醛树脂胶是以酚醛树脂为主要成分的合成黏结剂，可以单独使用，也可以与环氧树脂及橡胶混合作用。由于酚醛树脂胶具有较高的粘结强度，而且耐热性好，因而常用来胶补气缸盖、发动机油底壳和散热器等工作温度较高的壳体部件。它的主要缺点是脆性大耐冲击性差。

3）氧化铜黏结剂：氧化铜黏结剂是以氧化铜为主要成分的黏结剂，其主要特点是耐高温。一般环氧树脂黏结剂超过100℃就开始软化，而氧化铜黏结剂可以耐受600℃的高温。故可用于工作温度较高的部件的粘接，如气缸体上平面及节气门附近裂纹的黏补等。在车身维修中，氧化铜粘接可用于镶螺塞及管子接头的防渗漏处理。

3. 粘结的优点和缺点

（1）粘结的优点

1）能连接异种材料。如果黏结剂层在两异种金属之间是电绝缘的，则有可能将这两种金属连接起来，同时还能保证使用中的电化学腐蚀作用最小。

2）应力分布均匀。可以将接头设计成使荷载分布在较大的粘结区域，以减小应力集中。

3）柔性的黏结剂能吸收冲击和振动，增加金属零件的疲劳寿命。

4）易于采用较轻的材料，常常可以省去增强元件。

5）粘结接头可具有平滑的外观。

6）可把材料连接到非常薄的金属零件上。

7）连接构件的黏结剂也可以起密封和覆层的作用，以保证构件不受油、化学品、水汽，或这些物质组合的损害。

8）采用轻型组装结构，粘结可以大大减轻最后产品的质量。

9）粘结常可使设计简化，粘结后修整工作少。

（2）粘结的缺点

1）黏结剂在120℃以上不能承受高的剥离荷载。对于甚至在150℃时仍有高剪切强度的弹性体，黏结剂也承受不了它承受的剥离荷载。对于需要有高剥离强度的场合，仍然要用机械方法加强。

2）当需要粘结的面积很大，并且零件有特殊使用要求时，粘结零件所需设备和工装的投资可能会较高。

3）使用条件可能是有限制的。很多粘结产品的质量，由于接头受高应力并暴露于热而潮湿的环境而迅速下降。

4）粘结接头一旦组装好就很难检验。

5）必须采用一定的办法，把在固化过程中产生的有毒和有害化合物排除掉。

六、黏铆接

黏结可以承受较大的拉力和剪切力，但承受剥离力的能力较弱。因此，对于受力较大的构件，不能单独使用黏结的方法连接，而应采用黏铆接（adhesive riveting）的方式。

黏铆接就是黏结加铆接，也就是同时采用黏结和铆接的方法连接。两板件的接合面经过清洁和涂胶后，用铆枪将空芯铆钉铆入即可，如图6-3-9所示。

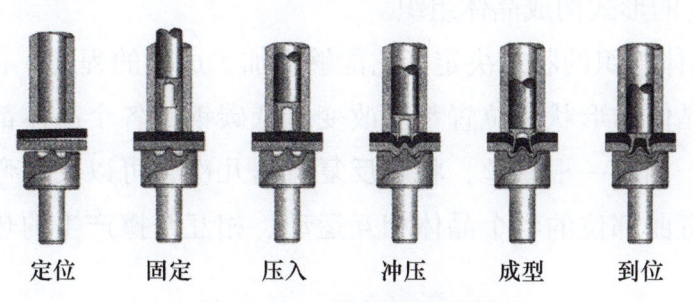

定位　　固定　　压入　　冲压　　成型　　到位

图6-3-9　黏铆接的原理

模块七 车身外覆盖件修复

学习目标

1）熟悉金属板件的结构与钢板损伤类型。
2）能准确评估金属板件损伤程度，明确维修方法。
3）掌握钣金锤与垫铁使用方法、使用种类。
4）正确掌握敲击修复工艺。
5）正确处理板件的弹性热变形。
6）正确掌握整形机修复工艺。

学习任务一 车身钢板的结构与损伤

钣金校正有三个内涵：一是消除金属板材、型材的不直、不平或翘曲等缺陷的操作；二是使成形的钣金件达到质量要求，在加工过程中对产生的变形进行修整；三是对钣金件在使用过程中产生的扭曲、歪斜和凹陷等变形进行修复。现在行业内把钣金校正称为钣金修复。

一、金属的内部结构及钢板变形类型

钢板也和其他所有的物质一样，由原子构造。许多原子结合在一起就形成晶粒，晶粒以一定的形式构成晶体组织。

钢板内部晶体组织的状态决定了它能够被加工成形的程度，在一块平钢板的弯曲处，原有晶体的形状和位置都会改变。低碳钢的各个晶体都可承受相当大的变形和位移。如取一根铁丝，将它反复弯曲几次，可以发现弯曲的部位变得很热。这是由弯曲部位的各个晶体相互运动、相互摩擦产生的热量造成的，如图7-1-1所示。

金属材料抵抗变形的能力可用它的三种性能来表示：弹性变形、塑性变形和加工硬化。

1. 弹性变形

金属材料在外力的作用下，尺寸和形状发生改变，也就是说发生了变形。当外力消失后，金属材料可以恢复（回弹）到原来的尺寸和形状，即原来的变形消失，这种变形就称为弹性变形（elastic deformation）。

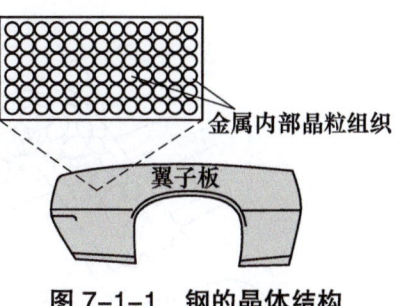

图 7-1-1　钢的晶体结构

2. 塑性变形

当金属材料所受到的外力超出弹性极限，将产生永久变形，这种变形就是在外力消失后也不能消除，即金属材料不能恢复原来的形状。这种永久变形就称为塑性变形（plastic deformation）。

当汽车在碰撞过程中受到损坏时，由碰撞而产生的变形将保留下来，除非人为将这种变形除去。产生永久变形的部位周围都会产生弹性变形，只要永久变形不消失，弹性变形也无法消除。在修理受到这种类型损坏的车身时，应先修复永久变形，这样弹性变形也会随之消失，使车身恢复到原来的形状。

3. 加工硬化

加工硬化（work hardening）是达到塑性变形的上限时金属出现的一种现象。例如，将钢板弯曲，在弯曲的部位出现弯折，这个部位的塑性变形非常大，迫使晶体组织完全离开了原来的位置，钢板变得非常硬。这种硬度的增加为加工硬化。

在车身上未受任何损坏的钢板，都会因为在制造过程中的加工而存在某种程度的加工硬化。碰撞造成的弯曲只能使受到影响的部位产生更加严重的加工硬化。车身修理人员在校正受损坏的部位时，同样会加重该处加工硬化的程度。金属产生硬化而造成强度增加，但它却是钢板损坏的根源，如图 7-1-2 所示。

钢板在加工成翼子板之前相当柔软，冲压后被加工的部分变得很硬，仍保持平坦的部位则比较柔软。如图 7-1-3 所示，翼子板无阴影区为"柔软"部位，有阴影区为"硬化"部位。有阴影区（顶部和边缘）硬度高，不容易损坏。可一旦变形损坏，也难以修复。钢板平坦的部位在修理过程中容易变形损坏，应采取正确的校正方法。由于汽车上的所有钢板都存在不同程度的加工硬化，所以在这些钢板受到损坏之前，就要知道哪些部位具有较高的加工硬化程度。

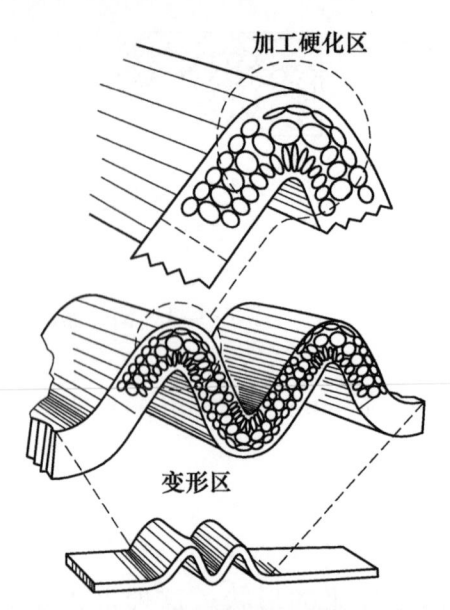

图 7-1-2 钢板内的加工硬化

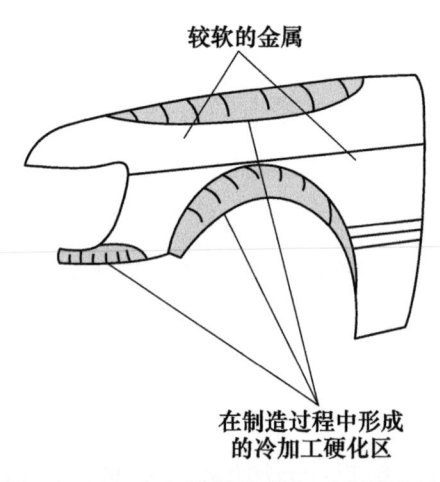

图 7-1-3 车身板件中的加工硬化部

为了进一步说明加工硬化对修理过程的影响，现以一块钢板为例，将此钢板稍微弯曲，钢板可恢复原来的形状，这是弹性变形。如果弯曲超过了弹性极限，金属将出现折损。外力消除后，在折损部位周围的金属都将恢复原来的状态，而较软的金属在折损部位出现了加工硬化。如果将折损部位的金属弯回到它原来的形状，会在折损部位两旁出现新的折损，这就是附加的加工硬化。出现附加的加工硬化是因为折损部位的硬度太高，内部存在巨大的应力，使它无法恢复到原来的形状，如图 7-1-4 所示。

汽车上的钢板构件在受到碰撞时，造成的折损会加重原来存在的加工硬化程度。如图 7-1-5 中的弹性弯曲区，虽然发生了弯曲，但并没有折损，而只在加工硬化区发生了折损。修理时把折损区修理好后，弹性弯曲区自然会恢复原状。如果先修理弹性变形区，就会使该区域损坏。若对钢板不适当加工，造成过度的加工硬化，钢板将会更加难以修理。

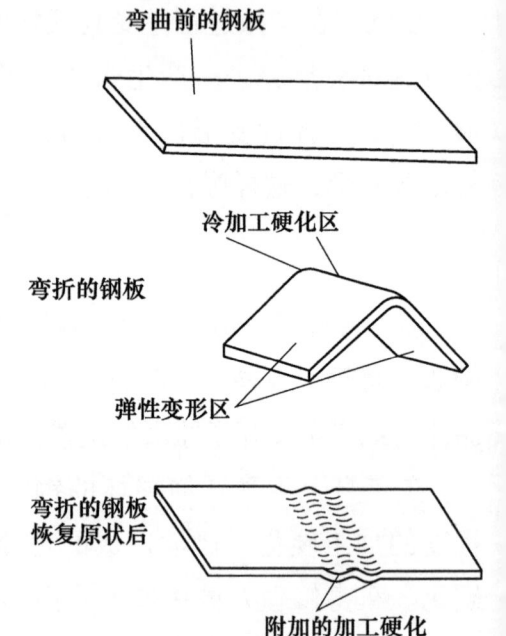

图 7-1-4 弯曲的钢板恢复原状，则会出现附加的加工硬化

冷加工硬化
折损区

弹性弯曲区

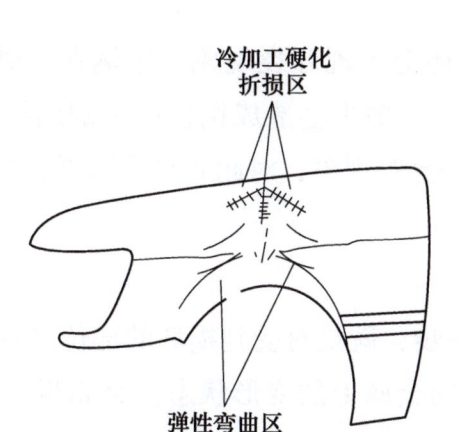

图 7-1-5　弯曲变形中的加工硬化区和弹性区

二、力的影响因素

钢板变形一种是受外力所致，另一种是内应力引起的。对于因受外力所引起的变形，修复时主要针对变形部位采取校正措施。对于内应力所导致的变形，则需要针对产生应力的部位而不是变形部位，采取措施以消除内应力，或者使其内部组织平衡以达到使钢板平直的目的。车身外部钢板变形大多是受外力作用导致的，内应力引起变形的比例非常低。

三、不同方向撞击导致的钢板损伤

撞击是指两个或两个以上的物体相互之间的机械作用。车辆在发生事故时，所受到的冲击力会来自很多方向，通常会遭受前部撞击、后部撞击、纵向撞击、翻车、高空坠物或托底事故等。这一过程会导致车身钢板发生变形，钢板会受到来自与其平面垂直或接近于垂直方向的冲击（正向撞击）、与其平面接近于直线的纵向撞击力（纵向撞击）和与其平面呈一定角度的刮蹭冲击（刮蹭损伤）。

在受到正向撞击时，钢板被撞击部位通常会出现延伸、变薄、面积增大等现象，修复时必须进行收缩作业，撞击严重时将导致构件整体尺寸缩短。纵向撞击将导致钢板出现折损或大面积隆起，与钢板连接的内层结构往往也会发生变形，钢板通常会发生压缩、整体尺寸缩短等现象。如不能采取正确的修理方法，就可能造成损伤进一步恶化。对正向撞击和纵向撞击损伤，应先进行受力分析，修复时注意控制好拉拔力的方向、大小和作用点。

刮蹭损伤是指钢板平面与撞击力夹角很小的一种损伤，通常会伴有划伤、擦伤，与尖锐物体刮蹭时还会出现开裂现象。车辆在行驶中发生托底、翻车时，由于惯性，车辆与地面的摩擦也会造成钢板产生刮蹭损伤。刮蹭事故严重时会造成钢板撕裂、变薄及磨穿等现象，对此通常采用更换的方法，不建议修复。

四、钢板损伤类型

车身板件修理的第一步，就是对受到损坏的部位进行损坏分析。修理人员必须能够识别出受到损坏的金属上的变形状态。金属板上的损坏一般分两种，即直接损坏和间接损坏，如图7-1-6所示。

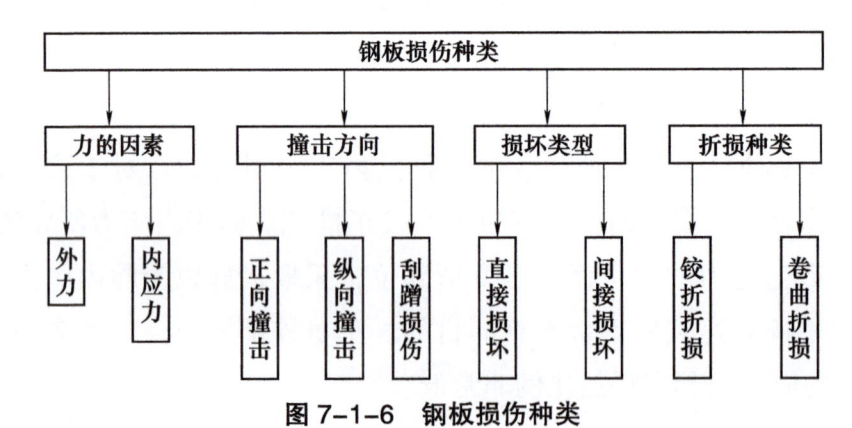

图7-1-6 钢板损伤种类

1. 直接损坏

直接损坏（direct damage）是指碰撞的物体与金属板直接接触而造成的损坏，也就是碰撞点部位的损坏。直接损坏通常以断裂、擦伤或划痕的形式出现，用眼睛即可看到。在所有的损坏中，直接损坏通常只占10%~15%。但是如果碰撞产生了一条很长的擦伤或折痕，它将在总损坏中占80%。维修人员可以对严重的直接损坏进行修理，但现在车身上使用的金属件太薄，难以重新加工，校正修理需花费很多时间。所以实际过程中一般不对受到直接损坏的部位进行修理。直接损坏部位的修复通常需要使用塑料填充剂（腻子），在填充的过程中，间接损坏也会同时得到修理。

2. 间接损坏

碰撞除产生直接损坏外还会产生间接损坏（indirect damage），也就是说间接损坏是由直接损坏引起的。在实际维修中，间接损坏占所有类型损坏的80%~90%。所有非直接的损坏都可认为是间接损坏，如图7-1-7所示。

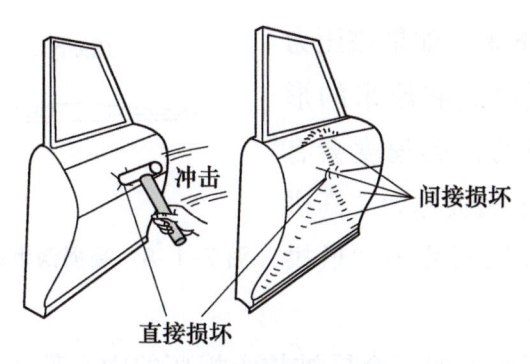

图 7-1-7　直接损坏和间接损坏

各种构件所受到的间接损坏基本相同。它会产生同样的弯曲和压缩。而80%~90%的金属板都可采用同样的方法修理。只是由于受损坏部位的尺寸、硬度和位置的不同，所用的修理工具也有所不同而已。

五、钢板折损的种类

折损是钢板被弯曲到一定程度后，出现的一种塑性变形现象。钢板弯曲后不一定就会出现折损，只有弯曲到不能恢复原来的形状才能称之为折损，也称为"死褶"。它通常是以沟或槽的形式存在。根据其损坏种类可分为铰折折损和卷曲折损。

铰折折损是指钢板受到撞击力后，像铰链（合页）一样被弯曲。此时钢板的厚度几乎不会发生明显变化，这种折损在一些比较平坦的部位容易出现。对钢板铰折折损进行校正时，通常采取拉伸的方法以消除应力。而单纯的反向校正很难保证整体尺寸恢复。

当钢板以一定的曲面（隆起）存在，受到撞击产生折损时，将会倾向于卷曲，这种折损称之为卷曲折损。卷曲折损将会造成钢板折损两侧隆起部位收缩，并在折损处形成箭头形状，折损方向与隆起处方向相反。对卷曲折损进行修复时，也应采取拉伸的方法，消除应力，并将收缩部位放开。

六、板件损坏的拉伸区与压缩区

板件损伤后，一般用"压缩"和"拉伸"来形容金属受损以后的状况。这些状况也可用"高点"和"低点"来描述。在任何损坏发生以前，金属内部都已存在压缩和拉伸，所有的拱形都受到压缩。但这里的"压缩"并不是指发生损坏时产生的力，而指金属被挤压的部位受到一个新产生的压力的作用，该压力通过加工硬化被保留下来。如果该压力突然消失，金属将返回到它原来的形状。通常各种金属板的拱起程度会有所不同，拱形很高的金属板称为"高拱形"，而接近平坦的金属板称为"低拱形"，如图7-1-8所示。

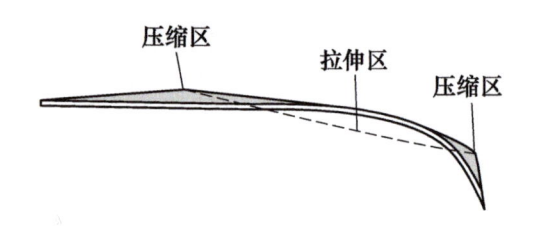

图7-1-8　受损钢板截面上的拉伸区和压缩区

当低拱形的金属板受损时，金属被拉入损坏的中心部位。这个拉力使金属板低于它原来的高度，低于正常高度的损坏区称为拉伸区。相反，金属板上任何超出原高度的损坏区都称为压缩区。

判断金属板件产生的变化，应考虑金属板在受到损坏前压缩或拉伸的状况。校正时，先要确定受损部位受到的是拉伸还是压缩，然后才可确定修理的方法和使用的工具。不能用锤子敲打拉伸区，也不能用垫铁敲打压缩区的内侧，要根据压力的方向来决定需要施加的力。同样当损坏部位存在压缩区时，不能在此部位使用塑料填充剂。

七、车身板件上拱起变形

汽车外部面板上的拱起（deformation）类型有单曲拱形、复合拱形和双曲拱形三种。不同类型的拱形在受到外力时变形是不相同的。

1. 单曲拱起的变形

如图7-1-9所示，单曲拱形的金属板（图7-1-9a），在纵向（金属板的长度方向）是平坦的，而在横向（金属板的宽度方向）是拱形的。当金属板拱形处顶端施加一个压力时（图7-1-9b），则在金属板的纵向方向受到拉伸（图7-1-9c），在金属板的横向方向受到压缩（图7-1-9d）。

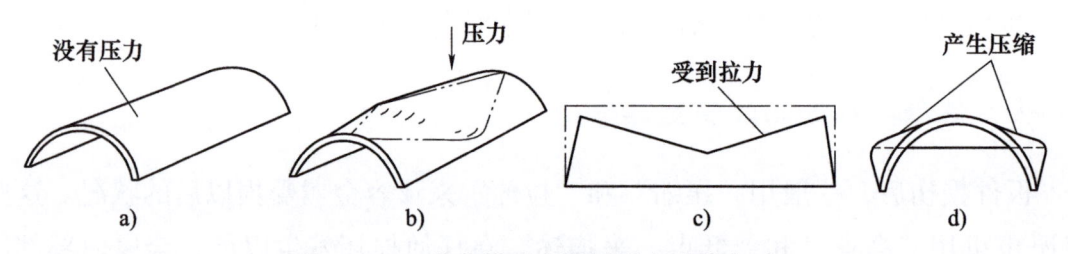

图7-1-9　单曲拱形金属板受力后的变形
a）损坏前的金属板　b）损坏后的金属板　c）侧视图　d）正视图

2. 复合拱起的变形

所谓复合拱形就是平面与拱形的组合。图 7-1-10 所示就是复合拱形金属板受力后的变形图。板件压力（P）的方向是由上向下，几乎是垂直的。由于拱形处金属的强度比平面处大，抵抗压力能力强，所以凹陷卷曲 P 到 BC 段长度小于 P 到 BF 段。事实上，在受到损坏时，P 两边所受到的力相同，但是左侧金属损坏的面积较大。不熟练的修理人员在校正这种变形时，只是设法先让金属向上移动，这将会对金属板上平面的部位造成进一步损坏。平面的部位将会屈服于校正力而断裂，但 P 到 BC 部位却未受影响。对这种情况进行的校正应该是先将 P 到 BC 部位的折损处展开，因为这里是展开较平坦部位的关键。

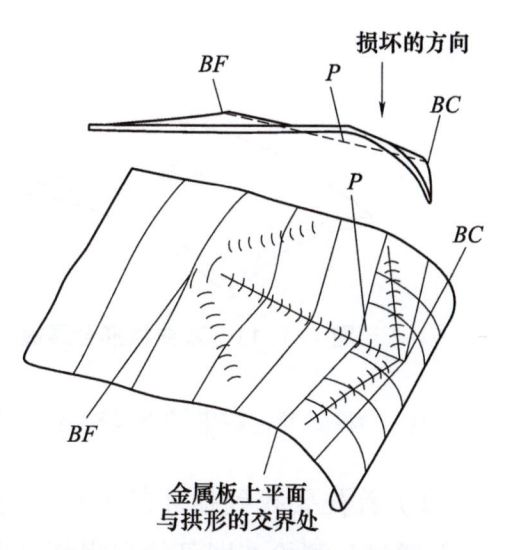

图 7-1-10 复合拱形金属板受力后的变形

如焊接不当，或不正确地操作钣金锤、垫铁导致出现了拱形的折损时，拱形的金属板上会产生一个凹陷区（也叫收缩区），凹陷区将低于正常的高度。对于出现在拱形处的凹陷区，如果在它附近没有伴随着出现一个压缩区，便可以用拉伸的方法来校正收缩的凹陷区。通过升高受拉伸的凹陷区的方法进行校正时，只会降低邻近部位的高度。但一块受到损坏的金属板上除出现凹陷区外，总会出现些压缩区。如果它不是受到来自下面的损坏，而采用拉伸方法校正，金属将受到向里面拉的力，使凹陷进一步加深。

3. 双曲拱起的变形

大多数金属板上的各种弯折都发生在一个方向上，而在另一个方向上保持平坦。但是，也有一些金属板在两个方向上都有拱形，这类拱形就是双曲拱形，如图 7-1-11 所示。

在拱形的表面上发生的弯曲折损会扩散到离它最近的平坦区。但在双曲拱形表面的金属板上，卷曲折损通常会从受碰撞处向各个方向传播，就像车轮上的辐条一样，轮毂则相当于最初的碰撞点，如图 7-1-12 所示。

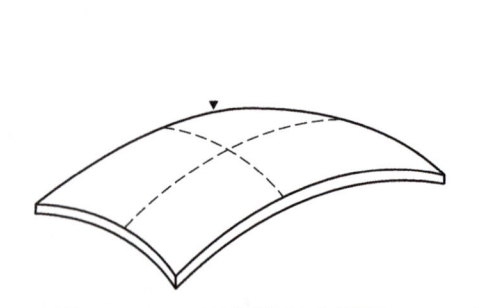

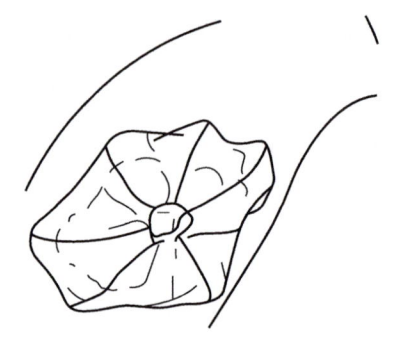

图 7-1-11　双曲拱形金属板　　图 7-1-12　双曲拱形金属板的凹陷卷曲折损

八、板件损坏部位的修复程序

1）首先要找到损坏的方向，碰撞损坏的方向应该和碰撞的方向完全相反。一般通过目测检查即可找出损坏方向。

2）在修理时，基本的原则是最后的损伤要最先修复，最先的损伤最后修复。

3）在损坏部位中，离直接损坏点最远的位置要最先进行修理，以此类推把损伤全部修理好，对最后的直接损伤位置可能需要用塑料填充剂修理，如图 7-1-13 所示。

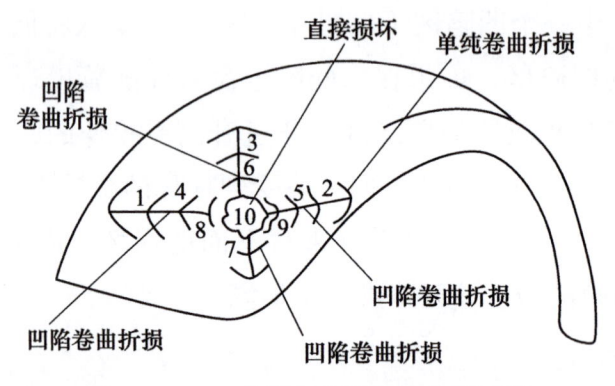

图 7-1-13　碰撞产生凹陷卷曲的过程

学习任务二　车身板件变形的维修方法

一、钢板维修方法分类

钢板维修是指维修受损钢板以达到可以施涂原子灰（atomic ash）的状态。

目前，事故车依照受损情况，可分成大损伤车和小损伤车。大损伤车指车身车架梁件需要修理的车辆。小损伤车指车身钢板需要修理或更换的车辆，如图 7-2-1 所示。

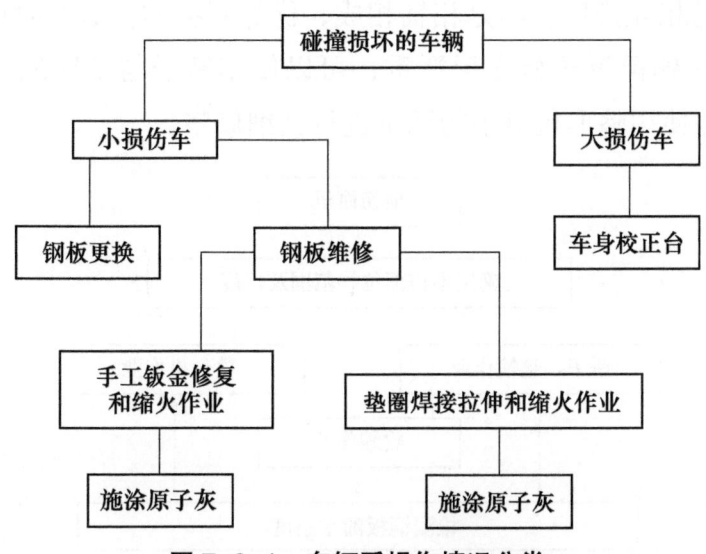

图 7-2-1　车辆受损伤情况分类

钢板维修基本可分为两种，即锤子与垫铁敲击修复和外形修复机拉拔修复，如表 7-2-1 所示。

表 7-2-1　敲击修复与拉拔修复的使用部位

维修作业方式	锤子与垫铁敲击修复	外形修复机拉拔修复
使用损伤部位	内侧可触及部位	内侧不可触及部位
面板部位举例	车门中间部位 前翼子板 后翼子板后部 后围板 车顶中部 发动机舱盖和行李舱盖	前、后车门的边缘部位 前立柱、中立柱、后立柱 后翼子板轮弧部位 车门槛板 车顶边缘部位 发动机舱盖和行李舱盖的夹层

但这并不是一个固定的模式与规律。如对于面积较大的钣金件，虽然很多情况下内部可以触及，但由于损伤内部空间较小及受手臂长度所限，采用锤子与垫铁作业实施起来将非常困难。同样，一些不易触及内部的损伤由于变形量较大、凹陷较深，使用整形机作业根本无法修平。只能在内侧钻孔，剥开咬合的双层边缘，或从内侧工艺孔伸进修平刀（撬板），通过与锤子配合将损伤修平。甚至有时还需将内层整体或局部取下，待损伤部位修平后再安装或焊接到原来位置。所以，面板修复前应根据损伤部位、程度及范围，选择合理的作业方式，

制订出相应的流程，如图 7-2-2 所示。正确选择修复方式对于工作效率和维修质量起着至关重要的作用。这两种作业方式各有优缺点，如表 7-2-2 所示，在维修过程中不是相互排斥，而是相辅相成，优势互补的。必要时可同时或先后、交替使用。如车辆前翼子板变形严重，可以使用锤子与垫铁配合进行粗校正，消除应力后，再使用整形机对小的凹坑进行精细修整。

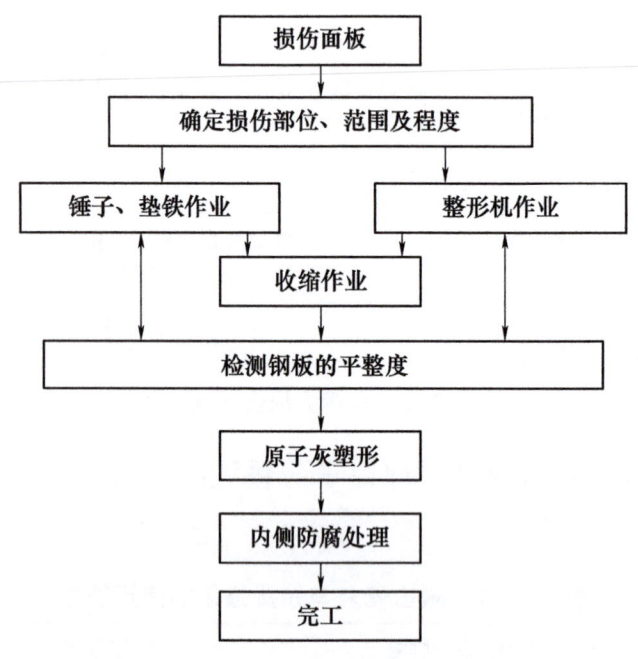

```
           损伤面板
              │
              ▼
     确定损伤部位、范围及程度
         │              │
         ▼              ▼
   锤子、垫铁作业 ←→ 整形机作业
         │              │
         └──→ 收缩作业 ←─┘
                │
                ▼
         检测钢板的平整度
                │
                ▼
            原子灰塑形
                │
                ▼
            内侧防腐处理
                │
                ▼
              完工
```

图 7-2-2　面板损伤维修的作业流程

表 7-2-2　敲击修复与拉拔修复优缺点对比

维修方法	优　点	缺　点
敲击修复	1.操作方法简单、实用，对设备的依赖较小 2.适合于各种损伤程度的面板修复 3.敲击的同时可有效消除应力	1.实敲作业时容易造成钢板延展 2.控点不准 3.损伤部位内侧需要较大的维修空间
拉拔修复	1.适合内部不可触及部位的修复，优化修复工艺 2.可以不用或减少拆卸内侧相关零部件，较少工作量及劳动强度 3.控点较准，对于较小凹陷部位也能直观、准确拉出	1.较深、损伤较重的凹陷容易拉出孔、洞 2.对钢板有热影响 3.不适合修复损伤严重的钢板

二、车身外覆盖件损伤部位与修复程度的确定

对于钢板损伤，修复前应采用一定的方法确定其具体部位、范围及损伤程度，以制订合理的作业方法与顺序。而修复作业中及竣工后，也应对损伤部位

的修复程度进行检验，避免过度修复，同时判断损伤部位是否修复到位。

1. 目视检测

利用钢板漆面光线的反射来判断损伤变形部位和范围。如图 7-2-3 所示，采用目测法检查时，应将车辆停放在光线充足的地方，将漆面的尘土擦拭干净，并与损伤部位保持一定的距离。然后从各个不同的方向、角度，用眼睛去观察损伤部位，通过漆面光线的反射判定损伤部位和范围。目测法适用于大面积的钢板损伤，对于一些单位面积较小的凸凹点，也可以比较直观地观察到。在确定好较小的凸凹点部位后，应及时用粉笔或胶带做出标记，否则一旦实施维修，将很难判断正确的区域。在修复过程中，目测法适合检测损伤面积较大的面板弧形和平整度，对于小范围内的平整度，则需要采取其他手段去进行检测。

图 7-2-3 目视检测

2. 触摸检测

将手放在损伤部位，从各个不同的方向、角度用手反复移动、触摸，从而判断、检测钢板的弧形和平整度。手感是一种感觉与经验，可以感觉到整个损伤部位的弧度，也可以非常容易感觉到钢板的隆起与凹陷，是车身面板修复作业中使用范围最广、使用频率最高的一种检测手段。用手感检测修复程度前，应在受损的部位周围制作出羽状边。用手触摸时，不要施加力量于手上，专心去感受手的感觉，手在反复移动时，必须覆盖大的面积，也包括没受损伤的区域。触摸时是否佩戴手套，应根据个人习惯而定，不能一概而论。

3. 车身锉检测

车身锉检测是利用车身锉在钢板上锉过的痕迹（俗称镗一下），找出损伤部位修复后所存在的高点与低点等缺陷。通常只用于检测损伤部位修复后的平整度，对于钢板的整体形状检测效果不是十分明显。检查弧形面时，建议使用可调节的柔性锉。使用前，通过螺栓将车身锉的弧度调整到略大于钢板平面，这样在压到弧形面时两端留有一定的间隙，给操作带来很大方便。

4. 样板检测

样板检测属于对比法测量的一种，适合于检测面板的形状与曲面。

目前，车身面板形状主要以流线型为主，棱角分明的形状设计越来越少。曲面是指加工成形后的面板具有一定程度的曲率。出于减少行驶时的风阻、车身式样及提高性能方面的考虑，汽车车身面板设计成各种各样的形状与曲面。这些各式各样的面板在图纸上全部标有缓和的曲线或者大小不同的曲面。这些曲面有的是出于车身式样设计上的考虑，有的则是出于提高强度方面的考虑。曲面的种类大致可以分为低曲面、高曲面、组合曲面和倒曲面。

在修复作业中，对于面板的曲面和形状经常会有拿捏不准的时候，这时就需要使用样板，通过对比法来进行检测。目前专用样板较少，一般常用的样板是由若干个可以活动的塑料板组成，这些塑料板相互独立，在推动后可以保持位置不变（定位），以便于下一步的对比检测。使用时，将样板放在与受损部位相对应的另一侧，推动塑料板使之与钢板完全吻合，保持形状不变，以便取样。然后放在受损的部位，通过观察成形后的样板与钢板是否吻合，来对比判断损伤部位的形状与曲面是否修复到位。车身两侧同时受损时，可以从没有受损的型号相同的车辆面板上进行取样。

另一种方法是自制样板进行对比检测。自制样板适用于大批量维修某一种车型的专修厂或4S店。自制样板时，使用薄纸板，放在与受损部位相对应的另一侧，通过划线及裁剪，使之与面板的形状与曲面相吻合。然后通过观察裁剪好的样板与受损部位是否相吻合，从而判断面板是否修复到位。为确保经久耐用，可使用薄钢板复制出与该纸板形状一样的模子备用，这样在以后修复同一部位的面板损伤时，很容易通过模子找出原来的形状与曲面，如图7-2-4所示。

图7-2-4 自制样板

5. 零部件对比法检测

车身面板能否修复到位，直接影响到相关零部件的安装及匹配。面板修复过程中，应将相关零部件安装上去，检查相关部位的配合情况，以便判断、检测修复的程度。在安装零部件时，不要错过任何细节及细微之处，尽管这一过程非常烦琐。有的需要反复拆装很多次，甚至在施涂原子灰后、喷涂面漆前还需要再次安装进行确认。但这样可以有效确保质量，避免返工。零部件对比前，应凭借经验及根据具体情况合理选择安装零部件，过多的安装将增加工作量或加快零部件的损坏。

6. 测量方法检测

测量检测是通过一定的方法或手段对面板的损伤程度、范围进行确定，以及对修复程度进行判断确认。常用方法有钢板尺检测、钢卷尺检测和机械测量尺检测。

1）钢板尺（steel ruler）检测。先将钢板尺放置于没受损的面板上，测量钢板尺与面板之间的间隙。再将钢板尺放置于受损的部位，通过受损部位与没受损部位间隙之间的差异，判断面板形状与曲面的损坏情况或修复程度。

2）钢卷尺（steel tape）检测。检测面板边缘、轮弧等部位的受损情况和修复程度。在面板内部找出没有变形且两侧相对称的基准点，测量出没受损一侧基准点到面板边缘、轮弧等部位的数据。再测量出受损一侧基准点到面板边缘、轮弧等部位的数据。两组数据进行对比以检测面板的损坏情况或修复程度。

3）机械测量尺（mechanical measuring ruler）检测。利用车身的对称性使用龙门式机械测量尺检测面板的整体形状和轮廓。首先确定车辆基准点、零平面和中心线，将龙门尺推动到适当位置，使用没受损一侧的探头测量出面板上部任意几点的三维数据。将受损一侧的探头按照这些数据进行设置，观察探头与受损部位的吻合情况，判断面板的损坏情况或修复程度。这种测量相对其他方法较为准确，但比较麻烦，工作量较大。对于面板局部小面积损伤的情况，不宜采用此种方法。

三、钣金锤与垫铁整形工艺

钣金锤（sheet-metal hammer）与垫铁整形是传统的手工工艺，需要一定的经验和技巧，不是短时间内能够全部掌握的。作业时需要一手持锤，另一只手握持垫铁或其他工具配合进行敲击整形，修理范围主要包括变形曲面整形和线形校正等。

1. 敲击原理

钢板具有塑性性能和可加工性能，在受到外力时会产生变形。将一块钢板放置于工作台上，使用锤子敲击，由于冲击力的作用，钢板两端发生翘起。当锤击力量越大，锤子表面的弧度越大，锤击部位的钢板延展现象和两端翘曲现象将更加明显，如图 7-2-5、图 7-2-6 所示。

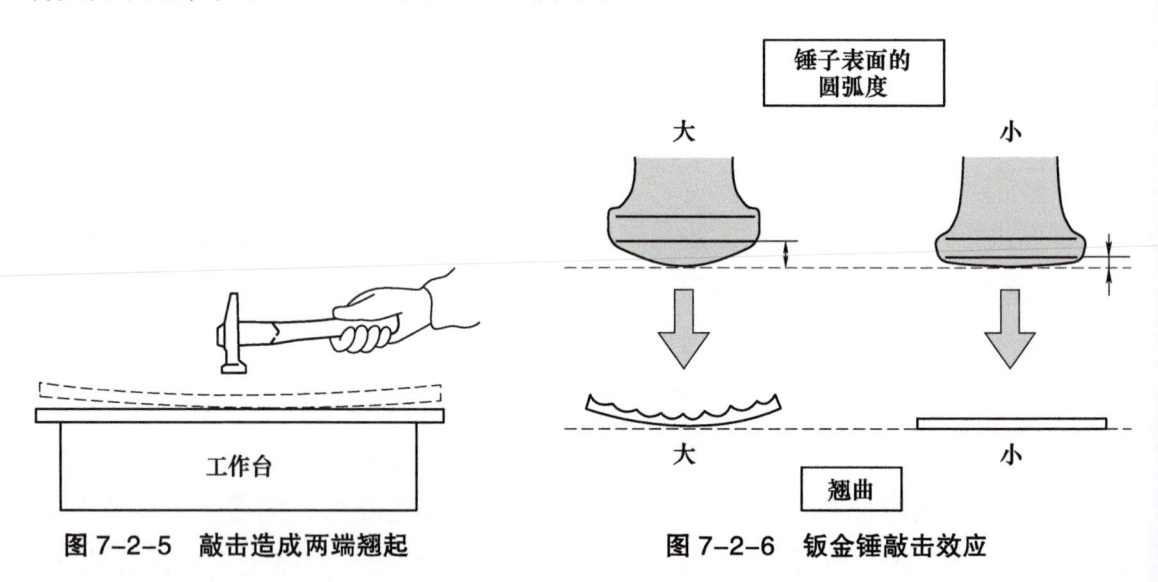

图 7-2-5　敲击造成两端翘起

图 7-2-6　钣金锤敲击效应

2. 钣金锤的敲击方法

在车身修理中，经常用钣金锤敲打金属板，促使金属板表面回弹。这种使用方法和钉铁钉所用的铁锤子方法是不同的。如果像钉铁钉那样使用锤子，会给金属板造成更多的损坏。校正金属板件的关键是应知道在什么部位、在什么时间、用多大的力敲打多少次。应该按图 7-2-7 所示方法握住钣金锤：以下面的两个手指为支点，其他的手指（包括拇指）将钣金锤向下推作垂直敲打。当锤子从金属表面上弹回时，可以绕着支点作轻微的旋转，用手腕发力（不是手臂发力），使锤做环状运动，如图 7-2-8 所示。每两次敲击点的间距为 9~12mm，直到损坏处得到修复。在用钣金锤敲打到金属板上时，锤子的平面应该与金属板的平面一致，否则会对金属板产生损坏，如图 7-2-9 所示。

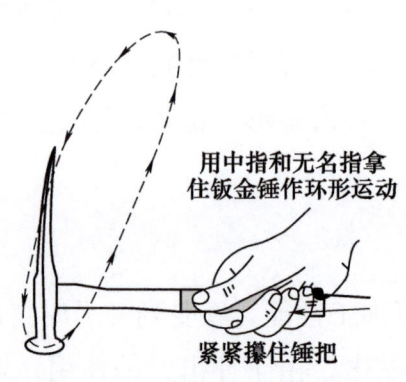

图 7-2-7　操作钣金锤的动作

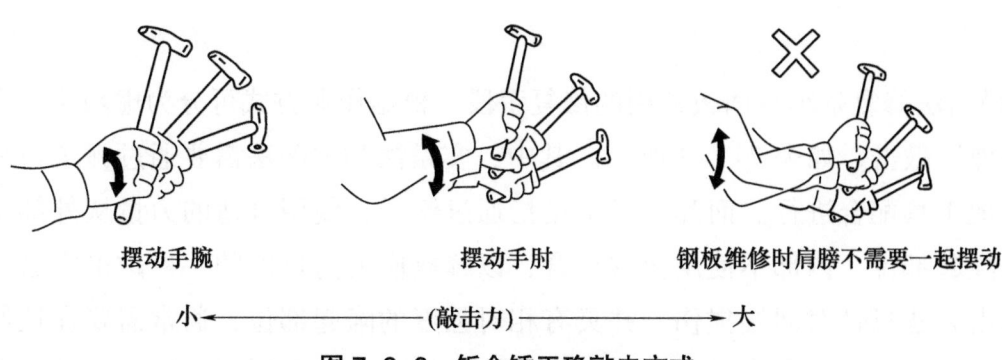

摆动手腕　　　　　　　　摆动手肘　　　　　钢板维修时肩膀不需要一起摆动

小 ←——————(敲击力)——————→ 大

图 7-2-8　钣金锤正确敲击方式

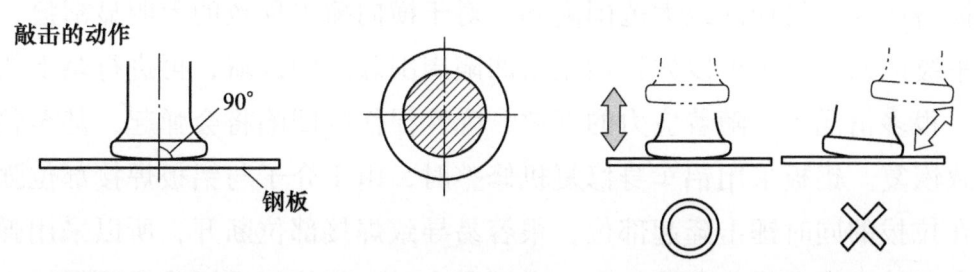

敲击的动作

敲击角度：与钢板成90°　　敲击点：锤面的中央　　敲击方向：以上下垂直的方向进行

图 7-2-9　钣金锤敲击方式对比

钣金锤的工作面必须与金属板的形状相配合，具有平坦锤面的锤子适用于平坦的或低拱形的金属板表面；凸形工作面的敲击锤适用于敲打内侧的弧形金属面；重型敲击锤可用来进行大致的修整，但要保证敲击不能加重损坏的程度，如图 7-2-10 所示。

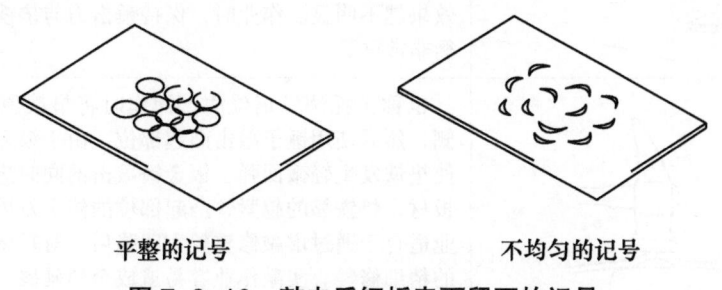

平整的记号　　　　　　　　不均匀的记号

图 7-2-10　敲击后钢板表面留下的记号

精修锤用于最后的精整修复。精修锤比敲击锤轻，而且通常都带有锤头。精整修复时，敲击的要领是快速轻敲。敲击时，锤子也应和金属表面垂直。用精修锤敲打金属表面的棱边将会加重金属的变形。

在敲击金属板以前，一定要清除掉金属板内外表面上的柏油、泥土和内涂层等，以确保修理工具能够直接与金属相接触。

3. 敲击法种类

敲击法修复是车身面板常用的修复手段。根据作业方式可分为虚敲法、实敲法和弹性敲击，如表 7-2-3 所示。其中，实敲法和虚敲法需要通过锤子与垫铁或其他工具配合进行。而弹性敲击是指通过锤子，使用合适的力量从外部直接敲击隆起部位，内部不使用垫铁配合，以释放应力为目的的一种敲击方法。此种敲击方法只针对间接损伤，并具有相对强度的隆起部位，通常需要在拉伸的同时进行。适合于车身纵梁和横梁、车门槛板、车门和翼子板等钣金件，受到纵向撞击而导致的局部或大范围隆起。对于横向撞击导致的无明显褶痕，形状过度平缓的凹陷，也可以先弹性敲击凹陷周围隆起的区域，再进行余下的修理工作。很多情况下，随着应力的释放，弹性损伤的凹陷将会弹起，甚至整体形状大致恢复。铝板采用铝车身修复机修整时，由于介子与铝板焊接部位强度较低，在拉拔的同时锤击隆起部位，很容易导致焊接部位断开，所以采用弹性敲击首先释放应力的作业方式较多。弹性敲击时，可使用木锤或橡胶锤，也可以垫上木块或修平刀，以获得良好的效果，并避免出现新的凹陷。

表 7-2-3　敲击法的种类

类型	图示	说明
虚敲		也称偏托法、错位法。作业时将垫铁顶在钢板内侧较低的部位，使用钣金锤敲击凹陷周围较高部位。由于锤击力的作用，高的部位被敲低，而低处则因为锤击的反作用力被提高。虚敲适合于面板损伤的初步校正，建议使用木锤或橡胶锤，尽量使垫铁和锤子的距离近一些，锤子离垫铁的距离越远，效果越不明显。作业时，保持锤击力与垫铁贴紧力之间的平衡非常重要
实敲		也称正托法、正位法。操作时将垫铁顶在凸起部位的内侧，然后使用锤子敲击凸起部位。由于钣金锤的冲击作用会使垫铁发生轻微回弹，钣金锤敲击的同时垫铁也会同时击打板材，垫铁靠的越紧，凸起部位的修平效果越明显。实敲作业适合于通过虚敲修整较大凹陷后，对轻微的凹凸部位进行的精细修整。实敲作业容易造成金属延展，操作时尽量选择木锤与垫铁配合
弹性敲击		弹性敲击，俗称"震一震"，是指通过锤子敲击隆起部位，内部不使用垫铁配合，以释放应力为目的的一种敲击方式，多数情况下需要在拉伸的同时进行。钢板变形导致金属内部晶粒结构改变，弹性敲击就是利用锤子敲击产生的振动及在拉伸力的影响下，使金属晶粒重新排序，达到释放应力的目的。作业时，锤击力不可过重，适可而止，不可将锤击力着实地施加于钢板。锤击时尽量选择木锤或橡胶锤，或在敲击时垫上木块，避免造成钢板的进一步损坏

4. 垫铁的使用方法

垫铁（iron pad）的作用相当于铁砧，也可以看作是小型的工作台。通常由平面、弧面和棱角组成，形状各异，可以满足不同部位的需求，如图 7-2-11 所示。常用材料是工具钢，是木制或塑胶制成。垫铁的作用至关重要，需要与锤子进行紧密配合。通常它在钢板内侧的作用是支撑和垫平，有时也可以作为敲击工具向外击打较低的凹陷部位。垫铁的使用方法，可分为断贴法和紧贴法，如表 7-2-4 所示。

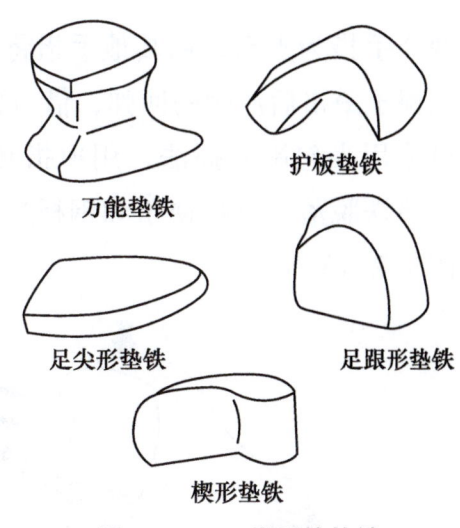

图 7-2-11　常用的垫铁

表 7-2-4　垫铁的使用方法

分类	实例	适合损伤类型	特征
断贴法		适合于凹陷较深的部位修理。操作时，将垫铁紧压在塑性变形的内侧，并向外施加一个推力，锤击隆起部位。也可使用垫铁从内侧击打凹陷部位。击打时，外侧的锤子可以顶住隆起部位，起到类似垫铁的支撑作用，锤子也可以同时击打隆起部位	1）锤子落点与垫铁的顶贴点不一定重合。 2）钢板内侧垫铁不但起到垫铁的支撑作用，而且还可以当作敲击工具。挥动以产生冲击力，击打钢板较低的部位使之上升。所以垫铁与锤子击打时间不一定同步
紧贴法		适合于凸起部位的精加工操作。操作时注意钣金锤与垫铁的配合，确保垫铁跟踪及时，锤面落点准确	1）锤子落点与垫铁的工作面一定重合，垫铁跟踪及时，确保锤子的落点与垫铁顶贴点一一对应。 2）垫铁始终紧贴在钢板内侧，防止打空而破坏面板的平面度

5. 敲击修复作业要领及注意事项

1）面板修复前，应检查锤面、垫铁及修平刀表面是否光滑，对有瑕疵的部位应进行修理。使用有伤痕的锤子和垫铁，将导致面板表面出现击痕。根据被修复的面板形状与曲面，合理选择锤子和垫铁的形状与弧度，不恰当的工具将造成钢板损坏加大，如图 7-2-12 所示。

2）使用锤子时，应轻轻握住锤柄的后部，以下面

图 7-2-12　正确选择工具

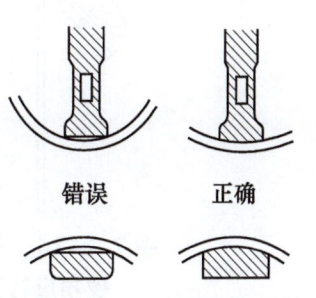

两个手指为支点，用其他手指将锤子向下推。采用腕挥的敲击手法，并充分利用锤子敲击后产生的回弹，借力再次敲击下去，以降低劳动强度。握持垫铁时，可采用半包围的握法，用拇指和小指撑住，其他三个手指紧紧握住垫铁，防止垫铁脱落，这样便于和钢板贴紧，并且能充分运用腕力向外侧顶住钢板，如图 7-2-13 所示。

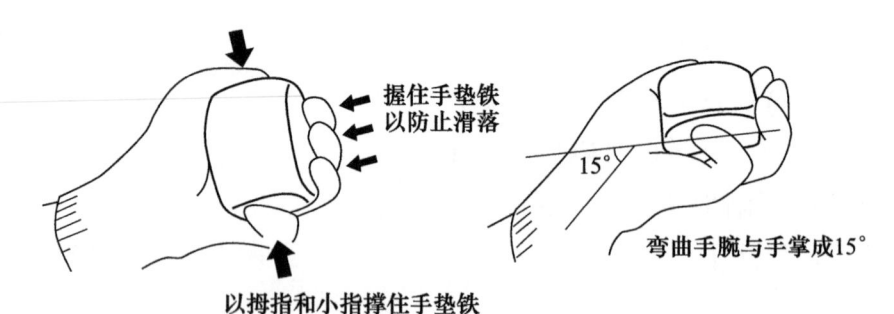

图 7-2-13　垫铁的握持方式

3）锤击时，钣金锤的平面应均匀地与钢板接触。如果锤击面的边缘接触钢板，则会在钢板上留下月牙形的凹痕。锤击落点要准，精细修整时应快速轻敲，过多的敲击次数和较大的锤击力量将造成钢板延展。为减少延展，可采用木锤或橡胶锤进行敲击作业。对于车身冲压线的变形，可以在外部使用车身拉出器向外拉出，同时在内侧使用钝錾子向外敲击，不可使用垫铁的棱角部位对面板曲面和冲压线进行实敲作业，如图 7-2-14 所示。

4）钢板内侧不易触及时，可使用修平刀替代垫铁，如图 7-2-15 所示。修平刀的作用广泛，用途取决于它的形状。某些类型的修平刀可以当作锤击工具，也可以利用杠杆原理使用修平刀进行面板修整。对于小的凹陷可以从车门顺水孔或工艺孔等部位伸进撬镐进行修整。

图 7-2-14　不可使用垫铁棱角进行实敲操作

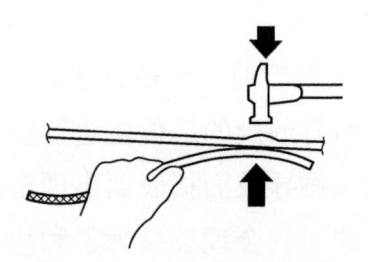

图 7-2-15　使用钣金锤与修平刀的配合操作

四、整形机修复工艺

1. 整形机工作原理

车身整形机，又称介子机，属于电阻焊接的一种。它的工作原理是利用电极头上夹持的各种附件与钢板接触，通过大电流，使接触部位产生电阻热，以获取与需求相对应的各种功能。整形机常用功能包括垫片焊接、蛇形线焊接、与滑动锤安装一起的焊接极头焊接及收缩作业等。车身整形机焊接后向外拉拔原理，等同于锤子与垫铁作业时的虚敲作业。虚敲作业是将垫铁放置在钢板凹陷较低的内侧部位。整形机修复是将介子焊接在钢板凹陷较低的外侧部位，向外拉出，以取代从内侧向外压出的垫铁，如图 7-2-16 所示。

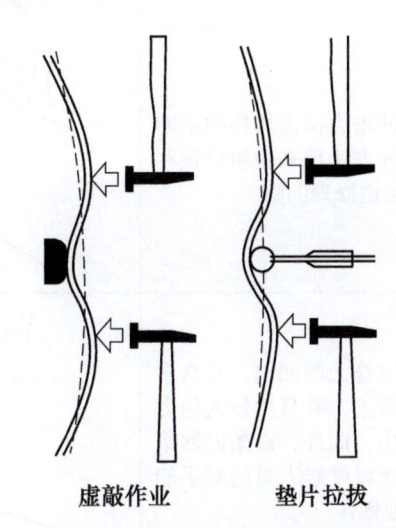

图 7-2-16 垫片拉拔原理等同于虚敲作业

2. 拉拔修复法的种类

拉拔方法分为单点拉拔和多点拉拔，也可称之为局部拉拔和整体拉拔。

单点拉拔是指使用具有焊接极头的滑动锤焊接或焊接单个垫片，对局部或比较轻微的凹陷进行拉拔的方法。单点拉拔所影响的范围较小，通常以点的形式表现。整体拉拔是指焊接成排垫片或蛇形线等，通过一定的连接方式，使用人力或机械牵引上述介质，使每个垫片或蛇形线的焊接部位均匀受力，从而将损伤部位整体拉出的方法。这种将众多垫片焊接在一起的整体拉拔的方法，也称拉环法或垫片穿轴法等。整体拉拔所影响的范围较大，通常以面的形式表现。一般针对大面积的双层结构钣金件、转角过渡处和车门立柱、车门槛板等较重的损伤。

采用整形机修复作业时，应根据损伤程度、面积及部位等实际情况，合理选择焊接方式与拉拔方法，如表 7-2-5 所示。

表 7-2-5　拉拔的方法

方　　法	说　　明	图　　例
使用手拉拔器拉拔	使用手拉拔器拉拔焊接垫圈，然后以锤子敲击钢板凸起部位。此种方法用于维修小的凹陷部位	
使用滑动锤拉拔	利用滑动锤的冲击力拉出焊接的垫圈来修理凹陷。此种方法用来做粗拉拔和在钢板强度高的部位修理凹陷	
使用拉塔拉拔	此种方法用于维修大的凹陷，将众多的垫圈焊接于钢板上，并且用较大的力量将垫圈一起拉出。此外，链条能够维持拉拔的力量，所以维修人员的双手能够空出来执行其他操作	

五、钢板收缩工艺

钢板收缩操作是指通过一定的方法或手段，将已经延展的钢板拉紧，使其恢复到原有状态。钢板在冲压、撞击及修复的过程中都有可能发生不同程度的延展。钢板延展后，其内部晶粒会发生形变、相互远离或疏松，钢板变薄并发生加工硬化。可以采用收缩的方法将金属板材拉回到原来的位置，使金属恢复到原来的形状和厚度。

1. 钢板延展、变薄及鼓动原因的分析

钢板延展后尺寸变长，厚度变薄，具体的表现形式是在损伤大致恢复到原始形状时，延展部位出现隆起或凹陷。很多情况下，隆起的部位用手向内侧按时，出现凹陷，压力一旦解除，凹陷则会产生回弹，就像油壶的底一样。而凹陷部位再从内部轻轻施加一个向外的推力，或从外部施加一个拉力，则很容易反向出现隆起，这种现象称之为鼓动油壶或弹跳现象。这种鼓动的部位，即使是在钢板的平整度允许的范围内，也不可刮涂原子灰，否则会由于钢板支撑性能较差，而很难有效进行原子灰研磨。另外，修复部位的耐久性也很难保证。

  钢板延展后将会出现变薄和鼓动的情况，三者间有着密切的因果关系。但同时各自也都有着自己的成因，并不存在必然的因果关系，应根据具体情况而定。如钢板延展后随着弧形的增加，抗凹性能增加，并不一定会出现鼓动现象。钢板变薄的很多情况是在维修时造成，并不一定是由于延展所引起的。而鼓动现象除了有延展的原因外，还可能有以下几种原因造成，如表7-2-6所示。

表7-2-6　导致钢板出现变薄、延展、鼓动的原因分析

钢板变薄的原因	① 冲压成形时的冲击力 ② 撞击产生的冲击力 ③ 维修作业中的拉伸、敲击、研磨以及车身锉检测平整度时的锉削 ④ 钢板锈蚀
钢板延展的原因	① 撞击时的冲击力造成钢板延展 ② 维修操作中的拉伸、锤击
钢板产生鼓动的原因	① 钢板延展 ② 钢板内部支架、加强板、防撞梁等变形和开胶 ③ 钢板边缘或冲压线变形 ④ 内外层咬合部位不紧、焊点开焊

  1）面板内部支架、加强板和防撞梁等变形或开胶。面板在受到撞击时，与内部支架、加强板和防撞梁等仍然紧贴，用手按动时一般不会出现鼓动现象。随着面板逐渐向外拉出，此时距离会逐渐加大，一些原本打胶的部位在撞击或维修的影响下也会开胶。此时用手按动面板，将会出现鼓动现象。对此类现象，应在对内部支架、加强板和防撞梁等进行修复或更换后，进行打胶处理，待胶固化后，再确认是否会出现上述现象。

  2）面板边缘或冲压线变形。面板边缘部位或冲压线变形，将直接关系到钢板的曲面，曲面的高低则直接关系到面板的支撑能力。通常边缘部位或冲压线修复过度时，会造成面板的曲率减小，此时鼓动现象产生的概率较高。所以出现鼓动现象时，应注意检查上述部位是否修复到位或修复过度。轻微鼓动时，可用手从内侧将鼓动部位向外轻轻施加一个推力，并保持住。从外侧使用橡胶

锤弹性敲击钢板冲压线或钢板边缘部位，往往可获得事半功倍的效果，如图7-2-17所示。

3）双层板件的内外层咬合不紧或焊点开焊等，将造成面板拉紧效果失败，从而导致鼓动现象。

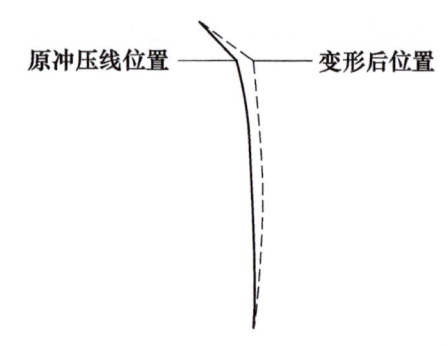

图 7-2-17 冲压线变化造成曲面改变

2. 钢板的刚性、抗凹性能与曲面

钢板刚性是指用手推压钢板时所感受的阻力。抗凹性能是指钢板抵抗凹陷的能力。二者名称不同，但意思相近，都是指钢板抵抗外部力量的一种能力。钢板的刚性和抗凹性能由材料、厚度、面积、冲压线及曲面等因素所决定。同一车身的钢板各个部位的刚性并不相同，因为钢板是由不同的曲面和冲压线组成的。同等条件下，面积越大、冲压线之间的间距越宽、冲压线越趋向于直线、曲面越小，钢板的刚性则越差，反之钢板的刚性则越好。刚性较强的部位，修理时相对困难，但不易延展，修复后产生鼓动现象的概率较小。

曲面是指钢板横断面的弧度，有低曲面、高曲面和倒曲面之分。低曲面是指过渡较为缓和的一种曲面，常见于车顶的中央、发动机舱盖及行李舱盖等部位。这些部位几乎是接近平坦的，因其曲率较小所以负荷量较小。高曲面是指具有隆起很明显的一种曲面，常见于轮弧车门及前后翼子板等部位。倒曲面是指低于整体平面的一种曲面，形状相似于凹陷。因这些部位的强度非常集中，所以倒曲面损伤时的修复是非常困难的。组合曲面是指在同一面板同时具有低曲面、高曲面或倒曲面的一种曲面。目前很多车型的车门和翼子板采用了组合曲面，从而使钢板具有了很强韧的刚性，如图7-2-18所示。

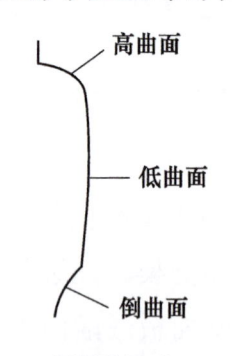

图 7-2-18 钢板的曲面

3. 延展部位的确定

钢板修复前，应进行损伤判断，注意观察哪些部位是压缩区，哪些部位是拉伸区，以便制订出施工方案。不可使用垫铁击打压缩区的内侧，更不可采取锤子在垫铁上的方法敲击拉伸区。这些拉伸区域虽然已经发生了延展，但只有在损伤部位修复到非常接近于原始平面时，才能确定钢板延展程度及具体位置。那些高于原始平面的隆起、鼓动部位通常就是延展部位。钢板延展部位主要通

过目测、手感、用手按动、钢板尺和样板等进行确定。

4. 收缩操作的方法

收缩操作按照操作温度可分为常温收缩和热收缩。常温收缩分为打褶法和收缩锤收缩。在虚敲操作中，使用垫铁顶住钢板较低的部位，钣金锤击打较高的部位。介于钣金锤和垫铁之间的晶粒将被压扁，使钢板厚度增加，尺寸缩短，这本身就对钢板起到收缩的作用，如图7-2-19所示。

热收缩分为火焰收缩、铜极收缩和碳棒收缩。其中铜极收缩和碳棒收缩为电热收缩。在使用整形机焊接或铜极压凸起点的时候，由于热量的影响，也可以起到收缩的作用。

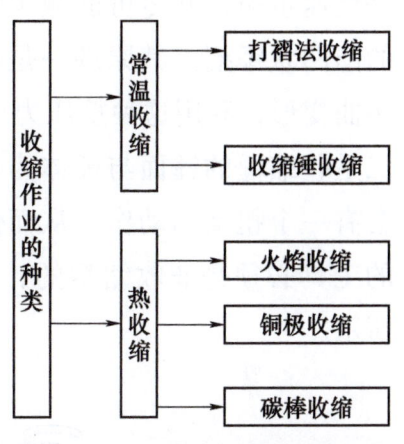

图7-2-19 钢板收缩操作的种类

综上所述，收缩并不是钢板修复时所必须进行的一项操作内容，特别是整形机作业时，由于热量的副作用，很多情况下是不需要收缩的。热收缩时的冷却介质主要是使用蘸水的潮湿海绵或压缩空气。水冷却后的收缩效果相对较好，但由于会对钢板的材料产生一定影响，所以目前主要以压缩空气作为冷却介质。各种收缩方式的特点如表7-2-7所示。

表7-2-7 各种收缩方式的特点

种 类	优 点	缺 点
打褶法收缩	收缩效果明显、钢板不受热影响	平整度较差
收缩锤收缩	钢板不受热影响	表面精度较差，只限于小的损伤部位
火焰收缩	收缩效果相对最好	对钢板热影响较大，热辐射大
铜极收缩	变形小，热影响小	只能做点收缩，对大面积延展效率低
碳棒收缩	效率高，收缩效果明显，热影响较小	收缩部位留下划痕，表面变硬

1) 打褶法收缩：和常用的加热收缩法不同，这种方法是将垫铁放在延展边缘部位的内侧，采取钣金锤在垫铁上的敲击方法，使延展区域产生一些"褶"，从而使其尺寸缩短。另外，通过钢板形变，达到收缩的目的，可增加刚性。打褶的部位稍低于原始平面，需要用填充剂进行填平，如图7-2-20所示。

2) 收缩锤收缩：收缩锤收缩只针对钢板延展范围及程度较小时采用，收缩效果相对较差，同时对钢板表面的精度影响很大。操作时，使用锤面上带有锥形凸起的收缩锤（或收缩垫铁）和垫铁（或平锤）进行配合，正位敲击。要领是慢速重敲，并尽可能减少锤击次数，敲击后钢板表面会留下与锤面形状相似的凸凹状锤痕。其原理一是利用重敲时，锤面（垫铁）花纹对钢板产生微小的多曲变形，利用这种挤压力，迫使延展部位内部比较疏松的晶粒重新紧密排列；二是收缩锤的锤面与锤体为橡胶弹性连接，由于内部结构设计，在敲击时锤面会有一个扭动的动作，从而使钢板收缩。使用收缩锤或收缩垫铁时，与之配套的工具必须是非收缩型的，不得将收缩锤和收缩垫铁同时使用，如图 7-2-21 所示。

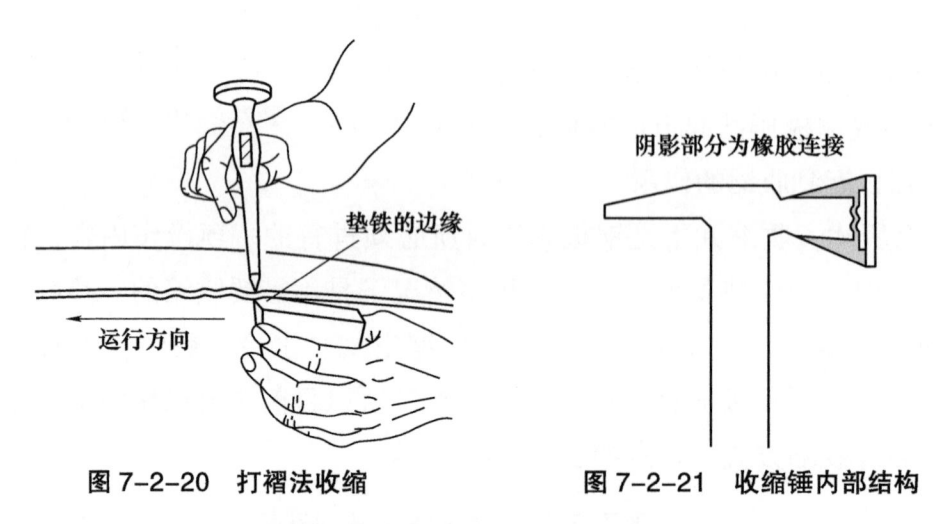

图 7-2-20　打褶法收缩

图 7-2-21　收缩锤内部结构

3）火焰收缩：火焰收缩即所谓的收火，其原理是利用金属材料的热胀冷缩性能，将一根钢棒整体加热后，其长度会增大，缓冷后又会回到原有长度，比如传统的飞轮盘齿轮安装就是利用这种原理。将钢棒的两端限制，在经过加热及骤冷的过程后，使其长度缩短，如图 7-2-22 所示。

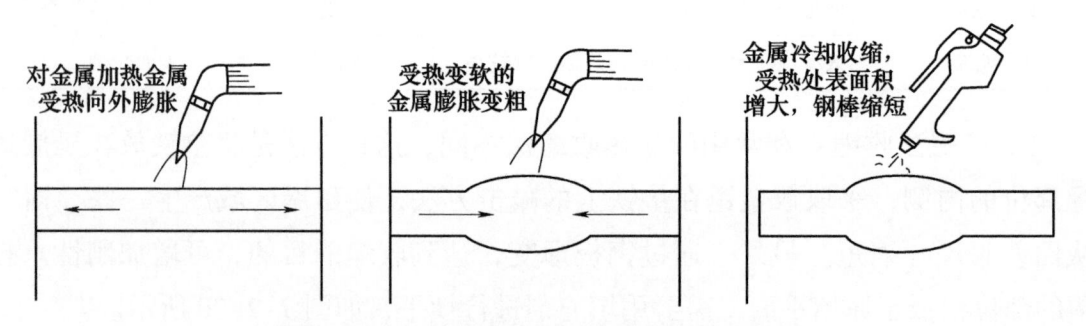

图 7-2-22　加热或冷却对金属棒直径的影响

火焰收缩相对效果最明显，但温度较高且热辐射大，需要拆卸周围构件。同时很难有效控制热量，经常会导致收缩部位周围并没有损伤的部位变形。为了避免这种现象，可以使用湿毛巾将收缩处包围起来。火焰收缩还容易破坏原有的防腐层，所以火焰收缩目前很少使用。

4）铜极收缩：钢板在实敲操作过程中，内部晶粒将会变得狭长，钢板出现延展现象。使用电极头加热后，在周围冷却区域的压缩力影响下，晶粒将会纵向膨胀，从而达到收缩的目的，如图 7-2-23 所示。

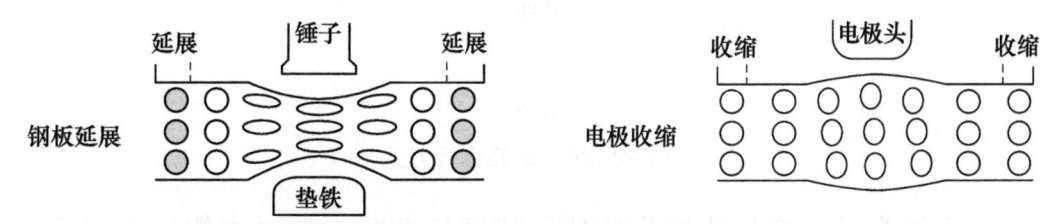

图 7-2-23　铜极作业原理

铜极收缩为电热收缩方式的一种，热影响小、操作简便。以单点方式收缩损伤部位，它所影响的范围较小，适用于延展较轻的小面积收缩。面积较大时，可以通过移动极头位置来实现多点收缩。操作前，应准确判断出延展部位，并使用研磨机清除漆膜。操作时，负极搭铁应固定在损伤部位的附近，将铜极头安装于整形机正极，对准延展部位，轻轻施加一个压力，使钢板轻微变形，此时钢板会产生一个反作用力。按下开关，与极头接触的钢板会逐渐出现红热，使用压缩空气枪对加热部位进行冷却。

利用上述方法，使用铜极头对一些较小的凸起点，也可以起到修平的作用，即俗称的压高点，压高点时，不需采用急冷方式。

5）碳棒收缩：碳棒收缩为电热收缩方式的一种，也是以急热急冷的方式达到收缩的目的。与铜极收缩不同，碳棒收缩所影响的范围大，收缩效果也相对明显。操作时，在准确判断延展区域并研磨旧漆膜的基础上，将碳棒倾斜，轻轻接触钢板。启动开关，热能会在碳棒上产生，然后通过碳棒传递到钢板，钢板并不产生红热现象。加热时应从外侧开始，沿螺旋方向直至中心，以连续方式收缩延展部位。螺旋线之间的距离、圈数及收缩面积视延展程度而定，没有统一的标准。松开开关，将碳棒从钢板移开，然后使用压缩空气进行冷缩。

对于面积较大的延展部位，碳棒收缩时的运行方向，应从外侧以螺旋方向直至中心部位。对于较窄较长的延展部位可以做直线或曲线运动，如图7-2-24所示。

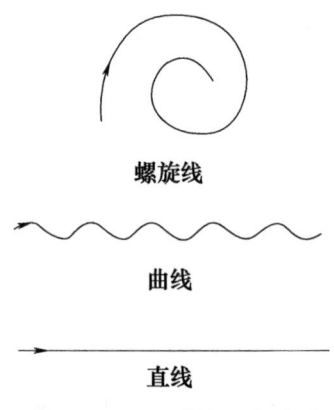

图 7-2-24　碳棒运行方式

热收缩作业后，应将收缩痕迹使用研磨机磨除，并对内侧钢板进行防腐处理。

电热收缩时，应适当采用小电流，减少加热时间，以减少对钢板产生的热影响。碳棒收缩时，可以减少或避免运行过程中造成钢板表面精度的降低。

采用加热法收缩时，很难判断出每个加热点到底会产生多大的收缩量，所以每收缩一个点后，应对收缩效果进行检测。收缩过量的部位可通过实敲作业进行延展，对收缩效果不理想的部位，应换个位置再次进行收缩。收缩过的部位重复进行收缩效果并不明显。钢板大致修复到原有位置后，收缩的顺序应从最高点开始，然后再收缩下一个最高点。对于延展面积较大的部位，只进行一两次的收缩并不能解决问题，应从延展部位的中心开始，顺次对周围的较高部位进行收缩，直到钢板整体恢复，如图7-2-25所示。

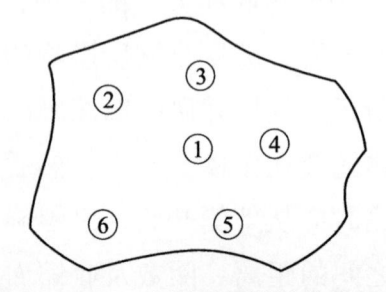

图 7-2-25　大面积延展的收缩顺序

模块八 车身尺寸测量与修复

学习目标

1）熟悉车身测量的重要性与各项测量基准。
2）能够正确、规范地识读车身尺寸数据图。
3）熟悉车身测量的方法和测量系统的种类。
4）熟悉测量车身尺寸的重要性与测量要求。
5）能正确描述电子测量系统的结构、特点及工作原理。
6）熟悉车身校正技术的重要性、原理与种类。
7）能够正确对车身校正设备进行操作。

▶ 车身尺寸测量

学习任务一　车身测量基准与数据图的识读

车身整体定位参数如果发生变化，则对汽车使用性能有着至关重要的影响。所谓整体定位参数，是指那些对汽车发动机、底盘和车身主要构件的装配位置有着直接影响的基础数据。如汽车的前轮定位、轴距误差、各总成的装配位置精度等。这些参数值是原厂技术文件中规定的重要技术数据。车身维修时对这些参数进行测量，一方面用于对车身技术状况的诊断，另一方面用于指导车身维修。因此，车身形变的测量在车身维修中非常重要。

车身维修的测量，一般分为作业前、作业中和竣工后三个步骤。作业前的检测，目的是确认车身损伤状态和把握形变程度的大小；维修作业过程中的检测，指对修复过程的质量进行有效的控制；竣工后的检测，主要为验收和质量评估提供可靠的数据。

一、车身测量基准

1. 控制点

车身和车架校正时，常用到 4 个控制点（reference point），即前横梁、前围板横梁、后车门横梁和后横梁。以这 4 个点为边界，可把车身分为三个部分：前部车身、中部车身和后部车身，如图 8-1-1 所示。

控制点的位置应按照以下步骤来确定：首先在车辆的中部车身上找出一个水平面，然后在这个水平面上确定 4 个未受破坏的控制点的位置，这样可以确定一个未受破坏的长度、宽度和高度。如果在中部车身上找不出 4 个未受破坏的控制点，应该在向前和靠后的位置用测量的办法找出可以替代的控制点，直到其符合制造厂商的技术标准。

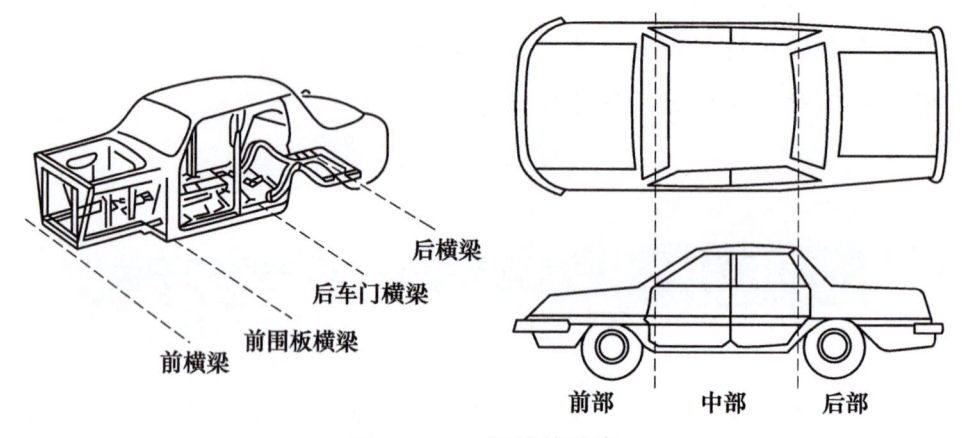

图 8-1-1 焊接的种类

2. 基准面（线）

基准面（线）（reference plane）是汽车设计时，为了便于测量车身高度尺寸，而假想的一个平滑的平面。该平面与车身地板平行，并与之有固定的距离。生产厂家测量得到的汽车高度尺寸都是以该基准面为基础进行测量而得到的。它也是汽车撞伤修理的主要参考平面，如图 8-1-2 所示。

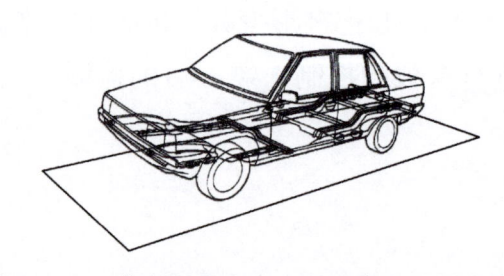

图 8-1-2 基准面是车身上各垂直尺寸的参照面

因为基准面是一个假想平面,所以与车身地板之间的距离可以进行增减,以方便测量。即如果测量过程中,以设定的基准面安装测量仪器有困难,则可以增加基准面的高度,选取合适的安装位置。但最后的测量结果应减去调整值。基准面读数可以采用单独的测量仪器,利用测量仪器或激光测量系统进行测量。

3. 中心面(线)

中心面(central plane)是一个假想的平面,它在长度方向将车辆分为相等的两部分,即左半部分和右半部分。所有的宽度尺寸或横向尺寸都是以中心面为基准测量的。对称车辆右半部某一点距中心线的测量结果与左半部相应点上的测量结果是相等的,如图 8-1-3 所示。

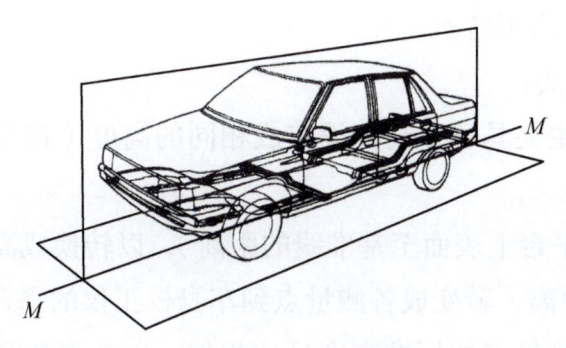

图 8-1-3 中心面

4. 零平面(线)

为了正确分析车辆的损坏情况,将车身分成前部、中部和后部三部分。分割三部分的基准面称为零平面(zero plane)。汽车撞伤时往往影响到多个部分,但因为车身中部被制造得很坚固(用来保护乘客),不会轻易地弯曲,所以通常采用这个部分作为一个测量基准来测量不同零部件的宽度或长度。

在这个部分的边缘上定义了前、后两个零平面,如图 8-1-4 所示。前面的

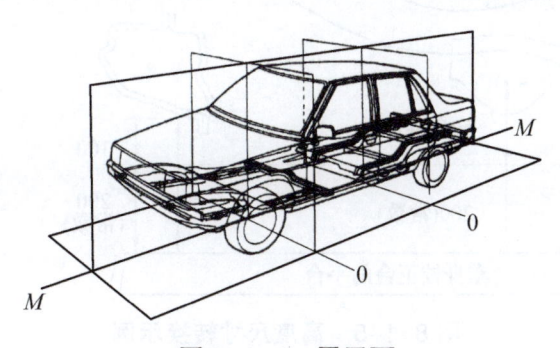

图 8-1-4 零平面

零平面在前围板横梁处，后面的零平面在后车门横梁处。长度方向的测量结果就是以零平面为基准测得的。设立两个零平面是因为车辆可能发生前部或后部的损坏，或者两部分都受到损坏，因此必须要有一个参考点来进行长度的测量。但是，有些车型在车身数据图中只设一个零平面。

5. 高度尺寸测量

高度尺寸为测量点和想象的基准线之间的距离。实车上看不到基准线，因为它只存在于车身尺寸图上。因此，在执行实际工作时，基准线必须转换成可实际看得到的一些事物。车身校正仪的平台上表面是平的，因此它可以用来当作基准线。然而，因为基准线和车身校正仪的平台上表面的高度不同，所以高度尺寸必须经由计算之后再转换。

高度尺寸转换方法：

1）车门槛板的主夹具顶点高度设定成相同的高度（将车辆和平台上表面设定成平行）。

2）计算常数（平台上表面至基准线的距离），以转换成高度尺寸，把各测量点与基准线之间的距离，转变成各测量点到车身校正仪的平台上表面的距离。

3）将常数和各测量点的标准高度尺寸相加，以获得各测量点高度尺寸的标准转换值。

高度尺寸转换示例，如图 8-1-5 所示：

1）车门槛板底部（车门槛板的夹具顶点高度）：300mm。

2）常数：200mm。常数表示车身校正仪的平台上表面和基准线之间的尺寸，基准线是从车门槛板底部算起 100mm。

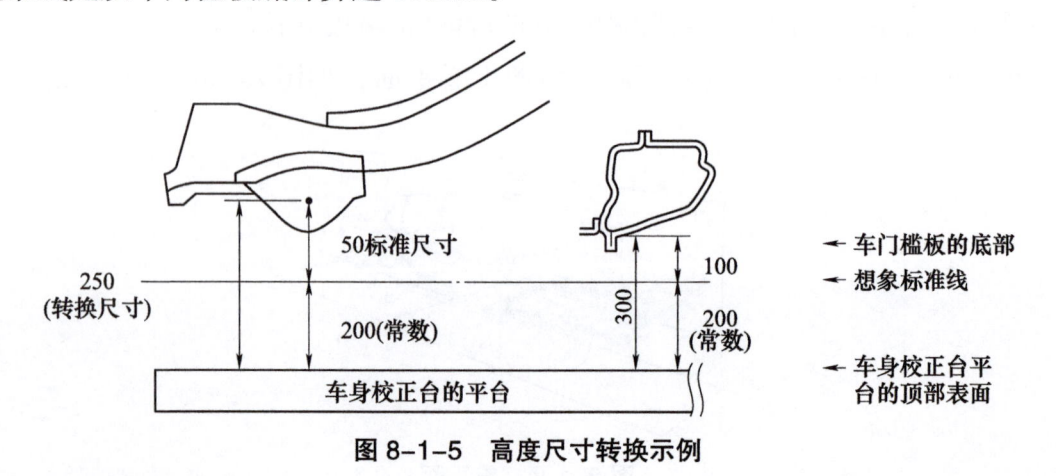

图 8-1-5 高度尺寸转换示例

3）转换尺寸＝各测量点的标准高度尺寸＋常数（200mm）。

将各测量点高度尺寸的标准转换值，与各测量点高度尺寸的测量值（由车身校正仪的平台表面测得）进行比较，可以判断测量点位置的高低。

二、车身尺寸数据图的识读

各汽车公司的汽车都有车身数据，有些车身测量维修设备公司也通过测量来获得数据。不同的维修设备公司和厂家提供的数据格式可能不同，但要表达的基本内容是一致的，都要提供车身主要结构件、板件（车门、发动机舱盖、行李舱盖和翼子板等）的安装位置和机械部件（发动机、悬架和转向系统等）的安装尺寸。不同公司提供的车身尺寸图在形式上可能有所不同，但是基本的数据信息是相同的。一般都注明了车身上特定的测量点，而且都要反映出车身上测量点的长、宽、高的三维数据。以此为基准对车身的定位尺寸进行测量，可以准确地评估变形及其损伤的程度，是比较可靠也较为常用的方法。

1. 识读一

（1）宽度数据（width）　在俯视图中间位置有一条贯穿左右的线，这条线就是中心面，又称为中心线，它把车身一分为二。俯视图上的字母符号表示车身的测量点，一般的测量点是左右对称，如点 A。两个字母之间的距离有数据显示，单位是 mm（有些数据图还会在括号内标出英制数据，单位是 in）。每个测量点到中心线的宽度数据是图上标出的数据值的一半。

（2）长度数据（length）　在俯视图中有两个带有特殊符号的字母，带有特殊符号的字母的延长线就是长度方向的零点。在俯视图中可以看出汽车前部与后部每个测量点到零平线的长度数据。

（3）高度数据（height）　在侧视图的下方有一条线，这条线就是车身高度的基准线（面）。线的下方有从 A 至 R 的字母标注，表示车身测量点的名称。对应字母的大小写表示的测量点一般在俯视图上部显示两个左、右对称的测量点。俯视图上每个点与侧视图中高度基准线都有数据表示，这些数据就是测量点的高度值。

（4）对角线数据（diagonal line）　对于非承载式车身，需要对车辆进行交叉检查，以确定车身下部是否存在菱形变形。在交叉检查时就需要用到对角线数据，如果对角线数据至少存在 6mm 差值，那么就说明存在菱形损伤，如

图 8-1-6 所示。

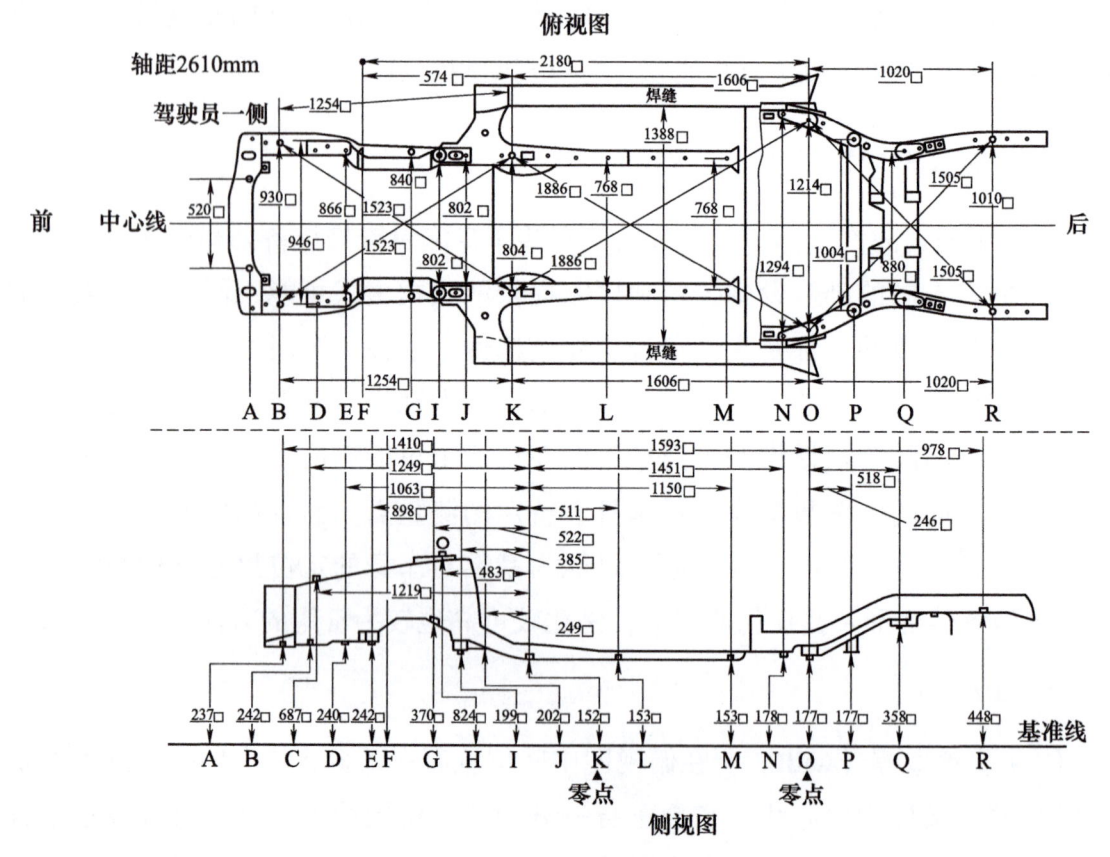

图 8-1-6 车身尺寸数据图

2. 识读二

（1）**宽度数据** 如图 8-1-6 所示，在俯视图的中心部位有一条线把车身一分为二，这条线就是中心面。车身的测量点用 1~28 的数字表示，每个数字代表车身上左右两个测量点。分别通过每个测量点到中心面的数据，可以直接读出任一测量点的宽度数据。

（2）**高度数据** 如图 8-1-6 所示，在数据图的上方有一排图标，有圆圈、六角形和三角形等，内部有 A、B、C 和 E 等字母和数字。圆圈表示测量点是一个孔；六角形表示测量点是一个螺栓；三角形表示测量部件的表面；A、B、C、E 等字母表示测量时所用的测量头的型号；数字表示高度数值。有时同一个点有两个高度值，是因为在测量时有螺栓或拆掉螺栓后的高度是不同的。

（3）**长度数据** 如图 8-1-7 所示，在 14 和 18 测量点位置有两个黑色的 X 符号，表示这两点是长度方向的基准。由图中可以看出，以车身后部指示点为

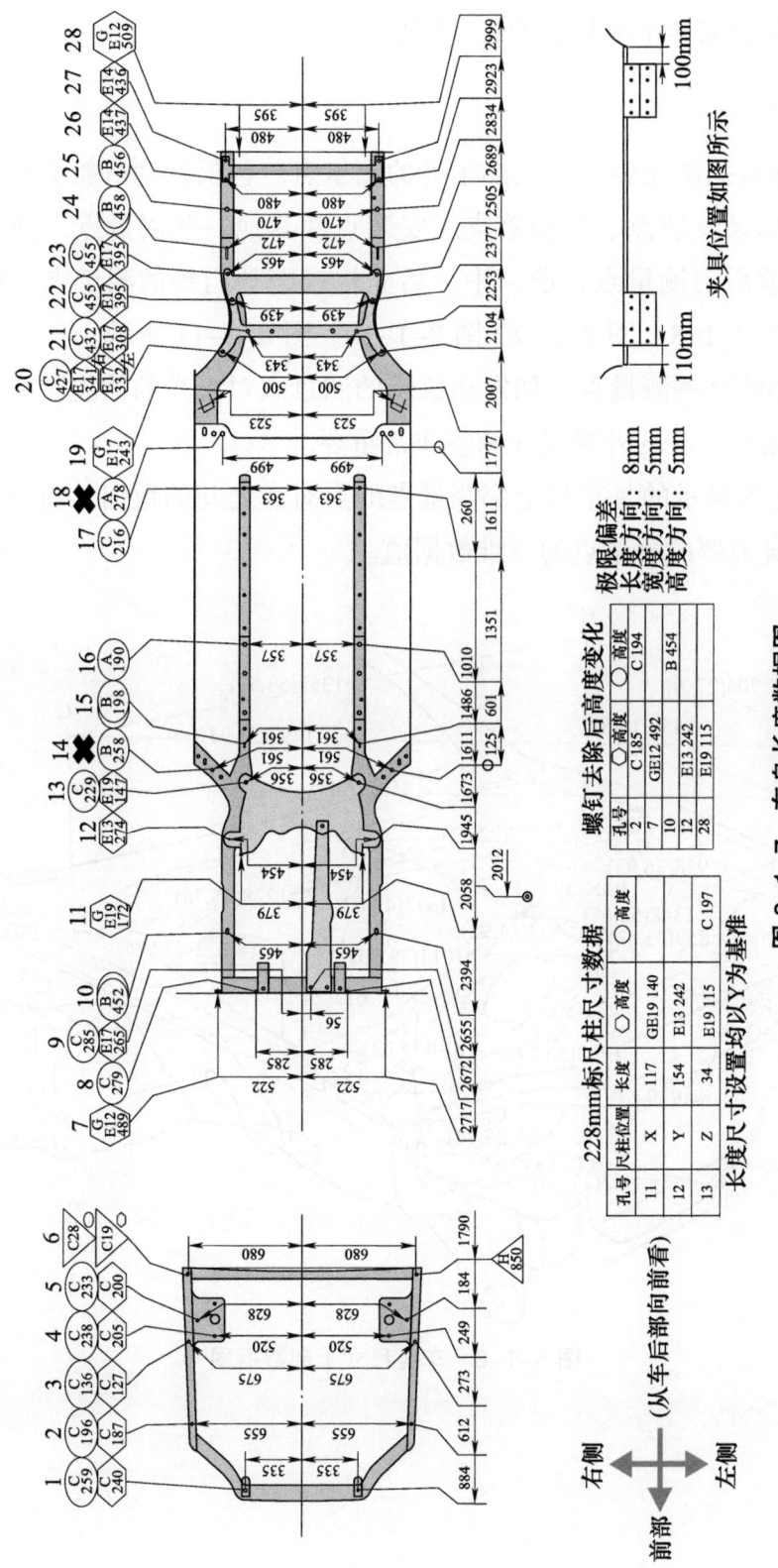

图 8-1-7 车身长度数据图

长度基准,得到汽车前部各个测量点的长度数值。以车身前部 14 号点为长度基准,得到汽车后部各个测量点的长度数值。

3. 识读三

车身上部数据图主要显示上部车身的测量点。包括发动机舱部位翼子板安装点、散热器框架安装点、减振器支座安装点和其他一些测量点,还有前后风窗的测量点,前后门测量点,前、中、后立柱铰链和门锁的测量点,行李舱的测量点等,如图 8-1-8、图 8-1-9、图 8-1-10、图 8-1-11 所示。

车身上部的这些测量点,如发动机舱的测量点对车身的性能影响很大,其他的测量点数据对车身的外观尺寸调整非常重要。

有些数据图显示的是车身上部测量点的点对点之间的数据。而一些数据显示的是每个车身上部的测量点的三维数据值。

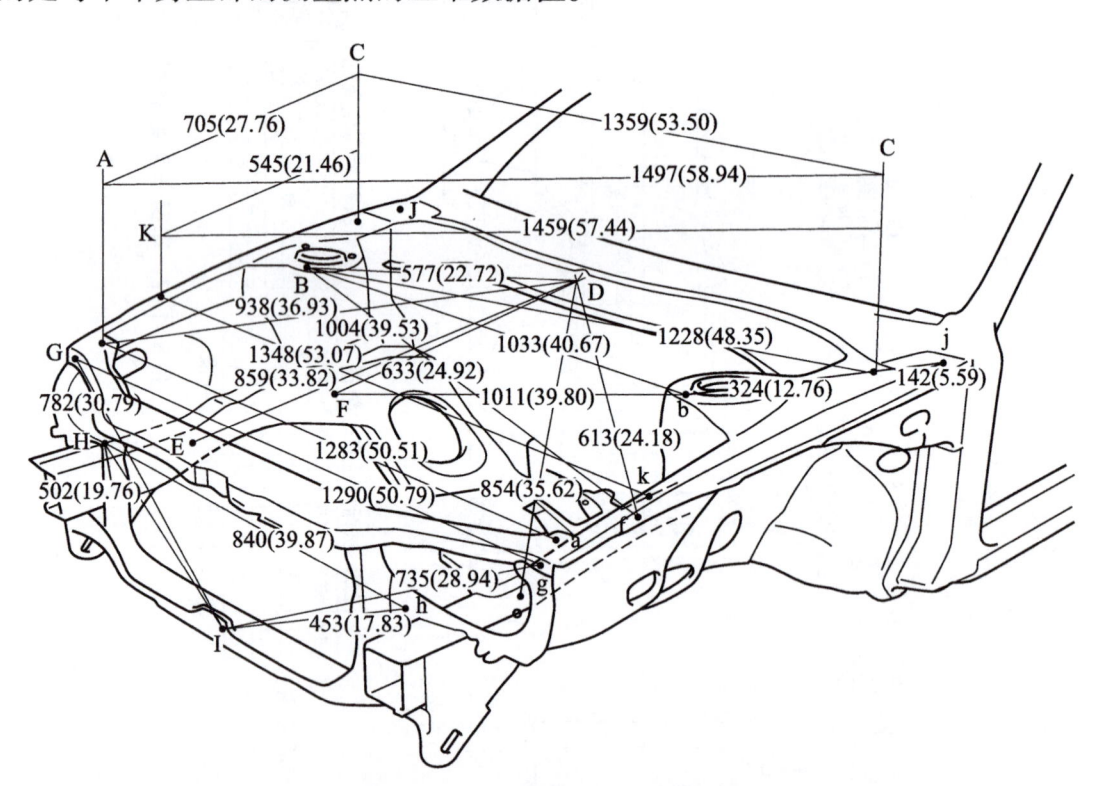

图 8-1-8 车身尺寸上部数据图

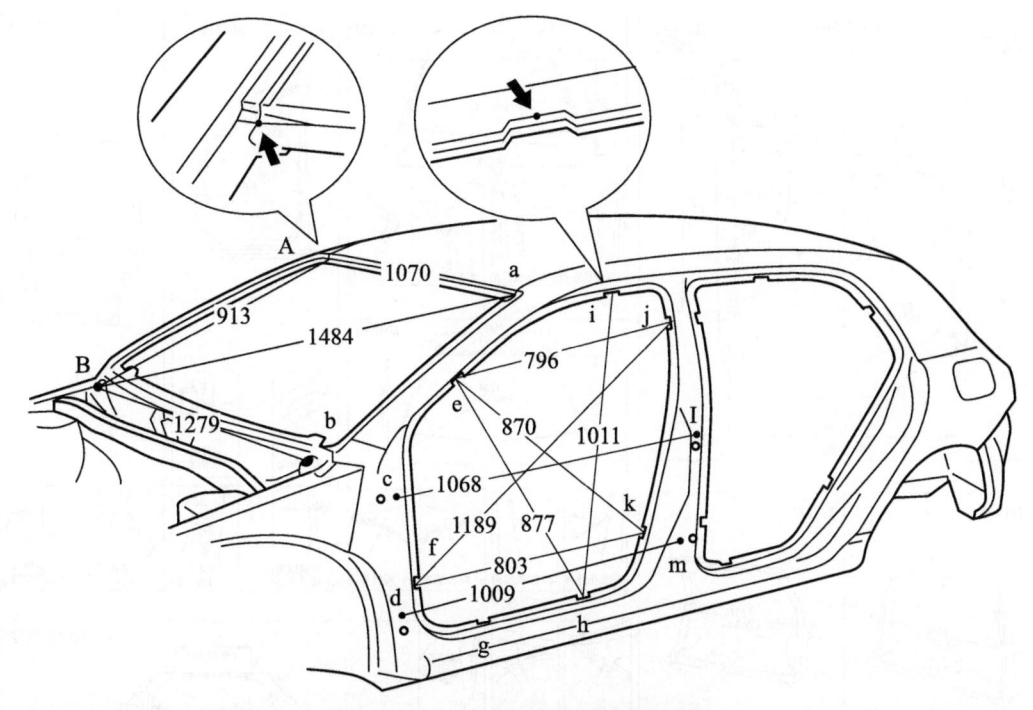

图 8-1-9 车身尺寸侧面数据图

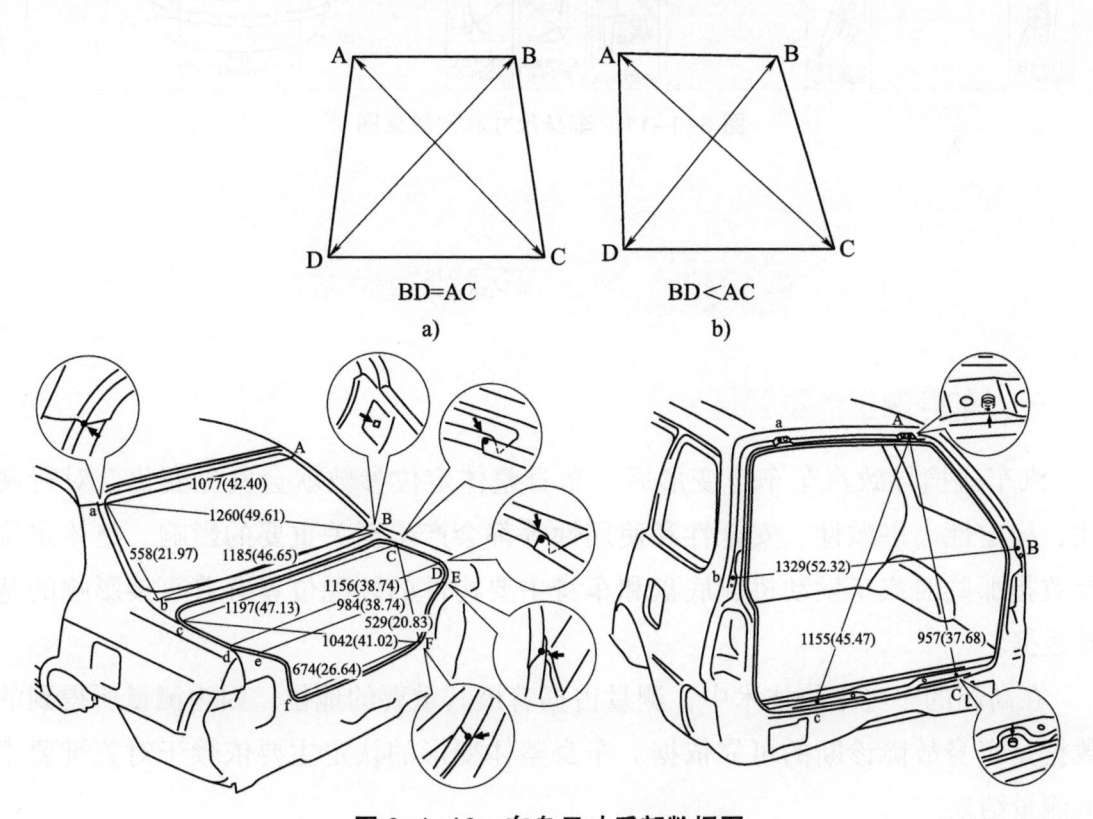

图 8-1-10 车身尺寸后部数据图

a）车身没有翘曲　　b）车身向左或右翘曲

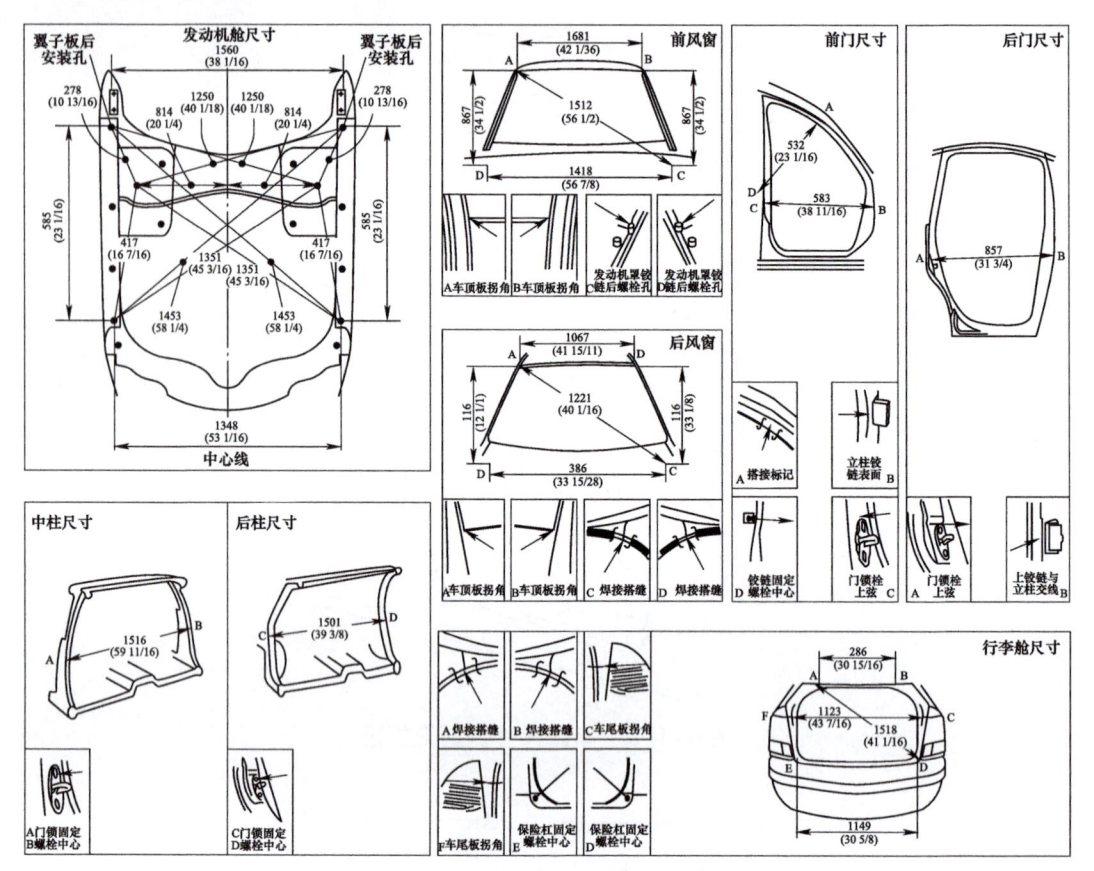

图 8-1-11　车身尺寸其他数据图

学习任务二　车身测量技术

一、车身测量的重要性

汽车碰撞导致汽车车身变形后，车身整体定位参数就会发生变化，对行驶性、稳定性、平顺性、安全性和使用性等都会产生至关重要的影响。整体定位参数指那些对汽车发动机、底盘和车身主要构件的装配位置有着直接影响的基础数据。

在高超的车身维修技术中，测量占据着极其重要的地位，因为测量所得到的数据是车身故障诊断的可靠依据。车身整体变形的认定主要依赖于对关键要素的测量结果。

车身的测量就是用专用工具和设备测量车身上各参考点的位置，将测量结果和理想位置（未受损的车身参考点）进行比较，就可以确定车身所受损坏的范围、方向和程度，为车身的诊断和校正提供依据。

对车身的校正或更换主要构件，都需要通过测量来保证其相关的形状、尺寸和位置精度。车身构件的位置偏差不能过大，一般不超过 3mm，否则装配在车身上的总成（如转向、悬架等总成），将改变其理想位置，从而破坏汽车的操纵稳定性。车身测量就是要找出这些位置偏差，特别是要找出用肉眼辨别不出的位置偏差，指出哪些板件偏离了正常位置。在维修过程中不断测量车身定位参数值所处的状态，可以判定修复作业是否循序渐进地进入质量控制之下。

以钣金维修工艺为基础的测量一般分为三个步骤：作业前的检测，帮助确认车身损伤状态，掌握车身变形程度；作业过程中的检测，有助于修复的质量控制；竣工后的检测，为验收和质量评估提供可靠的数据。

二、车身变形的传统测量方法

1. 测量工具

一般的传统测量，在使用测量工具（measuring tools）测量车身和车架的尺寸后，会以数据形式来判断损伤的程度。将尺寸测量结果与标准值做比较，维修人员可以通过测量数据来了解车身遭受撞击损伤的程度。将损伤程度以数据表达，维修人员可以制订合适的车身修复计划，以掌握修理的程度，并正确地判断出最终结果。

一般常用的车身传统测量工具有钢卷尺、车身尺寸量规和中心量规等。

（1）钢卷尺（steel tape） 钢卷尺可较为精确地测量点对点之间的距离，可以用来测量车身和大梁尺寸，也可用来测量车身尺寸图中的高度尺寸，如图 8-2-1 所示。钢卷尺的使用方法简便、易行，但测量精度低、误差大，仅适用于那些

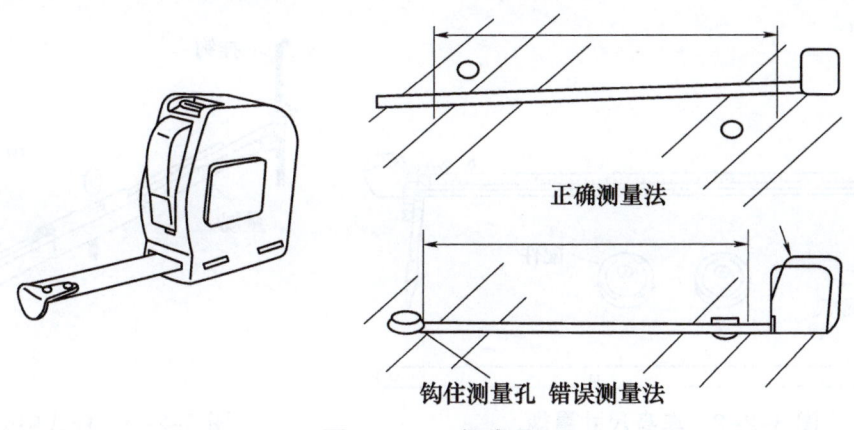

图 8-2-1　钢卷尺

要求不高的场合。尤其是当测量点不在同一平面或其间有障碍时，就很难用钢卷尺测量两点间的直线距离。当用钢卷尺测量控制点孔的直径时，应从卷尺的一个整数（如 10cm）处开始测起，这样可以避免由于钢卷尺头部挂钩的松动而引起测量误差。

（2）车身尺寸量规（size gauge） 车身尺寸量规可精确地测量点对点之间的距离，其表面附有卷尺，可直接读出测量结果，如图 8-2-2 所示。配合使用指针配件，可用来测量大孔位之间的距离。车身尺寸量规还可以测量车身和车架尺寸。当两个测量点不在同一平面或其间有障碍时，用车身尺寸量规测量非常便利。当车身尺寸量规测量控制点孔的直径时，孔径通常比测量头的直径大。

为确保测量的精确性，测量工具必须做过适当的校正。校正即归零，指将测量工具上的指示值与归零尺上的指示值之间的差异做校正的过程。车身尺寸量规是可滑动部位的测量工具，不仅在使用前必须做校正，在使用后也必须做校正。校正后的注意事项：测量作业中指针不可碰触任何物品，否则重新校正。如果指针长度或角度已经改变，则务必重新校正。如果指针与其他物体有过接触，则务必重新校正。如果在卷尺锚定侧的指针打滑，则务必重新校正。

（3）中心量规（center gauge） 中心量规可以通过目视确定车身、车架的弯曲和扭曲量，以此来判断车身和车架是否存在损伤，但损伤程度无法用数据表示。

杆式中心量规都是一个自定心单元，每个测量杆的端部上各有一个可滑动的销子，这样可以很方便地与车架边梁的内、外侧相接触，无论边梁是箱形结构还是槽形结构，如图 8-2-3 所示。在某些类型的车架上，可以采用磁性体固定仪器，因为有些孔和卷边是接触不到的。有时为提高观察的精确度和方便性需要使用外接附件。

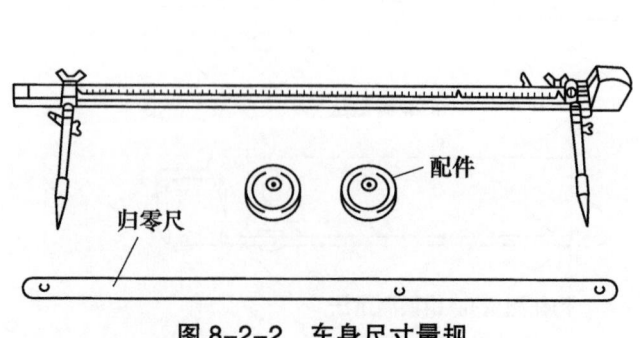

图 8-2-2　车身尺寸量规

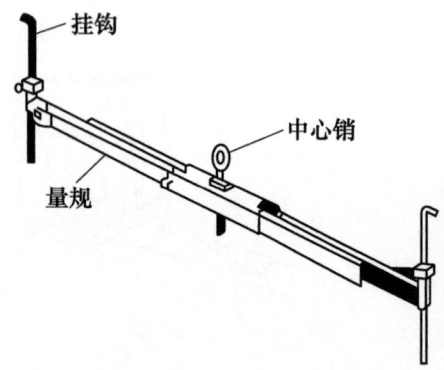

图 8-2-3　杆式中心量规

2. 测量方法

（1）标准值测量法　标准值测量法是将车身尺寸图上已知点的直接尺寸（标准值）与车身各个点的测量值做比较，这种差异的结果便可用来判断损伤的程度和撞击的方向。

车身尺寸应利用车辆的控制点测量。大部分控制点实际是车辆结构件上的孔，尺寸就是孔中心之间的距离。当两孔孔径相同时，测得的孔同侧边缘之间的距离即中心距；当被测各孔的大小不相同时，可先测内边缘之间的尺寸，然后测外边缘之间的尺寸，将两个测量结果相加后减半，即中心点距离，如图 8-2-4 所示。

车身尺寸量规的侧头为锥形结构，可以测量孔的中心线，即使两个被测量的孔径不等也不受影响。应测量两孔边缘之间的距离，比照上述方法从孔的边缘测量计算中心距，如图 8-2-5 所示。

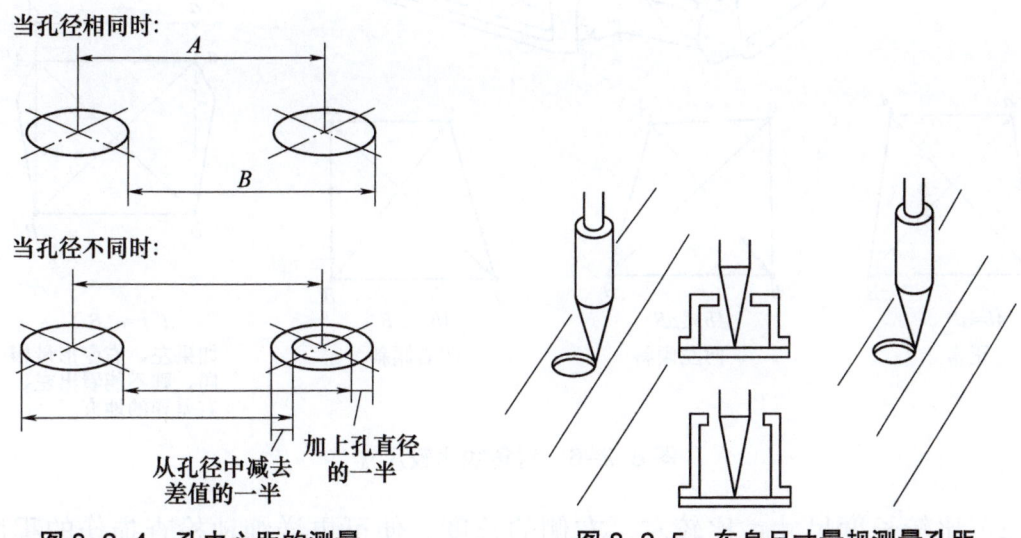

图 8-2-4　孔中心距的测量　　　图 8-2-5　车身尺寸量规测量孔距

车身尺寸测量值必须记录，并通过另外两个控制点进行相互校核。其中应至少有一个为对角线测量值。

制造商规定了汽车的正确尺寸和技术规格。如果没有制造商的技术规格，可以从一个没有损坏的同型号汽车上测得所需的结果。测量中应注意，不能以损伤的基准孔作为测量依据。

（2）左右差异测量法　左右差异测量法是一种通过测量车辆左、右相同点的尺寸后，依其差异来判断损伤程度的方法。此种方法可以用来判断长度、对角线和高度的损伤情形。也可用来测量没有参考资料的部位。同时，该方法比使用标准值测定法更有效率、更精确。参考侧没有损伤是非常重要的，因为损伤后无法提供参考尺寸。

1）对角线比较：对角线的尺寸是测量车身左、右相对点的地方。而左、右相对点尺寸的测量若有不同，即可用来判断损伤的状况。采用比较对角线方法可以非常方便地判断左、右对称是否发生翘曲。当无法找到发动机舱和车身底板等部件的原始数据，或车辆在翻车事故中单侧严重损坏但顶板与地板翘曲不严重时，均可采用对角线测量法，如图8-2-6所示。

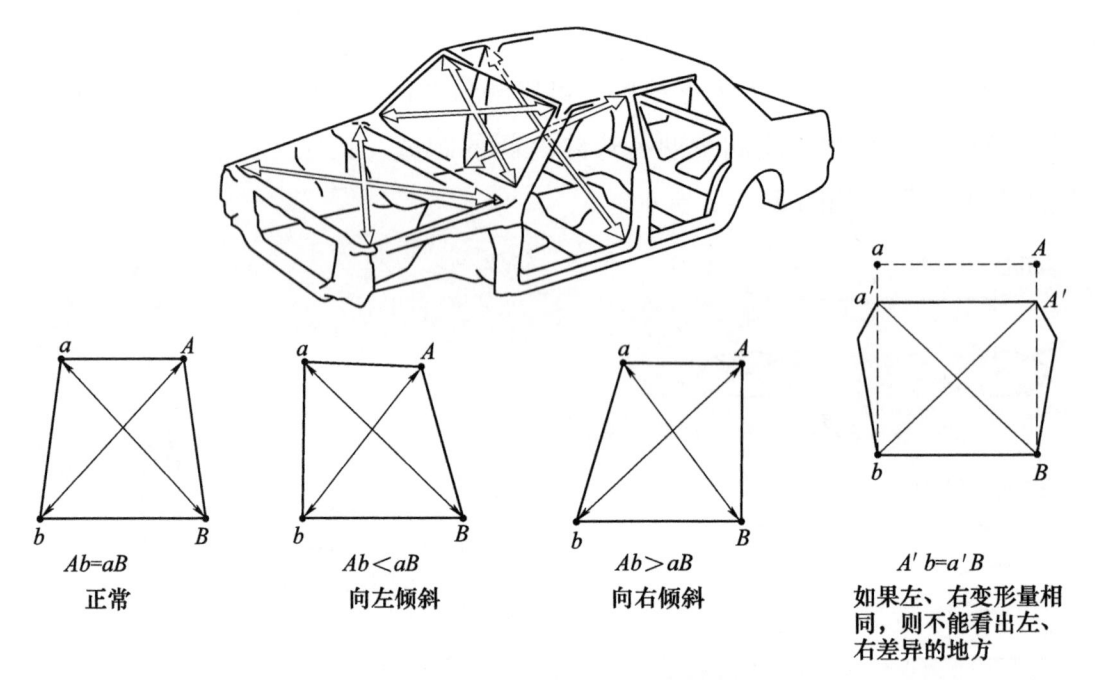

图 8-2-6 对角线比较尺寸

2）比较长度尺寸：比较左、右侧的长度，便可更详细地检查损伤的程度。这样有助于钣金技术员判断用对角线测量法无法判断的损伤。

3）中心测量法：车身的许多变形（尤其是综合性变形）仅用标准值测量法测量，往往反映出的问题不够直观。如果使用中心测量法，就可以比较好地解决这类问题。中心测量法是在控制点基准孔中悬挂中心量规（也称为定中法），通过观察中心量规间的相对位置来判断车身的变形。

中心量规由中心环、悬架钩和水平臂组成，固定于车辆的左、右相对点，用来检查车身是否扭曲或中心线是否弯曲。根据连接损伤部位的中心量规与连接未损伤部位的中心量规的对正情况，来判断损伤的程度，可判断对角线和高度方向的损伤程度。此种方法可以用在没有提供参考尺寸的部位，但是参考端必须是没有损伤的。中心测量法配合标准值测量法能提升作业效率和精确性，如图 8-2-7 所示。

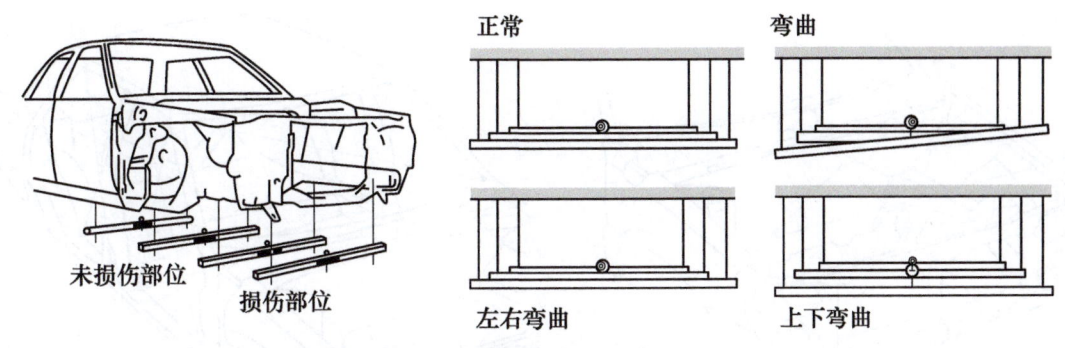

图 8-2-7　杆式中心量规检查车身变形

3. 测量要求

车身各部分尺寸可以按理想平面的概念，将其大致分为四个部分，所使用的专用量具应能满足测量要求。

（1）车身前部的尺寸测量　车身前部（front body）受损后，必须进行发动机舱盖及前端部件的修复或更换，修复过程中和装配后的测量都是必须做的。即使是车身的前右侧受到碰撞，左侧通常也会受到关联损伤或变形，因此需要在维修之前检验变形的程度。

检验汽车前端尺寸时，桥式量规和测距尺都是最佳的测量工具，关键是选择的测量点必须符合手册中的要求。控制点的对称度是关键性参数，故每一尺寸应该对照另外的两个基准点进行检验，其中至少有一个基准点要进行对角线测量。通常测量的尺寸越长，其精确度越高。例如，测量发动机室后部上端至下部前端发动机底座间的尺寸，就比测量同一断面内端的尺寸要精确、合理得多。因为它是在车身长度和高度方向上较大范围内的尺寸。从每一对控制尺寸交叉测得两个或多个数据，既保证了测量精度，又能够帮助辨别损伤的范围及变形方向，如图 8-2-8 所示。

（2）车身侧边的尺寸测量　车身侧边（side body）覆盖件或构件的任何损伤，都可以通过车门开关时的感觉来确定。找出侧边车身变形所在位置，应把注意力放在影响车门密封的可能性上。这样，必须精确测量才行，如图 8-2-9 所示。利用车身的左右对称性进行对角线测量，可检测出车身侧边及门框的变形。即使没有发动机室及下部车身的数据，汽车在倾翻中受到严重创伤时均可使用此测量方法。但在检测汽车两侧受损或扭转情况时，使用对角线测量法是不适当的，因为测量不出这两条对角线间的差异。如果汽车左侧和右侧的变形相同，则对角线长度相近，测量时应予以注意，如图 8-2-10 所示。

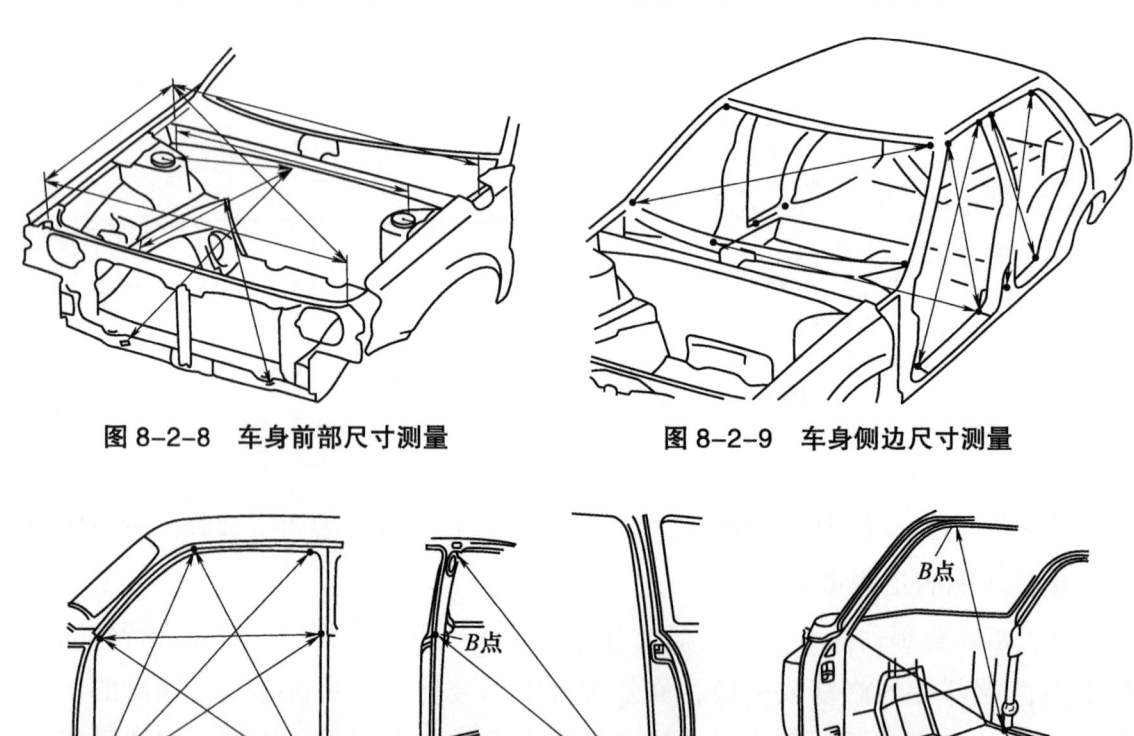

图 8-2-8　车身前部尺寸测量　　　　　图 8-2-9　车身侧边尺寸测量

图 8-2-10　驾驶室内门框变形的测量

a）车门对角线的测量　b）两车门后立柱对角线的测量　c）两车门前立柱对角线的测量

（3）车身后部的尺寸测量　车身后部（rear body）的变形可通过后行李舱盖开关时的状况来初步诊断。为了确定损伤及漏水的可能性，有必要对测量点进行精确测量。后部地板上的皱褶通常都归因于后部元件的扭弯。因此，测量后部车身时要结合测量车身底部的尺寸进行，这样可为修复作业提供有效的测量数据。所有车身数据尺寸单位均为 mm，尺寸公差为 ±3mm，所有尺寸均为直线长度，如图 8-2-11 所示。

（4）车身上部的尺寸测量　车身上部（upper body）损伤可以用轨道式量规或测距尺来确定。同样，对照维修手册和厂家说明书，还可以找到更多的检查、测量点，这些都足以判断车身上部发生的变形情况，如图 8-2-12 所示。

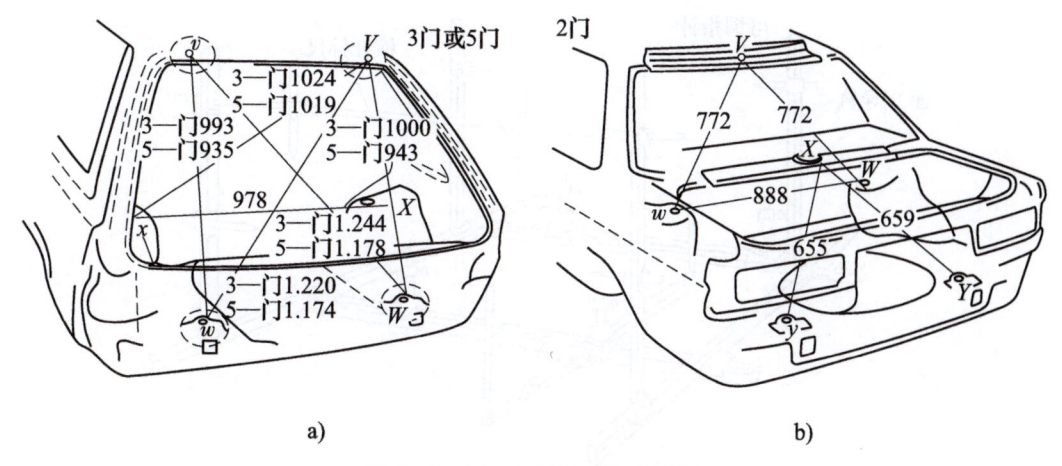

图 8-2-11　后车身尺寸测量

a）两厢式　b）三厢式

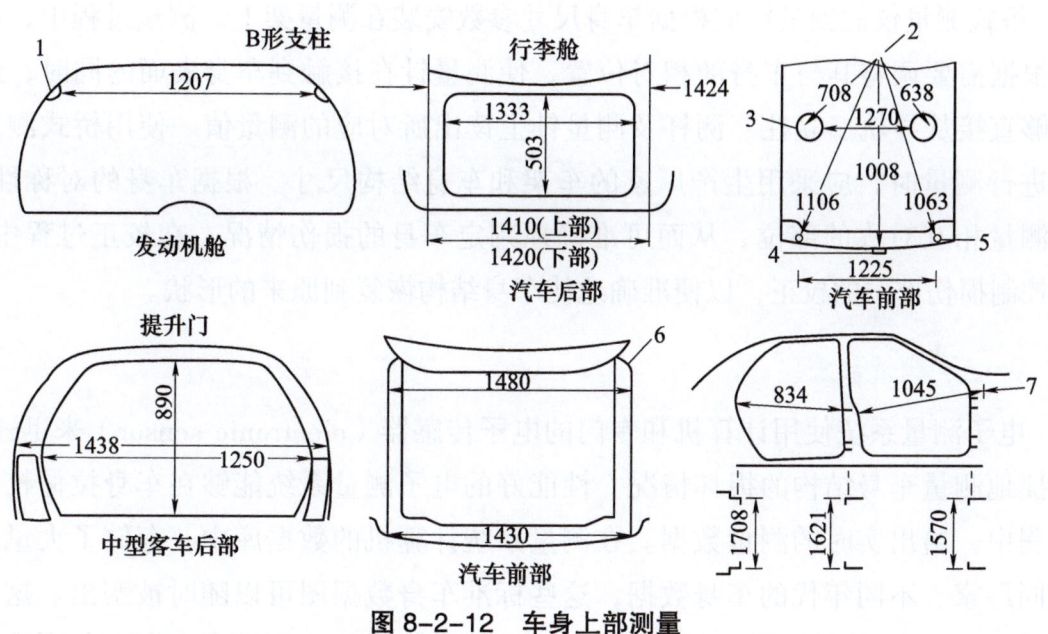

图 8-2-12　车身上部测量

三、汽车车身尺寸测量系统

1. 机械测量系统

桥式测量仪（bridge measuring instrument）是一种典型的机械式通用测量系统。桥式测量仪也称为轨道式测量仪或通用桥式机械测量系统，用于测量车身和车架的损坏。桥式测量仪由导轨、移动式测量柱、测量杆和测量针等组成，如图 8-2-13 所示。

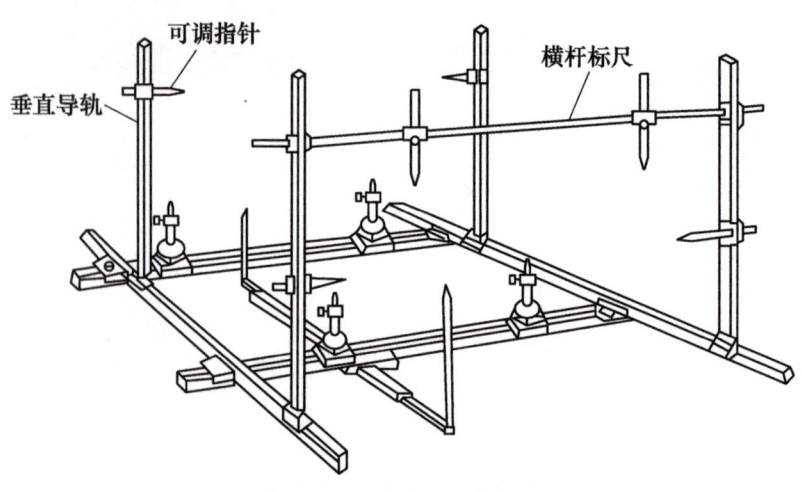

图 8-2-13　桥式测量仪

桥式测量仪的测量针应根据车身尺寸参数安装在测量架上。测量过程中，可以根据需要调整其与车身的相对位置，使测量针在接触到车身表面的同时，还能够直接从导轨、立柱、测杆及测量针上读出所对应的测量值。使用桥式测量仪进行测量时，应采用生产厂家的车架和车身结构尺寸。根据车身的对称性，可测量相互对称的部位，从而可准确地判定车身的损伤情况。在校正过程中，可控制损伤部位的校正，以便准确地使车身结构恢复到原来的形状。

2. 电子测量系统

电子测量系统使用计算机和专门的电子传感器（electronic sensor）来迅速、便捷地测量车身结构的损坏情况。性能好的电子测量系统能够在车身拉伸校正过程中，给出实时的测量数据。在测量系统计算机的数据库中，存储了大量的不同厂家、不同年代的车身数据，这些标准车身数据图可以随时被调出。这样系统就可以自动地将实际的测量值与标准值进行比较，不用人工翻查印刷数据手册或记录测量值，它们都可以在计算机屏幕上显示出来。

电子测量系统主要有超声波测量系统和激光测量系统。

（1）超声波（ultrasound wave）测量系统的工作原理　超声波发射器通过测量头、加长杆以及测量头转接器等安装到车身测量点的测量孔或螺栓上，超声波接收器装置在测量横梁上。超声波发射器发送超声波，由于声音是等速传播的，超声波接收器可快速精确地测量声波在车辆上不同基准点之间传播所用的时间。计算机根据每个超声波接收器的接收情况自动计算出每个测量点的三维数据，如图 8-2-14 所示。

图 8-2-14 超声波测量系统

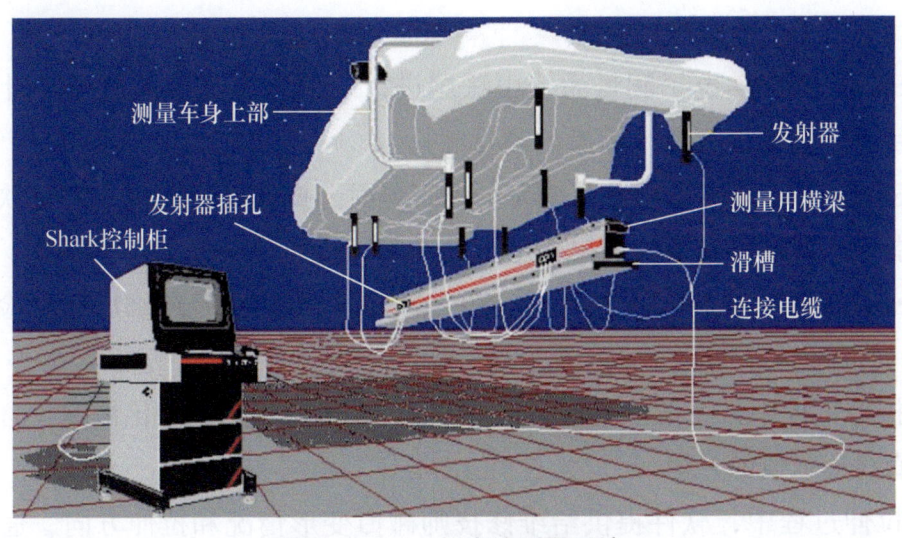

（2）超声波测量系统的组成　超声波测量系统主要由用于产生超声波的发射器、用于检测发射器发出超声波的接收装置、用于操作系统和存储修理数据的个人计算机，以及用来把超声波发射器连接到车身上的各种转接适配器，如图 8-2-15 所示。

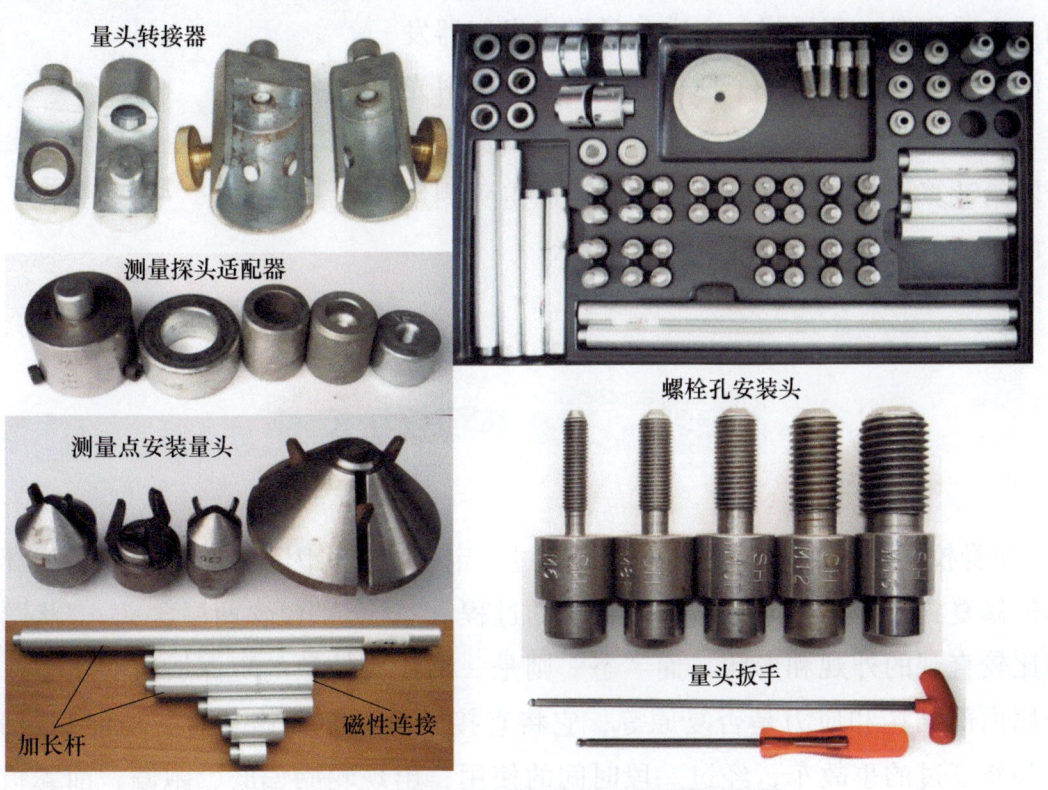

图 8-2-15 超声波测量系统各种转接适配器

（3）超声波测量系统的特点

1）Shark 全自动电子测量系统由法国进口，结合了先进的电子与计算机科学，是目前碰撞维修行业最前沿的测量工具。

2）Shark 全自动电子测量系统为全中文界面，操作简便直观。而且软件提供了操作指示，即使不知道如何操作电脑的技师，也可以轻松操作本系统。

3）Shark 全自动电子测量系统能够在维修前、维修中及维修后随时检验车辆的碰撞，打印维修结果。

4）拉伸过程中，系统能够实时监控多达 12 个测量点的变化情况，自动计算出测量值与标准值的差值。

5）拉伸过程中，软件提供给维修技师碰撞变形情况和拉伸方向，通过彩色显示屏和测量数据，实时监控拉伸情况和测量结果，监控整个拉伸过程。

6）Shark 全自动电子测量系统测量精度高，可达到 ±1mm 误差以内。

（4）激光测量系统　激光测量系统包括多个反射靶、一个激光发射接收器和一台计算机。现代激光测量系统使用起来比较容易，而且非常精确。它采用激光测量仪，由准分子激光发射器发射激光投射到标靶。每个标靶上有不同的反射光栅，通过接收光栅反射的激光束，测量出数据并传输给计算机，由计算机通过计算可以得到测量点的空间三维尺寸，如图 8-2-16 所示。

图 8-2-16　激光测量系统

学习任务三　车身校正技术

车身校正（car body repair）是指通过一定的外力将因事故损坏或疲劳损坏的部位修复到车辆出厂时技术标准状态的过程。"状态"包含两层含义。"状"是指比较直观的外观和形状，而"态"则是一种比较抽象的更深层次的概念，如金属内部结构和应力是否复原等，它将直接关系到车辆修复后的功能和寿命。一些修复过的事故车，经过一段时间的使用，出现轮胎偏磨、跑偏、前翼板安装处有扩大的裂纹等现象，发生这些现象的原因往往是车身内部的损伤并没有完全修复。车身校正的重点是"精确地恢复车身的尺寸与状态"。

一、车身校正的重要性

　　车身校正的重点是精确地恢复车身的尺寸与状态。因为车身（特别是承载式车身）是车辆的基础，汽车的发动机、悬架和转向系统等都安装在车身上。如果这些部件安装点的尺寸没有校正到原尺寸，那么就会影响车辆的性能。

　　对于承载式车身而言，车身尺寸的精确度是车身修复过程中的一个关键因素。如果车身结构尺寸没有校正到位，仅仅通过调整或垫上垫片等方法把更换的钢板装好，把修整和其他机械方面的问题留给机修人员去做显然是不妥当的。机械的调整手段仍然是必要的，但是只能做一些微小的调整，车身修理人员有责任把基本结构全部修复，只将悬架系统和其他机械系统的微调留给这些领域的专门修理人员去处理。如果无法将车身正确校正，则不仅会影响车辆的安全性，而且钢板也会组装不良。

　　车身校正的结果、完工的品质及车身校正后所需的作业时间，都会对车辆的安全性有很大的影响。此外，必须记住工作品质对顾客的信心有很大的影响。因此，必须采用正确的维修方法，以确保修复后的车身具有高质量、高精度、高强度及极佳的耐久性。

　　在车身校正时，消除由于碰撞而造成的车身、车架上的变形和应力是非常重要的。并不是所有的变形部件都可以校正后继续使用。有些部件（特别是高强度和超高强度钢制造的部件）发生形变后内部的应力相当大，而且用常规的方法无法完全消除这些应力，所以不能校正而要更换。

二、车身校正的基本原理

　　校正车身的基本原则是按与碰撞力相反的方向，在碰撞区施加拉伸力。当碰撞很小，损坏比较简单时，这种方法很有效，如图8-3-1所示。但是，当损坏区域有折皱，或者发生了剧烈碰撞时，构件变形就比较复杂。这时，仍采用沿着一个方向拉伸就不能使车身恢复原状。这是因为变形复杂的构件在拉伸恢复过程中的强度和变形也随之改变。因此，拉伸力的大小和方向需要适时改变，把力仅仅施加在一个方向上并不能取得好的修复效果。车身校正时，拉伸方向应与撞击力和变形方向相反。由于车身各部分的刚度不同，有必要对拉力大小及其方向进行相应的调整，分步恢复车身形状，如图 8-3-2 所示。

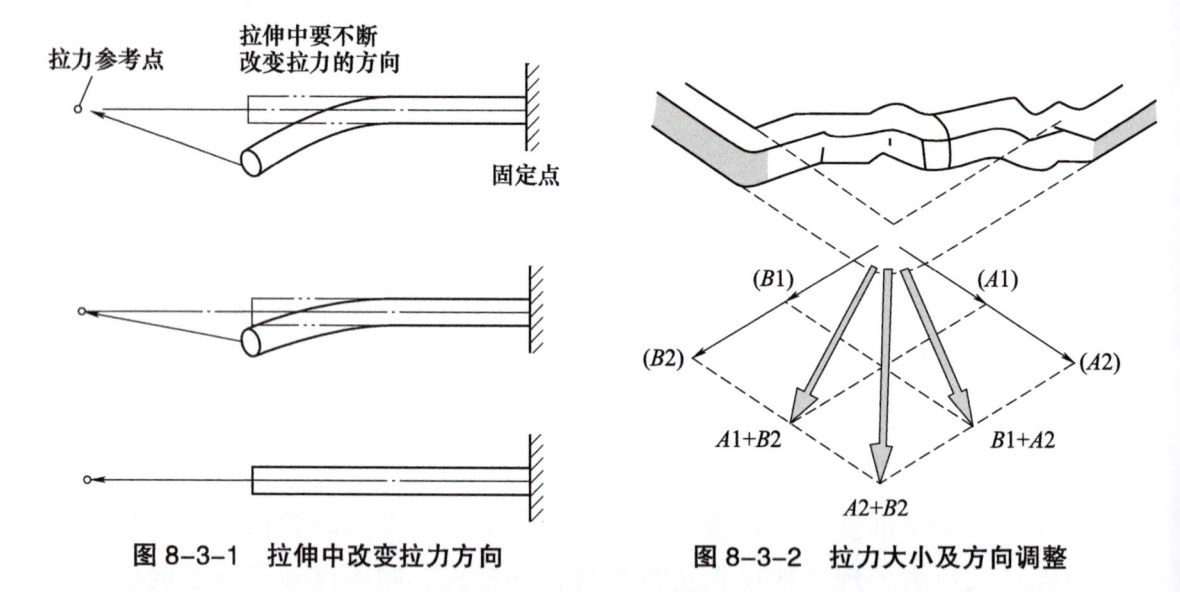

图 8-3-1　拉伸中改变拉力方向

图 8-3-2　拉力大小及方向调整

因此，建议在拉伸校正的同时，在损坏区域不同的方向上施加拉力。把力加在与变形相反的方向可以看作是确定有效拉力方向的原则。

三、车身修复对校正设备的要求

为了高效、精确、安全地完成车身校正作业，校正设备应该满足下列要求：
1）具有高精度、全功能的校正工具。
2）具有高强度、多功能的车身定位及固定装置。
3）具有多功能、全方位的拉伸装置。
4）能够进行精确测量，准确检测出各基准点的偏离量及修复误差。

四、车身校正设备的分类及用途

汽车由于受到碰撞、追尾和倾覆等原因，引起车身和车架变形，需要通过校正设备将其拉伸，使其恢复原始性能、形状和尺寸。用于车身校正的设备有固定钢架式、地八卦式、平台作业式和新型带定位夹具式等多种形式。

1. 固定钢架式校正设备

将车辆用链条或钢夹锁固定在这种牢固的钢架上或柱子、大树等物体上，然后再用手工或液压千斤顶对需要校正的部位进行校正，如图 8-3-3 所示。

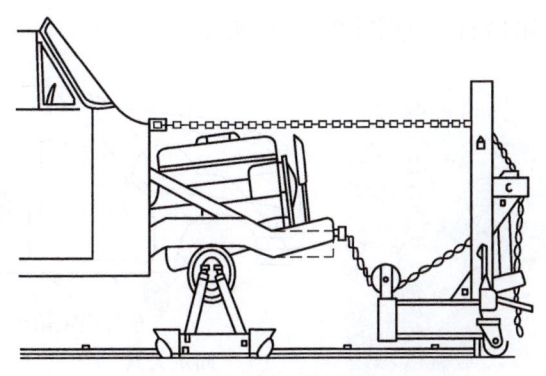

图 8-3-3 固定钢架式校正设备

2. 地八卦式校正设备

地八卦是一种维修设备，适合维修受损伤程度较轻的事故车。地八卦是比较早出现的一种简易维修设备，通过千斤顶将车辆顶起后，安装固定夹具把车固定，然后使用拉塔或接杆千斤顶链条的方法拉伸。它的主要缺点有：车辆装夹固定困难，车辆固定不稳，拉塔移动或接杆千斤顶使用困难，地轨易损坏，拉伸角度有局限性，如图 8-3-4 所示。

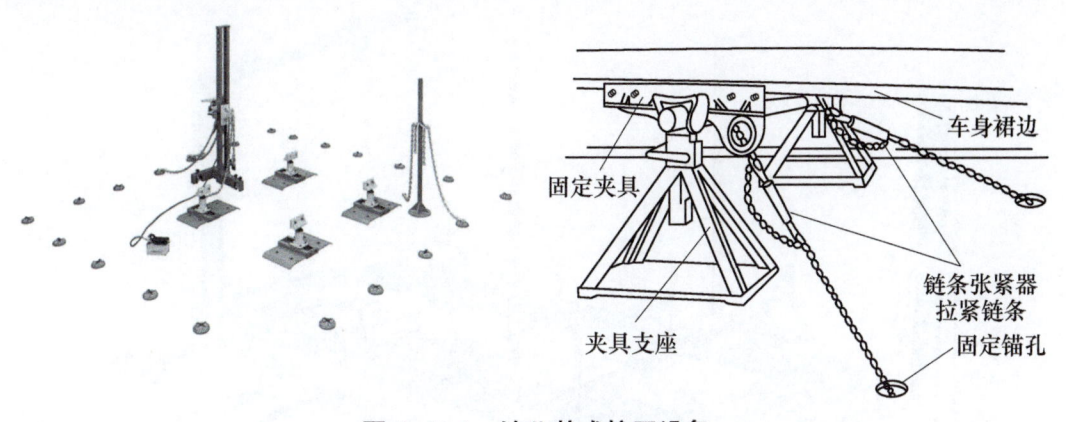

图 8-3-4 地八卦式校正设备

3. 平台作业式校正设备

将事故车辆移动到平台上，通过对车身进行拆检、测量、拉伸和修复等操作，恢复其尺寸、性能等要求。因操作便利效率高，目前在广大 4S 店和修理厂应用极为广泛。

4. 新型带定位夹具式校正设备

带定位夹具的大梁校正仪是通过定位夹具来固定、定位和测量车身底盘部位重要的点。不仅可以将校正设备移动到修理车身下方，将其举起，而且还可以直接进行测量、定位和拉伸，如图 8-3-5 所示。

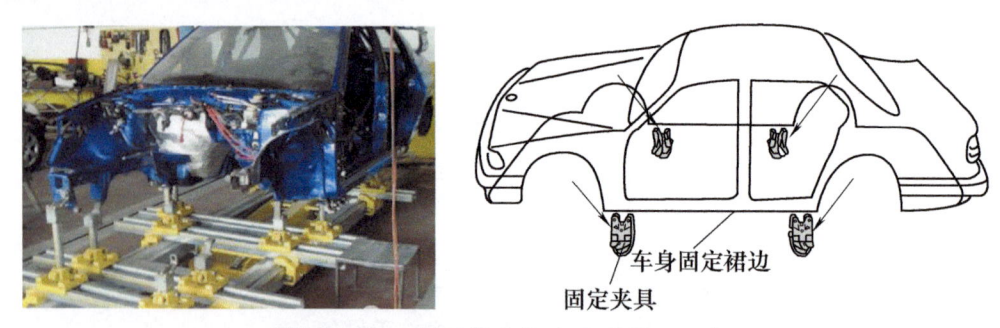

图 8-3-5　新型带定位夹具式校正设备

五、平台作业式设备

车身平台式校正仪主要包括工作平台、升降支架、塔柱、塔柱连接机构、液压泵和附件等。通常将事故车身移动到平台上，并进行有效的固定，采取一定的手段措施和合理的维修工艺对车架、纵梁、横梁、门柱及下边梁等骨架部位进行修复，如图 8-3-6 所示。

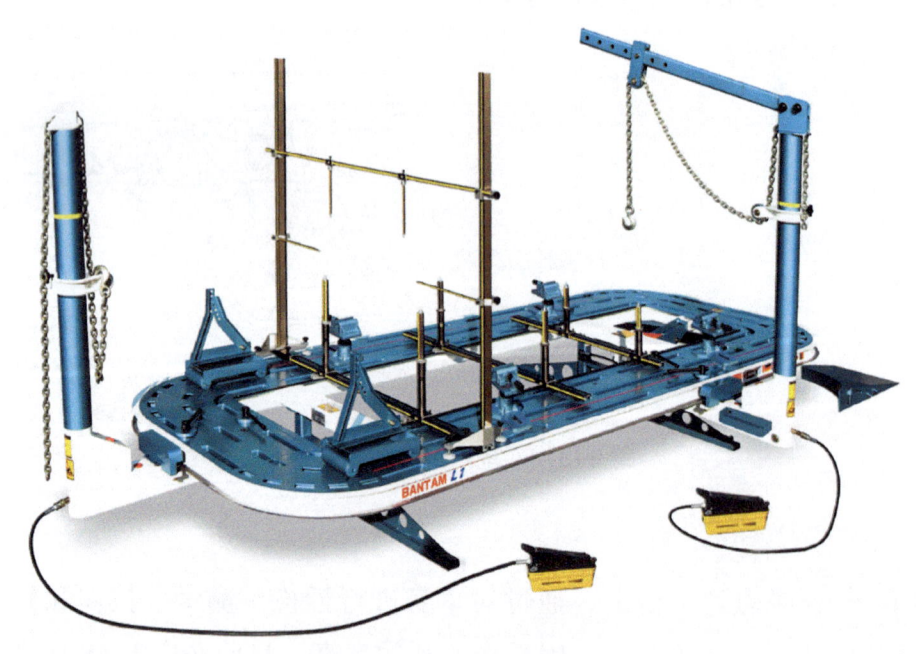

图 8-3-6　平台式校正仪

以奔腾平台作业式校正仪（B2E）为例，这种平台结构简单，维修快捷且耐用。事故汽车（车身）可方便地移动到平台上，且工作平台可以自由地下降和举起，塔柱可在工作台的外周边 360° 移动。

根据事故的实际情况，应有选择性地选择不同的夹具，结合塔柱的方向，链条将受损部位进行校正和修复，恢复其原始尺寸和形状，如图 8-3-7 所示。

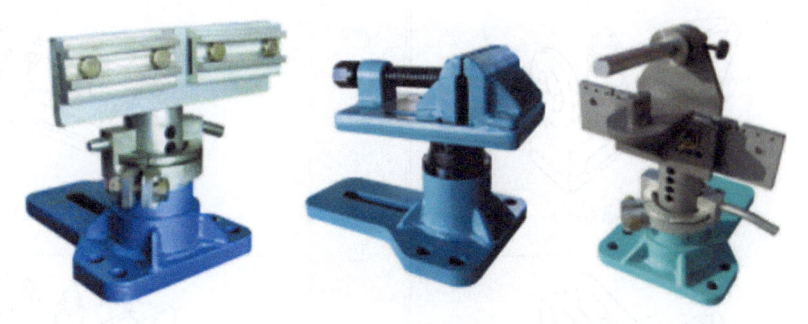

图 8-3-7　车身校正仪各类夹具

维修前，需将车身固定在车身校正仪上，选择主夹具将车辆紧固，车辆、平台和主夹具成为一个刚性的整体，车辆在拉伸操作时不能移动。为满足不同车身下部固定位置的需要，主夹具结构有多种：双夹头夹具可以夹持比较宽的裙边部位，防止拉伸中损坏夹持部位；单夹头夹具的钳口开口很宽，能够夹持车架。

在修理过程中，根据修复部位的位置、刚度和受力方向，选择车身校正仪附件里的夹紧夹具、拉伸夹具、拉钩、尼龙绳和链条等进行组合，如图 8-3-8 所示。

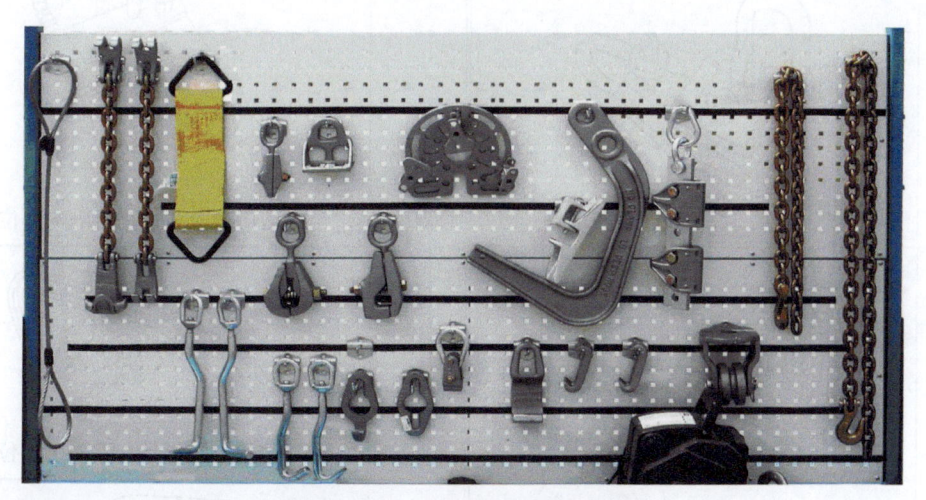

图 8-3-8　车身校正仪附件图

在车身纵梁、横梁等部位进行拉伸时，需要选择合适的夹具，夹紧所需拉伸的部位，进行拉伸修复，如表 8-3-1 所示。

表 8-3-1　夹具类型及适用范围

类型	夹具外形及使用范围	类型	夹具外形及使用范围
①	适用于底盘结构	②	适用于侧向拉伸
①	适用于底盘结构，可同时拉拔两块钢板	②	适用于多方向拉拔
①	适用于底盘结构，可拉拔弯曲部位	③	适用于前翼子板隔板
④	适用于车门槛板和各柱的凸缘部位	⑦	适用于较深且有阻隔的部位
⑤	适用于外板	⑦	适用于较深且有阻隔的部位
⑤	适用于外板	⑧	适用于较深且有阻隔的部位

(续)

类型	夹具外形及使用范围	类型	夹具外形及使用范围
⑥	适用于中柱（从背面推） 适用于前柱和中柱	⑨	适用于狭窄部位 适用于后轮弧部位

在车身立柱、孔和行李舱等许多部位进行拉伸时，夹具无法夹紧，此时需要选择合适的拉钩，受力在所损伤部位，进行拉伸修复，如图 8-3-9 所示。

图 8-3-9　选择合适拉钩

在车身修复过程中，遇到有些部位不能刚性受力、避振器受损伤或底盘受到损伤，还经常使用到尼龙带、钢丝绳、链条、避振器拉伸座和导向轮等附件，安全可靠地使车身恢复原始的尺寸和性能。

六、车身校正操作注意事项

1)根据制造厂家的说明书,了解设备的性能及安全使用措施,正确使用校正装置,如图 8-3-10 所示。

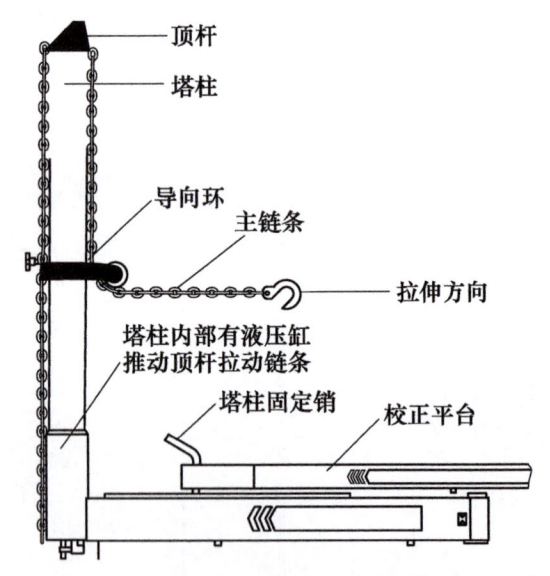

图 8-3-10 车身校正仪的规范连接与操作说明

2)对车身和车架进行校正操作时,应将车架或车身板件上有裂缝的地方进行焊接,以避免进一步撕裂。在所有的焊接工作完成之后,应立即在高强度钢的焊缝上涂抹富锌涂料。

3)车架和车身上的损伤一般按照其受到冲击的相反方向来消除。在大多数情况下,应采用拉而不是推的方法来消除损伤。

4)当对一个车架进行拉伸时,一般应对零件进行稍微过度的校正,以抵消回弹的影响。应尽可能少地使用加热方法,所有工作应尽可能在冷态下进行。当需要对车架零件加热时,应注意将要修理的区域加热到所需的温度。

5)牵拉之前汽车车身要夹装牢固,检查底板夹钳和支架螺栓是否牢固。

6)一定要用推荐型号和级别的金属链进行牵拉和钩吊。链条必须牢固地与汽车和支架连接,防止牵拉过程中脱落。

7)使用大动力源对车辆的零部件进行拉伸时,不要将车身板件或车架零件撕裂。

8)严禁操作人员与链条或牵拉夹钳处于同一直线,防止因链条断裂、夹钳滑落和钢板撕断而造成伤害。牵拉时,切勿用千斤顶支撑汽车。夹具牵拉时,要防止滑脱，应使用安全绳。

在拉伸时，一定要缓慢而谨慎地进行，密切注视车身的运动。如果工作状态正常，就继续执行；如果不正常，则应找出原因，并调整拉伸的角度和方向，再试着进行。

由于校正是一个复杂的受力过程，其计划的执行应灵活掌握。对于确定下来的安装点和拉伸方向，可以在校正过程中做适当的改进和调整。当然，这种改进和调整是在校正过程中测出车身位移量大小与车身参考点的理想位置比较后，按需进行的。校正工作的进度必须在拉伸过程中控制。由于车身金属板有弹性，所以即使车身被拉伸到规定尺寸，但仍有可能会回复到损坏时的状态。因此，要预估回缩量，并在拉伸过程中留出余量。

读者服务

机械工业出版社立足工程科技主业，坚持传播工业技术、工匠技能和工业文化，是集专业出版、教育出版和大众出版于一体的大型综合性科技出版机构。旗下汽车分社面向汽车全产业链提供知识服务，出版服务覆盖包括工程技术人员、研究人员、管理人员等在内的汽车产业从业者，高等院校、职业院校汽车专业师生和广大汽车爱好者、消费者。

一、意见反馈

感谢您购买机械工业出版社出版的图书。我们一直致力于"以专业铸就品质，让阅读更有价值"，这离不开您的支持！如果您对本书有任何建议或意见，请您反馈给我。我社长期接收汽车技术、交通技术、汽车维修、汽车科普、汽车管理及汽车类、交通类教材方面的稿件，欢迎来电来函咨询。

咨询电话：010-88379353   编辑信箱：cmpzhq@163.com

二、课件下载

选用本书作为教材，免费赠送电子课件等教学资源供授课教师使用，请添加客服人员微信手机号"13683016884"咨询详情；亦可在机械工业出版社教育服务网（www.cmpedu.com）注册后免费下载。

三、教师服务

机工汽车教师群为您提供教学样书申领、最新教材信息、教材特色介绍、专业教材推荐、出版合作咨询等服务，还可免费收看大咖直播课，参加有奖赠书活动，更有机会获得签名版图书、购书优惠券。

加入方式：搜索QQ群号码317137009，加入机工汽车教师群2群。请您加入时备注院校+专业+姓名。

四、购书渠道

机工汽车小编
13683016884

我社出版的图书在京东、当当、淘宝、天猫及全国各大新华书店均有销售。

团购热线：010-88379735
零售热线：010-68326294 88379203